Whisky

Edle Destillate für Genießer

The Royal and Ancient Golf Club
No. 2
WHISKY
40% vol 75cl
The Royal and Ancient
No. 1
40% vol 75cl

Whisky

Edle Destillate für Genießer

NEUER KAISER VERLAG

PADDY FLAHERTY
Ireland's Best
CORK DISTILLERIES Co. LIMITED.
TRADE MARK
OLD IRISH WHISKY
7 YEARS OLD
The "Paddy Flaherty" Brand
CORK DISTILLERIES Co. LTD.

Inhalt

Einführung

Die Geschichte des Whiskys

Die Geschichte des Whiskys führt uns weit in die Vergangenheit zurück, in eine Zeit, als die Alchimie die Kunst und Technik der Destillation, die bereits seit der Antike bekannt war, für sich entdeckte. Der geheimnisvolle Zauber, der über der Herstellung des berühmten Aqua vitae in den verschiedenen Jahrhunderten und den unterschiedlichen Orten lag, hat sich seitdem erheblich verändert. Vom aufblühenden Irland aus hat das kostbare Getränk die USA und Kanada erreicht und fand hier zunehmenden Verkaufserfolg auf den größten internationalen Handelsplätzen.

Die Ursprünge der Destillation

Die Ursprünge des Destillationsverfahrens finden sich bereits im Altertum. Schon damals wurden nützliche Substanzen aus Pflanzen und Blüten extrahiert. In Indien war diese Technik seit 7000 v. Chr. verbreitet. Wohlriechende Wässer und Parfüme wurden in der Heilkunst und für religiöse Zwecke verwendet. In China waren wahrscheinlich schon 2000 v. Chr. diverse Destillationsverfahren bekannt. Von dort aus gelangte das Wissen um diese Technik offensichtlich in den Mittelmeerraum. Besonders in Ägypten wurde die Destillation vielfach für die Gewinnung von Substanzen eingesetzt, die man für die Einbalsamierung von Mumien benötigte: ätherische Öle und ähnliche Zusammensetzungen, die desinfizierende, heilende, ja sogar magische Eigenschaften besaßen.

Ein uralter Streit

Die Erfindung des Destillationsverfahrens, so wie wir es heute verstehen, wird den Persern zugeschrieben und geht in etwa auf das Jahr 1000 v. Chr. zurück. Am meisten haben jedoch die Araber zur Entwicklung und Perfektionierung dieser Technik beigetragen. Das Verfahren wurde in ihren alchimistischen Laboratorien verfeinert und später weiterverbreitet (das Wort „Alkohol" kommt aus dem Arabischen).

Und tatsächlich finden wir in alten alchimistischen Aufzeichnungen Hinweise über die Ursprünge des Whiskys. Seine Geburtsstunde ist eng verbunden mit der Erfindung des *al-anbīq* (was Destillationsgefäß bedeutet). Es handelt sich um ein Instrument, das von den Alchimisten eingesetzt wurde, um die berühmte „fünfte Essenz" (wörtl. die Quintessenz oder auch den Stein der Weisen) zu finden, der die magische Eigenschaft zugeschrieben wurde, dem Besitzer die Herrschaft über die Materie zu verleihen. Die fünfte Essenz wurde jedoch von den Alchimisten nie entdeckt, sie gewannen hingegen ein berauschendes „Feuerwasser", das als Wundermittel gegen jedes Leiden angesehen wurde, ein „Wasser des Lebens", von dem, wie es scheint, die heutigen Destillate abstammen.

Die Statue des hl. Patrick am Tor der Klosterkirche von Clonmacnoise in Irland

Leider widersprechen sich die Quellen, was die Entstehung des eigentlichen Whiskys betrifft. Und das Fehlen eindeutiger Dokumente führte zu nicht enden wollenden Streitigkeiten zwischen Schottland und Irland, die beide seine Erfindung für sich beanspruchen. Schottland behauptet, die eigentliche Seele des wertvollen Destillats zu sein, weil es seit undenklicher Zeit Whiskys produziert, die in der ganzen Welt berühmt geworden sind. Irland dagegen behauptet, und in der Tat mit gutem Recht, dass die Mönche im Gefolge des hl. Patrick während ihrer Missionsreisen im Orient die Techniken der Destillation erlernten und dieses Wissen in die Heimat brachten. Auch wenn der hl. Patrick der Schutzpatron Irlands ist, wurde er doch 387 n. Chr. in Schottland geboren. Eine Tatsache, die den Streit weiterhin verschärft.

Das magische Geschenk des hl. Patrick

Man erzählt sich, dass der junge Patrick aus der schottischen Heimat verschleppt und als Sklave an einen irischen Schafhirten verkauft wurde. In der Einsamkeit der Berge fand er zum Glauben und nach einigen Jahren gelang dem Heiligen die Flucht, zuerst nach England, dann nach Frankreich, wo er 417 zum Priester geweiht wurde und später nach Italien ging. 432 wurde er vom hl. Germanus als Bischof nach Irland gesandt, um das Land zu missionieren. Es war auch anlässlich einer Missionsreise, als die Mönche im Gefolge des Heiligen die Techniken der Destillation, die sie im Mittleren Osten erlernt hatten, mit nach Irland brachten.

Vom *uisge beatha* zum Whisky

Im Laufe der Jahrhunderte verfeinerten die Mönche die von den Arabern übernommenen Techniken und setzten sie ein bei der Herstellung eines „Geistes“, der aus einer Getreidemischung destilliert wurde. Es ist sehr wahrscheinlich, dass die Kunst des Destillierens im Hochmittelalter stark weiterentwickelt wurde. So sollen die Soldaten Heinrichs II. von England, als sie 1172 in Irland einfielen, ein alkoholisches Getränk vorgefunden haben, das sie sehr zu schätzen lernten. Dieses Getränk wurde von der einheimischen Bevölkerung aus einer Getreidemischung gebraut. Höchstwahrscheinlich handelte es sich dabei um *usquebeaugh,* bekannt auch als *uisge* (oder *uisce*) *beatha,* das gälische Wort für *aqua vitae.* Dieses „Lebenswasser“ wurde wahrscheinlich von den Römern oder Normannen nach Irland gebracht.

Da die englischen Eroberer erhebliche Schwierigkeiten hatten, dieses Wort korrekt auszusprechen, wurde der Name verkürzt in *uisce, uiskie* oder auch *ushky,* um dann schließlich „Whisky“ in Schottland und „Whiskey“ in Irland zu werden.

Das goldene Zeitalter und erste dunkle Schatten

Man glaubt, dass die Kunst des Destillierens im Mittelalter von Irland aus nach Schottland gelangte. Die erste urkundliche Erwähnung eines aus Gerste destillierten „Geistes“ geht jedoch auf das Jahr 1494 zurück. Im Rechnungsbuch des schottischen Schatzamts (*Exchequer Roll*) findet sich ein Eintrag über 8 *boll* (alte Maßeinheit) Malz für Bruder Corr zur Herstellung eines *aqua vitae.* Interessant hierbei ist, dass diese erste offizielle Erwähnung des „Lebenswassers“ eng mit dem Namen eines Ordensbruders verknüpft ist. Dies zeigt, welch wesentliche Rolle die Kirche in diesem Zusammenhang spielte: Bier, Wein und andere Alkoholika wurden hauptsächlich in schottischen Abteien und Klöstern hergestellt.

Während des gesamten 16. Jh. wurden die Destillationstechniken vor allem in Schottland erheblich verbessert. Die Produktion der Destillate stieg stetig an, sodass die Behörden in Edinburgh das Recht zur Herstellung alkoholischer Getränke nur noch den Barbieren und Chirurgen zugestanden, weil man das „Lebenswasser“ als besonderes Heilmittel ansah. Der Whisky wurde nun wichtiger Lebensbestandteil eines jeden Schotten.

Leider brachten die übermäßige Produktion und der zügellose Konsum des Whiskys erhebliche Nachteile mit sich. Bereits 1579 musste das schottische Parlament die Destillation verbieten. Nur noch einigen wenigen Privatleuten war es erlaubt, für rein persönliche Zwecke Alkohol zu brennen. Diese Maßnahme wurde notwendig, da große Mengen an Getreide in den Brennereien verarbeitet wurden,

Diese mittelalterliche Miniatur zeigt irische Mönche, die Richtung Orient segeln.

wodurch aber eine ausreichende Lebensmittelversorgung der Bevölkerung nicht mehr gewährleistet war. Abgesehen davon wurde die Zukunft des Whiskys von weiteren düsteren Verfügungen bedroht: 1644 belegte Karl I. die Destillate mit einer ersten Steuer.

Der Schmugglerkrieg

Das 18. Jh. war die Hoch-Zeit der Schmugglerei. 1707, während der Regierungszeit von Anne Stuart, wurde Schottland in das Königreich England eingegliedert. Dieser mit dem *Union Act* bekräftigte Zusammenschluss brachte erhebliche Unannehmlichkeiten mit sich, was zugleich Auswirkungen auf den Whisky hatte. 1713 belegte das englische Parlament den schottischen Malt mit einer Steuer, die 1725 noch angehoben wurde, während es dem englischen Adel weiterhin erlaubt blieb, für den eigenen Genuss Whisky zu destillieren. Dies provozierte natürlich die Bewohner der Highlands, denn hier gab es ja zahlreiche Brennereien. Da das Hochland für die Inspektoren der englischen Regierung nur schwer zugänglich war, schossen in Folge die Schwarzbrennereien nur so aus dem Boden. Dies versuchte man mit allen Mitteln zu unterbinden. Die englischen Whiskybrenner, die aufgrund der Einfuhr von schottischem, illegal gebranntem Whisky erhebliche Einbußen erlitten, bedrängten das Parlament, den schottischen Whisky mit weiteren drückenden Steuern zu belegen. Der Whisky der Lowlands wurde dabei begünstigt. Er hatte zwar leichteren Zugang zum englischen Markt, war aber von schlechterer Qualität.

1784 wurde schließlich der *Wash Act* erlassen. Mit diesem Gesetz wurden die Steuern proportional zur Kapazität der Brennkessel erhoben. Die Situation blieb weiterhin äußerst angespannt und der Krieg zwischen den Schwarzbrennern und der englischen Regierung erreichte den Höhepunkt. Auch die Lowlands wurden nun mit hineingezogen. Erst im 19. Jh., auf Betreiben des Schmugglers George Smith, wurde die Whiskyproduktion liberalisiert, auch wenn sie durch eine, nun gerechte, Besteuerung reglementiert blieb. 1822 besuchte König George IV. als erster englischer Herrscher nach der Vertreibung der Stuarts die Stadt Edinburgh. Er kleidete sich mit dem traditionellen schottischen Kilt und äußerte sich anerkennend zu einem illegal in den Highlands gebrannten Whisky. Im Jahr darauf wurde der *Excise Act* ausgerufen, dieses Gesetz beendete die Zeit der Illegalität. Nun schossen in Schottland die Brennereien wie Pilze aus dem Boden. Die Produktion erfuhr einen beachtlichen Aufschwung und die Qualität wurde erheblich verbessert.

Die wilden Jahre der Prohibition

Im 17. Jh. gelangte der Whiskey (so wird er in den USA geschrieben) mit den Emigranten, die den „Pilgervätern" nachfolgten, in die Vereinigten Staaten. Hier erlebte er einen der schwärzesten Momente seiner Geschichte. In den 20er- und 30er-Jahren des 20. Jh. wurde von den Behörden die Prohibition durchgesetzt, d. h. Herstellung und Konsum von Alkohol wurden verboten. Dies war eine Auswirkung der puritanischen Sittenstrenge jener Zeit.

Dieses Phänomen war in Wirklichkeit der Schlusspunkt eines Prozesses, der bereits Mitte des 19. Jh. begonnen hatte. Damals schafften es die Alkoholgegner, die vor allem im Osten des Landes einen großen Zuspruch fanden (der

USA: Verteilung von Whisky nach Aufhebung der Prohibition

In Schottland und Irland trifft man sich im Pub, um ein Bier oder einen Whisky zu genießen.

Westen stellte sich dem bloßen Gedanken, die Saloons schließen zu müssen, störrisch entgegen), sich Gehör zu verschaffen und überzeugten die Regierung des Staates Maine, dem Verkauf von Alkohol ein Ende zu setzen. Zwar war dies noch ein Einzelfall, aber es reichte aus, um die Antialkoholbewegungen aufzurütteln, die angesichts der rasanten Entwicklung der amerikanischen Wirtschaft eine immer größere Anhängerschaft verzeichnen konnten. Vor allem die Mittelschicht wollte dem moralischen Verfall der Gesellschaft ein Ende bereiten. Der Weltkrieg gab den entscheidenden Anstoß. Die Rückkehr der Kriegsveteranen, die Neuerungen in der Industrie, der enorme Anstieg der Bevölkerung, die riesigen Einwanderungswellen, all das veränderte das Gesicht der amerikanischen Gesellschaft radikal. Auch der „Prohibitionskreuzzug", der in einigen Fällen nicht frei war von Rassenideologie, erreichte nie da gewesene Ausmaße und wurde so zu einem politischen Druckmittel, dem man sich nicht mehr entziehen konnte.

Am 29. Januar 1919 wurden die Amerikaner von einem seltsamen Wahn erfasst. Sowohl in den Städten als auch in den ländlichen Gemeinden wurden Särge in die Kneipen gekarrt und mitten in den Lokalen aufgebaut. Die Kerzen warfen ihr Licht auf ein beängstigendes und bizarres Schauspiel: Särge voller Whisky. Hunderte von Menschen nahmen an diesem tragisch komischen Alkoholbegräbnis teil. In einer Art Delirium feierten die Vereinigten Staaten den Beginn einer Epoche, die für gut 14 Jahre das Land schwer in Mitleidenschaft ziehen sollte. Nun trat der 18. Zusatz zur Verfassung der Vereinigten Staaten von Amerika in Kraft, der jegliche Form der Herstellung und des Verkaufs von Alkohol für illegal erklärte. So wie es bereits fast zwei Jahrhunderte zuvor in Schottland geschehen war, florierten nun die illegalen Brennereien und Lokale und die Könige des Schmuggels profitierten ebenfalls. Die *Roaring Twenties* (die „wilden Zwanziger") endeten am 5. Dezember 1933. Damit wurde ein Kapitel geschlossen, das, ebenso wie der Mythos Wilder Westen, unauslöschliche Spuren in der Geschichte der USA hinterlassen hat.

Jahre der Krisen, Jahre des Erfolgs

In den ersten Jahrzehnten des 20. Jh. war die Geschichte des Whiskys gezeichnet durch die Krise in dieser Branche und den darauf folgenden Preissturz, durch den Ausbruch des Ersten Weltkriegs und durch die Prohibition. All diese Ereignisse sollten die Zukunft der Whiskyproduktion maßgeblich beeinflussen. Bis zum Ausbruch des Zweiten Weltkriegs ging die Produktion stark zurück, halbierte sich sogar teilweise. Erst in der Nachkriegszeit, im Zuge des wirtschaftlichen Aufschwungs, begann auch der Whiskymarkt wieder zu florieren. Die Ausfuhrzahlen stiegen zunächst an. In den 60er- und 70er-Jahren kam es allerdings zu einer erneuten Krise. Erst Anfang der 80er-Jahre erholte sich der Markt langsam und blieb in den letzten 20 Jahren stabil.

Heute wird in Schottland, Irland, in den USA und in Kanada Whisky produziert. Jedes dieser Länder liefert Destillate von bester Qualität, die fast überall in der Welt angeboten werden. Egal, ob der Whisky in einer kleinen Brennerei auf den Orkneyinseln nach uraltem Familienrezept gebrannt wurde, oder ob er von den riesigen Konzernen dieser Branche auf den Weltmärkten angeboten wird, heute findet der Whisky überall auf der Welt Verehrer, Sammler, Kenner oder einfach Liebhaber, die alle den Reichtum und die Vielfalt einer jahrtausendealten, unsterblichen Tradition zu schätzen wissen.

Die Rohstoffe

Unabhängig vom Herstellerland sind die wesentlichen Bestandteile des Whiskys immer die gleichen, nämlich Wasser, Getreide und verschiedene Hefen. Die Unterschiede zwischen den einzelnen Whiskysorten (z. B. zwischen einem amerikanischen Bourbon und einem schottischen Blend) hängen in großem Maße von den verschiedenartigen Herstellungsverfahren ab. Von ganz entscheidender Bedeutung sind aber auch Qualität und Besonderheit dieser drei Grundstoffe, die den Charakter des jeweiligen Whiskys ausmachen.

Wichtigste Zutat ist das **Wasser**, das für die Destillation des Getreides unerlässlich ist. Es wird aber auch bei zahlreichen weiteren Arbeitsgängen benötigt (z. B. wird den Destillaten Wasser zugesetzt, um deren Alkoholgehalt herabzusetzen, und es wird als Kühlwasser in den Kondensatoren der Brennblasen verwendet). Aus diesem Grund wurde beim Bau einer Brennerei schon immer darauf geachtet, dass sich ein Wasserlauf oder ein Staubecken in unmittelbarer Nähe befand. Aber das Wasser, dieses so einfache und vertraute Element, ist nicht immer gleich. Die unterschiedliche geologische Zusammensetzung der wasserführenden Schichten und die verschiedenen Böden, über die das Wasser fließt, verleihen ihm besondere Eigenschaften, die es an das Endprodukt weitergibt. In Schottland z. B. gibt es Flüsse mit äußerst reinem, kaum mineralhaltigem Wasser, während die Gewässer in Kentucky und Tennessee meist über Kalkböden fließen.

Durch die Verwendung verschiedener **Getreidesorten** bekommen die Whiskys die typisch unterschiedlichen Noten. Am weitesten verbreitet in Schottland und Irland ist zweifellos die **Gerste**, die in gemäßigtem Klima bei einer Durchschnittstemperatur von 14–15 °C und hoher Feuchtigkeitsrate gedeiht. Die Auswahl hochwertiger Gerste ist ein wesentlicher Faktor bei der Erzeugung der schottischen Single Malts, die aus gekeimter Gerste destilliert werden.

Der **Mais** findet in den USA ein ideales Klima, wo er sich leicht anbauen lässt und man seinen relativ kurzen Vegetationszyklus nutzt. Daher werden die Destillate in Nordamerika vielfach aus Mais gebrannt. Allerdings werden auch **Weizen**, **Hafer** und **Roggen** eingesetzt. Besonders der Roggen (mit mindestens 51 % Anteil in der Mischung) ist Hauptbestandteil der Rye Whiskyes aus den USA und Kanada.

Die **Hefen** werden in einer entscheidenden Produktionsphase der Maische, also dem flüssigen Gerstenmalz (engl. *wort*) zugesetzt. In diesem süßlichen Most, der einmal Whisky werden soll, spalten die Hefen den Zucker in Alkohol, Wasser und Kohlendioxyd auf. Die Gärung setzt ein, wenn sich auf dem *wort* Blasen bilden.

Bei der Aufzählung aller Bestandteile, die dem Whisky den besonderen Charakter verleihen, darf der **Torf** nicht unerwähnt bleiben, auch wenn er hauptsächlich in der schottischen Produktion eingesetzt wird.

Der Torf setzt sich aus unterschiedlichen pflanzlichen Materialien zusammen. Er entsteht in Feuchtgebieten und ist typisch für bestimmte Klimazonen und Breitengrade (in Schottland ist ungefähr ein Sechstel der Landesfläche Torfmoorgebiet). Er wird beim Darren der Gerste als Brennmaterial eingesetzt, wobei er einen beißend scharfen Rauch entwickelt, der das Getreide „aromatisiert" und somit den Geschmack des Destillats beeinflusst.

Das Staubecken einer schottischen Brennerei.

Torfabbau in der Nähe von Moray (Schottland)

Er lässt rauchige Aromen unterschiedlicher Intensität entstehen, abhängig von den in ihm enthaltenen Bestandteilen und von der Zeitspanne, in der die Gerste dem Rauch ausgesetzt wird. Einige Hersteller verwenden torfiges Wasser beim Einweichprozess. Dadurch können Nuancen von Moos, grasiger Erde und nassem Holz erzeugt werden.

Die Herstellung

Whisky wird in fünf Arbeitsschritten hergestellt:

1. Vorbereitung des Getreides (das sog. Mälzen, unterteilt in Einweichen, Keimen, Darren)
2. Maischen
3. Fermentation (Gärung)
4. Destillation
5. Reifung

Das Mälzen

Einweichen

Die Gerste wird für 2–3 Tage in großen Wasserwannen eingeweicht, um so den Keimungsprozess in Gang zu setzen. Danach wird das Wasser entfernt.

Keimen

Nun wird die gequollene Gerste auf speziellen Mälzböden ausgebreitet, wo sie 8–12 Tage verbleibt und währenddessen regelmäßig mindestens dreimal am Tag mit entsprechenden Holzschaufeln gewendet wird. Die Gerste beginnt nun zu keimen. Hierbei wird Wärme freigesetzt und es bilden sich Enzyme, die in der Lage sind, Stärke in Zucker umzuwandeln. Sobald die Gerste eine weichere Konsistenz annimmt, wird die Keimung unterbrochen. In dieser Phase bekommt sie den Namen „grünes Malz".

Darren

Um die Keimung zu stoppen, wird die gemälzte Gerste nun in einem Pagodenofen getrocknet (auf dem Dach dieser Darrgebäude sitzt eine für die schottischen Brennereien typische Pagode, die als Rauchabzug dient). Man breitet das Gerstenmalz auf dem Darrboden auf einem Rost aus und zündet darunter ein Feuer an. In früheren Zeiten wurde dazu ausschließlich Torf als Brennmaterial verwendet, wobei ein dichter, stechender, penetranter Rauch entstand. Heutzutage werden auch Kohle und Koks eingesetzt. Der Rauch steigt nach oben, durchdringt das Gerstenmalz und verleiht ihm so das typische Aroma.

Die Gerste wird während des Keimungsprozesses gewendet.

Durch Hinzufügen von Hefen in den wort *wird die Gärung in Gang gesetzt.*

Das Maischen

Das so entstandene Malz wird nun gemahlen, wobei es zuerst eine Bürstmaschine und danach eine Mühle durchläuft. Man erhält ein grobes Mehl, das *grist* genannt wird. Dieser Malzschrot wird nun in großen Bottichen mit heißem Wasser vermischt. Dadurch wird eine neue Reaktion eingeleitet und die im Gerstenmalz enthaltene Stärke wird in Zucker umgewandelt. Der entstandene Most wird vom ersten Maischebottich in einen weiteren Bottich, den sog. *underback,* gepumpt. Das Ergebnis dieses Arbeitsganges wird *wort* (Würze) genannt und ist zuckersüß.

Die Fermentation (Gärung)

Nachdem der *wort* abgekühlt ist, wird er in große (früher aus Holz hergestellte) Gärbottiche, die *washbacks,* geleitet. Hier werden Hefen zugesetzt, die bei einer bestimmten Temperatur (ca. 20 °C) die Gärung des Mostes in Gang setzen (der im *wort* enthaltene Zucker wird in Alkohol und Kohlendioxyd aufgespalten). Der Gärungsprozess kann zwischen 48 und 112 Stunden dauern. Nun ist eine Flüssigkeit mit niedrigem Alkoholgehalt (ca. 5,5–7 Vol.-%), der sogenannte *wash,* entstanden.

Die Destillation

Sie erfolgt in zwei Arbeitsschritten:

- Der vergärte Most (*wash*) wird in eine erste Brennblase, die *wash still,* gefüllt. Dieser Kessel hat einen langen, schmalen Hals und ist mit einem Bullauge versehen, wodurch der Siedegrad kontrolliert werden kann. Nun erfolgt die erste Destillation. Der *wash* wird mittels eines spiralförmigen Heizrohrs, das sich im Inneren des Kessels befindet und durch das Dampf geleitet wird, zum Sieden gebracht. In diesem ersten Arbeitsschritt soll eine möglichst große Menge Alkohol (und andere Stoffe) von den restlichen Bestandteilen getrennt werden. Der verdampfte Alkohol gelangt in den Kondensator (ein wassergekühltes Rohr). Durch den Temperaturunterschied, der hier entsteht, wird der Dampf verflüssigt. Nun ist ein *low wine* (Rohbrand) mit ca. 22–24 Vol.-% Alkohol und ein wässriger, proteinhaltiger Rückstand, das *pot ale,* das entsorgt wird, entstanden.

Eine Serie Brennblasen

- Der Rohbrand wird jetzt in den *spirit safe* geleitet, einen aus Holz und Glas gefertigten Kasten. Hier prüft der Brennmeister die Dichte mit einem Aärometer. Nun wird der *low wine* zum zweiten Mal destilliert. Er fließt durch ein Rohr, das die Flüssigkeit in die *low wine still* transportiert, eine kleine Brennblase, in der die Destillation erfolgt. Das Einfließen des *low wine* in den *spirit safe* ist der Moment, in dem der *brandmaster* (Brennmeister) entscheidend eingreifen soll.

Nun muss er Folgendes tun:
- Er muss entscheiden, wann der Vorlauf *(foreshots)* beendet ist. Dies sind die als Erstes herausdestillierten Bestandteile, die bläulich gefärbt und schädlich für die Gesundheit sind und somit entsorgt werden müssen.
- Er muss festlegen, wann der Nachlauf *(feint)* (gelb-orange gefärbt und aus Alkoholen bestehend, die schwerer als Äthylalkohol sind) abgetrennt werden soll.
- Er muss den Mittellauf *(middle cut)* auffangen. Dies ist der mittlere Teil des durchlaufenden Destillats, der auch „Herzstück" genannt wird. Es ist von reiner und durchsichtiger Konsistenz und hat zwischen 68 und 72 Vol.-% Alkohol.

Das „Herz" wird mit entmineralisiertem Wasser verdünnt, um den Alkoholgehalt um ca. 6 % herabzusetzen. Auf diese Weise wird auch der Verflüchtigungsprozess verlangsamt, der für ein Absinken des Flüssigkeitsniveaus und des Alkoholanteils von ca. 2 % jährlich verantwortlich ist. Erst nach einer Reifung von mindestens drei Jahren darf sich das Getränk mit dem Namen „Whisky" schmücken.

Die Reifung

Der Reifeprozess ist von entscheidender Bedeutung, da sich während dieser Zeit die Aromastoffe des Destillats mit denen des Holzes (das Holz „atmet") verbinden können. Dieser Austausch verfeinert die geschmacklichen Eigenschaften des Produkts und lässt besondere Düfte und Aromen entstehen.

Das Ergebnis hängt ab vom Holztyp, mit dem das Fass gefertigt wurde. Einige im Holz enthaltene Bestandteile sind das Tannin, das dem Destillat ein fruchtig blumiges Aroma verleiht, und die Vanille, die Süße spendet.

Wichtig ist auch die Verwendung von Fässern, in denen bereits andere Erzeugnisse abgefüllt waren. Hiermit wird in entscheidendem Maße das Endergebnis beeinflusst. Eichenholzfässer sind ausgesprochen porös und absorbieren die charakteristischen Aromastoffe der vorher in ihnen gelagerten Spirituosen, um sie später wieder freizusetzen.

Die für die Lagerung der schottischen Single Malts am häufigsten verwendeten Fässer enthielten vorher:

Fässer mit Bourbon Whiskey im Lagerhaus

- Bourbon Whiskey (diese Eichenfässer sind innen ausgekohlt)
- Portwein
- Sherry
- Madeira
- Brandy oder Cognac
- andere schottische oder irische Whiskys

Dass die Destillate in bereits verwendeten Fässern verfeinert worden sind, wird manchmal mit der Aufschrift *wood finish* auf dem Flaschenetikett angegeben.

Schließlich sei noch erwähnt, dass der Reifungsprozess vom Klima sowie von der Unterbringung der Fässer in den Lagerhäusern beeinflusst wird. Whisky, der in Gebäuden in Meeresnähe lagert, nimmt z. B. ein salziges Aroma an, während die Destillate der Speyside einen beachtlichen und unverkennbaren geschmacklichen Reichtum aufweisen, im Gegensatz zu den Erzeugnissen der Lowlands, deren mildes Klima einen feinen, leichten Geschmack verleiht. Am Ende der Reifung werden die Fässer geöffnet, um Zustand und Inhalt zu kontrollieren. Dem Destillat wird erneut reines Wasser zugesetzt, um den gewünschten Alkoholgehalt, mit dem der Whisky nun in den Handel kommt (normalerweise um die 40 Vol.-%), zu erhalten. Manchmal stellt der *Blendmaster* bei diesem Öffnungsvorgang fest, dass der Whisky einiger Fässer durch die Reifung einen außergewöhnlichen Charakter und eine einzigartige Qualität bekommen hat. In diesem Fall wird er dieses besonders wertvolle Destillat zurückhalten, um daraus Special Reserves zu kreieren.

Das Old-Fashioned-Glas wird gerne verwendet, wenn man den Whisky mit Eis oder Soda trinkt.

Das Tasting

Tasting bedeutet genussvolle, bewusste Degustation und ist eine Kunst, mit der man einen Whisky verstehen und schätzen lernt. Es ist ein besonderer Moment, in dem sich dem Verkoster die verborgensten Geheimnisse dieses Getränks offenbaren. Man sollte daher ein paar Ratschläge beachten und den Empfehlungen der Experten folgen.

Ein paar Vorbemerkungen

Zuerst einmal sollte das passende Glas verwendet werden. Früher war es üblich, Whisky in dickwandigen, facettierten Gläsern zu servieren. Diese sind jedoch völlig ungeeignet. Um die Farbreflexe gut wahrnehmen zu können, sollte das Glas dünnwandig und vollkommen durchsichtig sein. Auch die Form ist von großer Bedeutung, denn die Luft, die sich an der Oberfläche des Whiskys sammelt, soll ihre Aromen nicht zu schnell verlieren. Das herkömmliche niedrige und breite Becherglas (z. B. *Tumbler* oder *Old Fashioned*) ist nur zur Verkostung von Whisky geeignet, der mit Eis oder Soda getrunken wird. Am besten ist das *Spirit Nosing Glass,* das einem Sherryglas ähnelt, aber bauchiger ist. Man kann für ein etwas professionelleres Tasting auch tulpenförmige Gläser mit 10 oder 12 cl Fassungsvermögen verwenden.

Um die Stärke und die feinsten Nuancen eines Whiskys beurteilen zu können, sollte er pur getrunken werden. Will man den Alkoholgehalt etwas herabsetzen, kann man ihn natürlich mit ein wenig eiskaltem stillem Wasser servieren. Da die Kälte die Aromastoffe reduziert, ist die „weniger aggressive" Zugabe von Eiswürfeln allerdings besser geeignet.

Eigentlich sollten die Destillate, vor allem, wenn sie sehr lange gereift sind, mit einem zusätzlichen Glas eiskaltem Wasser serviert werden. Trinkt man einen Schluck dieses Wassers abwechselnd mit dem Whisky, hat man das Gefühl, weiterhin das Destillat auf der Zunge zu spüren. Außerdem schließt das Wasser die Geschmacksknospen, um sie dann auf einen neuen genussvollen Schluck vorzubereiten.

Beurteilung eines guten Whiskys

Die Reifezeit des Destillats ist eine der Komponenten, die bei der Beurteilung während einer Verkostung eine große Rolle spielen. Im Laufe der Jahre verändern sich Geruch und Geschmack des Whiskys. Die blumigen und fruchtigen Noten nehmen ab und es entstehen Aromen von reifen Früchten, Geröstetem, Gewürzen, Tabak und Vanille. Auch die Farbe wechselt. Das zuerst transparente Destillat nimmt einen immer intensiveren Farbton an, bis es schließlich tief bernsteinfarben ist. Der Whisky wird im Geschmack immer weicher und vollmundiger. Um seine Eigenschaften perfekt analysieren zu können, werden drei Prüfungen durchgeführt:

Die Farbprobe

Hierbei erfährt man sofort etwas über die Lagerbedingungen und die Reifezeit. Das Destillat soll transparent sein. Die Farbe darf zwischen einem hellen Strohgelb und einem tiefen Bernstein variieren und alle Goldtöne durchlaufen. Möglich sind auch eventuelle Maserungen und Schattierungen, die die Grundfarbe durchziehen.

Die Riechprobe

Nun inhaliert man das Destillat (für maximal 5 Sekunden), wobei man das Glas leicht im Kreis schwenkt. Man kann jetzt feine Veränderungen wahrnehmen: Auf die süßen Honigdüfte folgen Aromen von Gewürzen und Geröstetem.

Bei der Verkostung: die Sicht- und Farbprobe (oben) und die Geschmacksprobe (unten)

Die Geschmacksprobe

Nun wird probiert. Man trinkt den Whisky in kleinen Schlucken und lässt ihn dabei kurz auf der Zunge. Man kann nun das „Mundgefühl" beurteilen, die Struktur der Flüssigkeit, die zwischen viskos und glatt variiert, und auch den vom Alkohol verursachten Herbheitsgrad. Schließlich genießt man den Abgang. Die Mundhöhle wird durch den Whisky erwärmt und der Geschmack klingt für einige Zeit nach.

Die Beschreibung

Die Vielfalt der Adjektive und Ausdrücke, die verwendet werden, um die Sinneseindrücke zu beschreiben, die ein Whisky hinterlässt, ist außerordentlich groß und hängt in hohem Maße von der Sensibilität und Aufnahmefähigkeit des Verkosters ab.

Der Geschmack kann z. B. warm, körperreich, mild, frisch, weich, glatt, reich, kräftig, rund, trocken oder ölig sein. Zur Beschreibung des Aromas kann man weitere Adjektive verwenden, unter anderem: weit, zart, elegant, duftend, stark, glatt, reich, salzig, strukturiert, torfig.

Die Hauptempfindungen, die der Whisky auslöst, können anhand seiner drei Grundbestandteile (Torf, Malz und Hefen) zusammengefasst werden. Der erste Bestandteil erzeugt einen typischen, mehr oder weniger rauchigen Duft und Geschmack, bei dem man an Lakritze, Algen, Tabak, Leder, Holz und Heidekraut denken muss. Das Malz hingegen verleiht süße Noten, die an Cremespeisen, Getreide, Butter, Haselnüsse, Vanille, Sherry, Honig und Schokolade erinnern. Die Hefen verleihen den fruchtigen Geschmack mit Spuren von Zitrone, Banane, Apfel, Rose, Gewürzen, Kaffee, Gras, Blättern, Pfeffer und Minze.

Die Whiskysorten

Whisky ist nicht gleich Whisky. Es gibt verschiedene Sorten, die sich durch die verwendeten Rohstoffe oder durch unterschiedliche Herstellungs- und Reifungsverfahren voneinander unterscheiden. Außerdem werden die Destillate entsprechend ihrer Erzeugerländer klassifiziert und in Kategorien eingeteilt:

Scotch Whisky

Whisky, der in Schottland gebrannt und mindestens drei Jahre gereift ist. Unterteilung in Malt (aus Gerstenmalz destillierter Whisky), Single Malt (Whisky, der aus Malzdestillaten einer einzigen Brennerei hergestellt wird) und Blended (Whisky, der aus Destillaten gemälzter und nicht gemälzter Gerste oder aus anderen Getreidesorten zusammengemischt wird).

Irish Whiskey

Whisky, der in Irland gebrannt und mindestens drei Jahre gereift ist. Unterteilung in Pure Pot Still (Whisky, der nur in nicht kontinuierlichen Brennblasen gebrannt wird), Single Grain (aus einer einzigen Brennerei stammend), Single Malt, Blended und Vatted (Malzdestillate mehrerer Brennereien werden miteinander vermischt).

American Whiskey

Unterteilung in Straight (nicht gemischte Erzeugnisse), Light (in nicht ausgekohlten Fässern gereift) und Blended (enthält 20 % Straight Whiskey). Es gibt unter anderem Bourbon Whiskey, Tennessee Whiskey und Rye Whiskey (aus Roggen destilliert).

Canadian Whisky

Unterteilung in Blended Canadian Whisky und Rye Whisky.

Weitere Klassifizierung

Blended Whisky

In den größten schottischen Brennereien werden zu 90 % Blended Whiskys produziert. Sie werden aus mehreren unterschiedlichen Single Malt Whiskys und Whiskys aus anderen Getreidesorten zusammengemischt, wobei zwischen 15 und 40 verschiedene Erzeugnisse „verschnitten“ werden, um ein Produkt zu schaffen, das am besten die Qualität jedes einzelnen zugesetzten Destillats wiedergeben kann.

Bourbon Whiskey
Der bekannteste amerikanische Whisky darf diesen Namen tragen, wenn er in Kentucky hergestellt wurde. Er wird mit mindestens 51 % Mais gebrannt, ist mindestens 30 Monate in neuen ausgekohlten Fässern aus amerikanischer Weißeiche gereift und wird mit weniger als 160 *proof* (80 Vol.-%) destilliert. Er wird auch als Kentucky Straight Bourbon Whiskey bezeichnet.

Corn Whiskey
Amerikanischer Whisky aus mindestens 80 % Mais.

Kentucky Corn Straight Bourbon Whiskey
Amerikanischer Whisky, gebrannt aus einer vergorenen Masse, die mindestens 80 % Mais enthält (der Kentucky Straight Corn Straight Bourbon Whiskey wird aus 100 % Mais hergestellt).

Malt Whisky
Whisky aus reinem Malz, wird immer aus gemälzter Gerste gebrannt.

Pure Pot Still Whiskey
Der typische irische Whisky, der aus gemälzter und nicht gemälzter Gerste und anderen Getreidesorten gebrannt wird.

Single Malt
Sicher der am weitesten verbreitete Whisky in Schottland. Er stammt aus einer einzigen Brennerei und wird aus 100 % Gerstenmalz destilliert. Trotzdem ist auch der Single Malt immer aus mehreren Jahrgängen einer Brennerei zusammengemischt. Das auf dem Etikett angegebene Alter bezieht sich dabei immer auf den jüngsten Malt in der Mischung. Der Hauptunterschied zwischen den schottischen und den irischen Single Malts besteht im Destillationsverfahren: zweifach in Schottland, dreifach in Irland.

Rye Whisky
In den USA und in Kanada weit verbreitet. Er wird aus einer Getreidemischung destilliert, soll aber mindestens 51 % Roggen enthalten.

Grain Whisky
Dieser Whisky wird aus Mais, Weizen, nicht gemälzter Gerste oder Roggen gebrannt. Er wird hauptsächlich für die Blends verwendet.

Straight Whiskey
Amerikanischer Whisky, der aus einer Getreidemischung destilliert wird; davon muss 51 % von einer Getreidesorte stammen. Er wird mit der *Sour-mash*-Methode hergestellt (die saure Maische, die bei diesem speziellen Gärprozess zurückbleibt, wird bei den folgenden Arbeitsschritten zugegeben). Es gibt auch den Sweet Mash Straight Whiskey, hier wird kein *sour mash* verwendet.

Tennessee Whiskey
In Tennessee erzeugter Whisky mit mindestens 51 % Roggenanteil, unter 80 Vol.-% Alkoholgehalt destilliert und durch eine Holzkohleschicht aus Weißahorn gefiltert.

Vatted Malt Whisky

Besteht aus einer Mischung *(vatting)* aus verschiedenen Single Malts, ohne Zugabe von Grain Whisky.

Whisky im Cocktail

Whisky ist Grundbestandteil vieler Cocktails. Hier einige der bekanntesten Rezepte:

Canal Street

Zutaten: 4 cl Blended Whisky, der Saft einer Zitrone, ein Löffel Zuckersirup, der Saft einer halben Orange, Soda, Erdbeeren, Himbeeren, Zitrone.
Zubereitung: Einige Löffel zerstoßenes Eis, drei halbierte Erdbeeren, eine Orangenscheibe, eine Zitronenscheibe und drei Himbeeren in ein Becherglas geben. Das Glas mit Eis auffüllen. Den Blended mit Eis, Zitronensaft, Orangensaft und Zucker im Shaker mischen. Alles in das Becherglas geben und dabei abfiltern, Soda hinzufügen. Mit einem Minzeblatt und einer Cocktailkirsche dekorieren.

Manhattan

Zutaten: 7/10 Canadian Rye Whisky, 3/10 Vermouth Rosso, ein Spritzer Angostura.
Zubereitung: Die Zutaten in ein Mixglas geben und mit Eiswürfeln verrühren. Den Manhattan in ein eisgekühltes Glas füllen, eine Zitronenscheibe dazugeben und mit einer roten Maraschinokirsche garnieren.

Mint Julep

Zutaten: 5 cl Bourbon Whiskey, ein Teelöffel Zucker, ein Teelöffel Wasser, frische Pfefferminzblätter.
Zubereitung: Zucker, Wasser, zerstoßene Pfefferminzblätter und 1 cl Bourbon in ein Becherglas geben. Umrühren und zerstoßenes Eis hinzufügen, bis das Glas vereist ist. Den restlichen Whisky zufügen.

Rob Roy

Zutaten: 6/10 Scotch Whisky, 4/10 Vermouth Rosso, ein Spritzer Angostura.
Zubereitung: Die Zutaten in das Mixglas geben und mit Eiswürfeln verrühren. Im eisgekühlten Glas servieren und mit einer roten Maraschinokirsche garnieren.

Rusty Nail

Zutaten: 6/10 Scotch Whisky, 4/10 Drambuie, eine Zitronenscheibe.
Zubereitung: Glas mit Eiswürfeln füllen. Zutaten hinzufügen und einige Augenblicke umrühren. Den Saft der Zitronenscheibe ausdrücken.

Irish Coffee

Der Irish Coffee verdient eine besondere Erwähnung. Er wurde 1940 an der Buffetbar des Shannon-Airport (im Leitrim County in Irland) erfunden. Der Restaurant-Chef Joe Sheridan kredenzte den fröstelnden und übermüdeten Passagieren dieses wärmende Getränk. Einer seiner Kunden, ein Journalist, brachte die Rezeptur in die Vereinigten Staaten und in kurzer Zeit eroberte diese originelle, kalorienreiche und schmackhafte Mixtur die ganze Welt und bekam einen festen Platz in den Cocktaillisten.
Zutaten: 3/10 Irish Whiskey, 2/10 Sahne, 5/10 kochender, schwarzer Kaffee, ein Teelöffel Rohrzucker.
Zubereitung: Den kochenden Kaffee in ein angewärmtes Glas geben und den Rohrzucker darin auflösen. Den Irish Whiskey zugeben. Nun gießt man leicht steif geschlagene, ungesüßte Sahne vorsichtig über einen Löffelrücken, damit sie auf dem Kaffee schwimmt. Man sollte nicht umrühren. Mit einigen Schokoladenblättchen dekorieren.

Irish Coffee

Wegweiser zu den einzelnen Marken

Im Folgenden werden nun die einzelnen Marken, unterteilt in die vier Haupterzeugerländer (Schottland, Irland, USA und Kanada), vorgestellt. Jeder Länderabschnitt beginnt mit einer kurzen Einführung zur Geschichte und zum Charakter des im jeweiligen Land produzierten Whiskys. Danach werden die einzelnen Marken alphabetisch geordnet präsentiert. Jede Marke beginnt mit allgemeinen Anmerkungen, danach wird über Geschichte, Herstellung, geschmackliche Eigenschaften sowie über eventuelle weitere Jahrgänge und Abfüllungen der jeweiligen Sorte berichtet.

Geschichte

Dieser Abschnitt gibt Auskunft über die Geschichte des jeweiligen Whiskys und/oder über die Brennerei, die ihn erzeugt. Es wird über Personen und wichtige Ereignisse berichtet, die zur Entstehung dieses Whiskys beitrugen. Oft finden sich hier auch Kuriositäten und kleine Anekdoten.

Herstellung

Dieser Abschnitt behandelt Besonderheiten bei den Zutaten des beschriebenen Whiskys oder ein spezielles Herstellungsverfahren.

Eigenschaften

Hier sind die wesentlichen Sinneseindrücke zusammengefasst, die der Verkoster während eines Tastings in Bezug auf **Farbe**, **Aroma** und **Geschmack** des Whiskys wahrnehmen kann.

Weitere Sorten

Gibt es von dem jeweiligen Whisky weitere Produkte, die erwähnenswert sind, z. B. besonders wertvolle und seltene Abfüllungen oder Kreationen zu feierlichen Anlässen, so findet sich dieser Hinweis am Schluss der jeweiligen Beschreibung.

Steckbrief

In der Steckbriefleiste am Seitenrand sind folgende Angaben kurz zusammengefasst: **Hersteller**, **Herstellungsort**, **Kategorie**, **Alter** und **Alkoholgehalt**. Die Kategorie unterscheidet sich aufgrund der unterschiedlichen Bezeichnungen der einzelnen Länder: Premium und Single Cereal in Irland; Sour Mash und Premium in den USA; Premium und De Luxe in Kanada. Für Schottland werden unter Kategorie die Herstellerregionen (Highlands, Speyside usw.) genannt.

Die **Sorte** findet man in der Steckbriefleiste ganz unten. Das dunkelfarbig unterlegte Kästchen zeigt auf einen Blick, um welche der folgenden Sorten es sich handelt:

Single Malt oder Pure Malt Whisky
Blended Whisky
Canadian Rye Whisky
Blended Canadian Whisky
Vatted Malt Whisky
American Rye Whiskey
Tennessee Whiskey
Bourbon Whiskey

Schottland

Schottland zu besuchen bedeutet, in die mythische Geschichte dieses Landes einzutauchen und die bedeutungsvollen Spuren der Vergangenheit heraufzubeschwören. Man trifft auf zauberhafte Plätze, die oft noch von wilder Natur und einem stürmischen Meer umgeben sind. Schottland ist auch das Land, das den berühmtesten Whisky der Welt produziert. Hier ist der Boden fruchtbar: Die Gerste wird reichlich geerntet und der überaus wertvolle Torf wird in großen Mengen abgebaut. Dieses Zersetzungsprodukt aus überwiegend pflanzlichen Substanzen wurde über Jahrhunderte hinweg als Brennmaterial verwendet und ist für die Räucherung des Gerstenmalzes unentbehrlich. Neben dem Torf tragen die Quellen und Flüsse, die sich meist in der Nähe der Destillerien befinden und deren Wasser für jeden einzelnen Arbeitsschritt notwendig ist, dazu bei, den Single Malt Scotch Whiskys ihren besonderen Duft und Geschmack zu verleihen. All diese Faktoren machen den schottischen Whisky einzigartig.

Die unverwechselbare Pagodenform des Dachgiebels einer schottischen Brennerei

Die Anfänge des schottischen Whiskys

Man glaubt, dass in Schottland Malz bereits um das Jahr 1000 gebrannt wurde, aber das erste offizielle Dokument, das darauf Bezug nimmt, stammt aus dem Jahr 1494. In der Urkunde liest man, dass der Schatzkanzler König Georgs IV. dem Mönch John Cor aus dem Kloster St. Andrews die Genehmigung erteilte, offiziell mit der Destillation zu beginnen. In der Vergangenheit wurde dieses Verfahren mit primitiven Geräten durchgeführt, was mehrere Destillationsvorgänge notwendig machte, um das Produkt zu „verfeinern". Einige Texte jener Zeit verwenden in der Tat den Begriff *simplex* und meinen damit die zweifache Destillation, *composita* bedeutet dreifache und *perfectissima* vierfache Destillation.

Das Jahr 1707 brachte große Veränderungen mit sich. Durch die Realunion Englands mit Schottland wurde das Vereinigte Königreich Großbritannien ins Leben gerufen. Schottland verlor seine Unabhängigkeit und England belegte den schottischen Whisky und das zur Produktion notwendige Malz mit hohen Steuern. Dieser Umstand, gemeinsam mit dem Versuch, die Produktion der Whiskys reglementieren zu wollen, begünstigte das Entstehen zahlloser Schwarzbrennereien. Die kostenintensiven Methoden zur Verfeinerung der Destillate wurden aufgegeben. Nun wurden Whiskys mit hohem Alkoholgehalt und unergründlichem Geschmack hergestellt, die man aus verschiedenen Getreidesorten, unter anderem Hafer und Weizen, destillierte.

Zu jenen Zeiten verwandelten sich einige Regionen in wahrhafte Schmugglerhochburgen, da die dunklen Gesellen von den sich rasch vermehrenden Schwarzbrennereien magisch angezogen wurden.

Schottischer Whisky in origineller Flasche

Ein Jahrhundert später, unmittelbar nach Herabsetzung der Steuerlast seitens der englischen Regierung, traten die Brennereien aus der Illegalität heraus und produzierten nun wieder mit den traditionellen Herstellungsmethoden, um so die Qualität der Whiskys garantieren zu können.

Die Geburt des Blended Whiskys

In der zweiten Hälfte des 19. Jh. beschlossen einige Händler, unterschiedliche Destillate miteinander zu vermischen. So entstand der Begriff *blending*, der die lokale Whiskyindustrie revolutionieren sollte. Es war ein ziemlich einfaches Vorgehen und beruhte – bei der am häufigsten angewendeten Methode – darauf, dass zwei Destillate (anfangs Grain Whisky und Malt Whisky), die aus verschiedenen Regionen stammten, zusammengemischt wurden, um ein neues Erzeugnis, den Blended, zu kreieren, der die herausragenden Qualitäten der beiden ursprünglichen Destillate vereinen sollte. Jedoch setzte man sich nicht nur das Ziel, einzelne Whiskys miteinander zu kombinieren, um ein noch besseres Getränk zu erzeugen. Es war ebenso wichtig, strenge Herstellungsstandards festzulegen, um ein Produkt von gleichbleibender Qualität zu schaffen.

Nach der Festlegung einer entsprechenden Norm wurde 1877 die Distillers Company Limited (DCL) ins Leben gerufen, die die wichtigste schottische Brennereigesellschaft werden sollte, die auch heute noch durch ihre hohe Professionalität zum weltweiten Erfolg des Scotch Whisky beiträgt.

Die schottischen Whiskyregionen

Speyside
In dieser im Nordosten des Landes gelegenen Region sind sehr viele Brennereien, alles alte Traditionsbetriebe, ansässig. Hier fließen Bäche mit glasklarem Wasser, Felder und Wälder wechseln sich ab.

West Highlands
Typisch für die Westküste sind die Hochebenen, das unangefochtene Reich der Torfmoore. Die Isle of Skye rühmt sich, den hochwertigsten Torf zu besitzen.

Highlands
Die windgepeitschten, mit Heidekraut bewachsenen Hochebenen durchziehen Schottland von Nordwesten nach Südosten. Die Halbinsel Campbeltown bildet geographisch gesehen eine Art Anhängsel.

Lowlands
Diese Region liegt im südlichen Teil Schottlands an der Grenze zu England. Typisch sind hier die landschaftlich reizvollen Tiefebenen.

Islay
Diese Insel gehört zu den Hebriden. Hier wird Whisky von bester Qualität gebrannt, mit typischem Torf- und Salzaroma.

Weitere Inseln
Neben Islay, deren Erzeugnisse sehr charakteristisch sind, wird auch noch auf anderen Inseln Whisky destilliert, wie z. B. auf Jura oder den Orkneyinseln.

Küstenabschnitt auf den Orkneyinseln. Hier wird der „nördlichste" Whisky Schottlands gebrannt.

Aberfeldy

Hersteller
John Dewar & Sons Ltd.

Herstellungsort
Aberfeldy

Kategorie
Perthshire (Highlands)

Alter
12, 15 und 25 Jahre

Alkoholgehalt
40 Vol.-%

Sorte
Single Malt/ Pure Malt

Man kann durchaus behaupten, dass die John Dewar & Sons Ltd., im Gegensatz zu vielen anderen Brennereien, die aus den Ruinen früherer Fabriken hervorgegangen sind, sozusagen aus dem Nichts entstanden ist. Dies war nur einem Whiskyexperten zu verdanken, dem die lokal erzeugten Spirituosen sehr am Herzen lagen.

Geschichte: Die Brennerei, auf einer Anhöhe über dem Fluss Tay gelegen, wurde 1896/97 von Tommy und Alexander Dewar erbaut. Es waren die Söhne von John Dewar (gestorben 1880), der die Firma Dewar & Sons of Perth gegründet hatte. Die Produktion in Aberfeldy begann 1898 und der hier erzeugte Whisky fand beachtlichen Erfolg dank des ständigen Einsatzes und der Hingabe der Mitarbeiter. Tommy Dewar – er war einer der ersten schottischen Händler, der eigene Blends abfüllte – ist in der Tat ein ausgezeichneter Malt Whisky zu verdanken. Sein Bruder Alexander, der zuerst Händler in der Whiskybranche war und später zu einem angesehenen *Blend master* wurde, kreierte dagegen einige Single Malts von bester Qualität. Wegen seines außergewöhnlichen Talents als Brennmeister wurde ihm 1917 der Titel Baronet verliehen. Es waren hauptsächlich persönliche Gründe, weshalb man die kleine Ortschaft Aberfeldy, im Herzen der südlichen Highlands und nördlich von Perth (einem bedeutenden Handelshafen) gelegen, als Firmenstandort auswählte. In diesem kleinen Dorf wurde nämlich 1806 der Vater der beiden Brennereigründer geboren. Die Aberfeldy wurde 1972 komplett renoviert und 1998 von der Diageo (Bacardi) übernommen.

Eigenschaften: Dieser Highlandwhisky hat eine charakteristische, intensiv goldene **Farbe**. Bei der Verkostung nimmt man ein besonders angenehmes **Aroma** mit intensiven Noten von Trockenfrüchten und einem Hauch Eichenholz wahr. Der **Geschmack** präsentiert sich vollmundig und entschlossen, mit angenehm süßen Honignuancen.

Weitere Sorte: Es gibt auch einen Aberfeldy, der zu einer Special Reserve aus dem Jahr 1978 gehört und speziell den Whiskykennern gewidmet ist. Dieses Destillat hat eine typische strohgelbe Farbe und bietet ein süßes Malzaroma, zugleich finden sich aber auch Nuancen von Torf und Zitronenschale. Bei der Verkostung offenbaren sich deutlich rauchige und fruchtige Noten.

Aberlour

Die Aberlour Glenlivet Distillery, die ein angesehener englischer Kritiker als „Vorzeigebrennerei" betitelte, öffnet ihre Tore in der Speyside, einer Region in Schottland, die zwischen den Cairngorm Mountains und den Flüssen Findhorn, Deveron und Spey liegt und allgemein als Heimat der Malt Whiskys gilt.

In der Brennerei gibt es ein sehenswertes Besucherzentrum. Ein Rundgang dauert etwa 45 Minuten und endet mit der Verkostung der hauseigenen Destillate.

Hersteller	Aberlour Glenlivet Distillery Co. Ltd.
Herstellungsort	Kilwinning
Kategorie	Glenlivet (Speyside)
Alter	5, 10, 12, 15 und 25 Jahre
Alkoholgehalt	40 bis 43 Vol.-%
Sorte	Single Malt/ Pure Malt

Geschichte: Die in einer Talmulde gelegene Brennerei wurde 1879 von James Fleming (einem einheimischen Bankier, dessen Motto lautete: „Lasst die Fakten für sich sprechen") gegründet. Er erbaute sie auf den Ruinen einer alten Fabrik, die 1826 James Gordon ins Leben gerufen hatte. Sie liegt idyllisch im Tal des Spey und ist von Wäldern umgeben. An diesem sagenumwobenen Ort herrscht eine fast mystische Atmosphäre. Man erzählt sich, dass um 960 n. Chr. der Erzbischof von Canterbury, der hl. Drostan, als Missionar verkleidet, gemeinsam mit den drei treuen Gefolgsleuten Colm, Medan und Fergus nach Schottland kam. In Skirdustan, am Ufer des Spey, gründeten sie eine Religionsgemeinschaft und begannen missionarisch tätig zu werden. Die Gemeinde wurde bald berühmt, vor allem weil man die Kinder der benachbarten Dörfer mit Wasser aus einer Bergquelle taufte, dem man wundertätige Eigenschaften zuschrieb. Es war daher kein Zufall, dass Fleming seine Brennerei gerade in Kilwinning errichten wollte, mitten in dieser geheimnisvollen Region, und dass er für die Herstellung seiner begehrten Whiskys das Taufwasser des hl. Drostan verwendete.

Ende des 19. Jh. brachte ein Feuer die Produktion der Brennerei zum Stillstand. Die Fabrik wurde danach an die R. Thorne & Sons Ltd. verkauft und vergrößert. Ein weiterer Brand in den 30er-Jahren des letzten Jahunderts gab den Anstoß, das Unternehmen vorwärts zu treiben und Anlagen, Herstellungstechniken und Marketingstrategien zu erneuern. So kam es, dass die Aberlour nun wieder im Rampenlicht stand.

Zu den eingeführten Neuerungen zählten unter anderem folgende Methoden, die noch heute angewendet werden: Die Brennkessel werden mit Dampf beheizt und der Whisky reift in Fässern heran, in denen zuvor Sherry abgefüllt war.

Die Brennerei erlebte zahlreiche Besitzwechsel und Modernisierungen, z. B. wurden die neben der Fabrik gelegenen Lagerhäuser so konzipiert, dass die einzelnen Lagerungsphasen der Flaschen optimiert werden konnten und der anschließende Transport in den Handel reibungslos verlief. Das Unternehmen wurde 1945 von der W. H. Holt & Sons Ltd. an die S. Campbell & Sons Ltd. verkauft und wurde dann 1974 von der französischen Gesellschaft Pernod Ricard übernommen.

Die Brennerei

Etwas Besonderes für Sammler: der Aberlour A'Bunadh

Herstellung: Die Aberlour verwendet ausschließlich eine speziell ausgesuchte Qualitätsgerste. Die Brennblasen der Destillerie haben eine ungewöhnlich breite Basis, die dazu dient, die Wärmestrahlung zu erhöhen. Die „Lebenswasser" reifen zuerst für eine bestimmte Zeit in zuvor mit Sherry (dem berühmten andalusischen Wein) gefüllten Fässern. Danach altern sie für eine weitere Zeit in Fässern aus amerikanischer Eiche, in denen bereits Bourbon Whiskey gelagert wurde.

Die Stöpsel, mit denen die Flaschen verschlossen werden, sind vollständig aus Kork gefertigt. So können eventuelle Restdämpfe aus den Flaschen entweichen.

Eigenschaften: Die **Farbe** dieses Whiskys ist ein dunkles Gold. Er hat ein fruchtig geprägtes **Aroma** mit leichten Honignoten. Im **Geschmack** ist er fein und weich, eine süße Sherrynote ist zu erkennen. Im Abgang ist er mittellang und wärmend. (Die Angaben beziehen sich auf den 12-Jährigen.)

Weitere Sorte: Es gibt eine Version für Sammler und Kenner, eine wirkliche Rarität. Es handelt sich um den **Aberlour A'Bunadh** mit über 60 Vol.-% Alkohol. Ein sehr geschätzter, tief bernsteinfarbener Whisky mit typischem Sherryaroma. Bei der Verkostung spürt man Noten von Minze und rauchigem Holz. Der Geschmack erinnert an Kirschen.

Angus Mc Kay

Die Highlands gelten als der strategische Standort schlechthin für die Produktion der besten schottischen Whiskys. Die Berge, die Nähe zum Meer, das Klima und die unzähligen Bachläufe, die das Land durchziehen, bieten beste Voraussetzungen für ausgezeichnete Single Malts. Diese Region war deshalb seit jeher Schauplatz für Erzählungen und Legenden über die Welt des Whiskys.

Hersteller
Burn, Stewart & Co. Ltd.

Herstellungsort
Dumbarton

Kategorie
Highlands

Alter
5 und 12 Jahre

Alkoholgehalt
40 Vol.-%

Sorte
Single Malt/ Pure Malt

Geschichte: Man erzählt sich, dass um 1730 in diesem sagenumwobenen Landstrich ein gepflegter Gentleman namens Angus Mc Kay gelebt hatte. Da er eine ausgesprochene Vorliebe für Schönheit und Qualität besaß, wurde er im Laufe der Zeit zu einem der maßgeblichsten Kenner und Beurteiler der Whiskys jener Epoche. Mc Kays Beurteilung der Destillate galt bei seinen Zeitgenossen als endgültig und unveränderlich. Sie wurde diskussionslos akzeptiert, so als ob es ein unanfechtbarer richterlicher Beschluss wäre. Als sichtbares Zeichen seiner anerkennenden Beurteilung benutzte er eine Art Siegel. Er signierte die Fässer, die er bewerten sollte, mit einem roten Strich und seiner Unterschrift und kennzeichnete so die Whiskys, die seiner Meinung nach für eine weitere Reifung geeignet waren. Auf diese Weise bestimmte er das weitere Schicksal jedes einzelnen von ihm geprüften Whiskys.

Das Unternehmen, das diesen Whisky herstellt, wurde Anfang des 19. Jh. von einer Handelsgesellschaft gegründet, die Wein und Lebensmittel verkaufte. Ursprünglich hieß die Firma Pacific Shelf 158 Ltd. und wurde später in Burn Stewart Distillers PLC umbenannt. Die heutige Gesellschaft, Burn, Stewart & Co. Ltd., druckt noch heute auf die Etiketten der Flaschen, die den Namen des berühmten Whiskyexperten tragen, den charakteristischen roten Strich und setzt damit die Tradition fort, die für immer mit dem bedeutungsvollen Namen Angus Mc Kay verbunden bleibt. Mit diesem Siegel will man für Qualität und Güte eines jeden einzelnen Whiskys bürgen. Im Übrigen wurde die Klasse dieser Whiskys auch von einer Fachjury bestätigt. Die Firma exportiert heute ihre zahlreichen unterschiedlichen Erzeugnisse in über 40 Länder der Welt, unter anderem nach Südafrika, Namibia, Taiwan, Israel, Venezuela, Uruguay und Island.

Eigenschaften: Dieser geschätzte Single Malt aus den Highlands hat eine hellgoldene **Farbe**. Sein **Aroma** zeichnet sich durch ein klassisches Bouquet aus, in dem hauptsächlich das Malz vorherrscht. Der **Geschmack** ist fein, mit angenehmen Malznoten und leicht fruchtigen Nuancen.

Weitere Sorte: Vom Angus Mc Kay gibt es auch eine einzigartige 12 Jahre gelagerte Reserve, die in den 80er-Jahren in den Handel kam. Auch diese ist mit dem unverwechselbaren roten Streifen gekennzeichnet. Sie hat eine goldene Farbe mit grünlichen Reflexen. Im Laufe der Verkostung offenbart sich ein angenehmes, feines, aber volles Karamellaroma. Der Geschmack ist anfänglich süß und entwickelt später Malz- und Fruchtnoten.

Ardbeg

Hersteller
Glenmorangie Plc

Herstellungsort
Port Ellen

Kategorie
Islay

Alter
10 und 17 Jahre

Alkoholgehalt
46 Vol.-%

Sorte
Single Malt/ Pure Malt

Islay, eine Insel der inneren Hebriden, liegt südlich der Isle of Jura im Atlantischen Ozean. Diese wilde Gegend, von Wind und Meeresgischt gepeitscht, war früher ein berühmter Schlupfwinkel von Schmugglern. Hier wird ein Whisky von absoluter Vollkommenheit gebrannt, der Ardbeg, der sich immer schon auszeichnete durch die harmonische Verbindung der salzigen Meernuancen mit dem besonderen Torfaroma.

Geschichte: Die Ardbeg Distillery befindet sich in Port Ellen, einem im südlichen Teil der Insel gelegenen Städtchen. Manche behaupten, die Ursprünge der Brennerei gingen auf 1794 zurück, jedoch begann man erst mehr als 20 Jahre später, 1815, mit der Produktion. Tatsächlich verweisen die alten Dokumente der Brennerei auf jenes Datum. John MacDougall beantragte und erhielt damals die notwendigen behördlichen Genehmigungen und konnte offiziell mit der Destillation beginnen. Bis 1977 blieben seine Nachkommen Eigentümer der Firma, die dann in jenem Jahr von der Hiram Walker Gesellschaft übernommen wurde.

Zwischen 1981 und 1988 stagnierte die Produktion, woraufhin die Fabrik 1989 an die Allied Distillers verkauft wurde, die sie 1997 an die Glenmorangie, den heutigen Besitzer, weiterveräußerte. Die häufigen Besitzerwechsel im Laufe des 20. Jh. erklären sich aufgrund der Tatsache, dass der Hauptanteil der Produktion dieser Brennerei für den Blended-Whisky-Markt bestimmt war, der unter der Wirtschaftskrise der 70er-Jahre schwer zu leiden hatte.

Wie auch immer, dem heutigen Besitzer gelang es, zur großen Freude ihrer Liebhaber, diese Marke wiederzubeleben und an die einst ruhmreichen Zeiten anzuknüpfen.

Herstellung: Ein wichtiger Arbeitsschritt, der den Ardbeg-Whiskys ihren speziellen Geschmack verleiht, ist das Darren des Malzes über Torffeuer. Ein weiterer wesentlicher Bestandteil ist das Wasser, das man aus den Seen Arinambeast und Uigeadale entnimmt. Eingebettet in mit Heidekraut bewachsenen Hügeln liegen sie etwa 5 km von der Brennerei entfernt. Da das Wasser durch viele Gesteinsschichten sickert und so gefiltert wird, verliert es nach und nach seinen Kalziumgehalt und ist so bestens für den Destillationsprozess geeignet.

In Anbetracht des professionellen Einsatzes von Arbeiterschaft und Firmenleitung lässt sich sehr wohl für diese Brennerei aus Port Ellen eine prosperierende Zukunft vorhersehen.

Eigenschaften: Dieser Whisky hat eine strohgelbe **Farbe** und ein intensives, torfiges **Aroma**, in dem sich Noten von Salz, Algen und Holzfässern mischen. Der Name „Ardbeg" steht für einen besonders torfigen **Geschmack**. Er entsteht durch das Darren des Malzes über Torffeuer und durch Zugabe des speziellen Wassers. Bei der Verkostung nimmt man neben Torf auch salzige Nuancen wahr.

Weitere Sorten: Von diesem Whisky werden auch zwei Sonderversionen gebrannt: ein 17-Jähriger und eine Spezialabfüllung (**Vintage**) von 1978, der eine tiefgoldene Farbe und ein leicht torfiges Aroma hat und nach Malzgebäck schmeckt.

Ardmore

Die Speyside ist die Region in Schottland, in der es die meisten Brennereien gibt. Zahlreiche Flüsse und das gemäßigte, für den Gerstenanbau ideale Klima schaffen hier beste Bedingungen für die Herstellung feinster Whiskys.

Hersteller
William Teacher & Sons Ltd.

Herstellungsort
Kennethmont

Kategorie
Highlands

Alter
18 und 21 Jahre

Alkoholgehalt
43 Vol.-%

Sorte
Single Malt/ Pure Malt

Geschichte: Die Ardmore ist eine der größten und modernsten Whiskybrennereien des Landes. Ihre Ursprünge finden sich 1891. Sie steht in Kennethmont im Distrikt Aberdeenshire, nahe dem Fluss Bogie und dem Waldgebiet Clashingdarroch. Der Gründer William Teacher war zu seiner Zeit als Wein- und Spirituosenhändler bekannt und fasste als „*Blender*" Fuß in der Whiskyindustrie. Seine Söhne, vor allem Adam, und seine Enkel vergrößerten und konsolidierten das Familienunternehmen und brachten es auf höchstes Niveau.

Der Betrieb überlebte die zahlreichen Krisen der Branche, selbst die durch die beiden Weltkriege verursachten, unversehrt. 1958 gelang es sogar, dank zweier neu installierter Brennblasen, den Whiskyabsatz zu verdoppeln. Man erhöhte damals die Anzahl der Brennkessel von zwei auf vier und erweiterte 1975 noch einmal, sodass nun mit acht Brennblasen produziert wurde. So konnten Produktion und Umsatz weiter gesteigert werden. Ein Jahr später trat die Firma der Allied Distilleries bei, mit der Absicht, Eigenschaften und Qualität ihrer Whiskys noch zu verbessern.

Herstellung: Heute befindet sich in den Gebäuden eine der größten und modernsten Brennereien ganz Schottlands. Es werden noch einige Originalmaschinen aufbewahrt, darunter der alte Dampfkessel, der in früherer Zeit die Energie für die Fabrik lieferte, und verschiedene kohlebeheizte Brennblasen. Eine Besonderheit stellt auch das von der Ardmore verwendete Wasser dar. Es kommt aus 14 verschiedenen Quellen, die in der Nähe auf dem Knochandy Hill entspringen und seit Jahrhunderten für ihre außergewöhnliche Klarheit und Reinheit bekannt sind.

Eigenschaften: Dieser Single Malt hat ein süßes und zugleich rauchiges **Aroma**, das an lange gelagertes Holz und Pflanzen erinnert. Der **Geschmack** ist lieblich, sehr duftig und man fühlt sich an Gewürze erinnert. Die 21-jährige Version hat eine leuchtende, zum Bernstein tendierende goldene **Farbe**.

Weitere Sorte: Von diesem Whisky kommt unter anderem auch eine sehr geschätzte Jahrgangsreserve von 1987 in den Handel, die für Sammler bestimmt ist. Es ist eine limitierte, 2001 von der Gordon & MacPhail abgefüllte Auflage mit 40 Vol.-% Alkohol. Dieser Whisky ist tiefgolden und duftet nach Sherry, Sahne und Getreide. Der angenehm malzige Geschmack ist gut balanciert, leicht süßlich und trocken und zeigt fruchtige und nussige Noten.

Auchentoshan

Hersteller
Morrison Distillers

Herstellungsort
Dalmuir

Kategorie
Lowlands

Alter
5, 8, 10, 12, 18 und 21 Jahre

Alkoholgehalt
40 Vol.-%

Sorte
Single Malt/ Pure Malt

Das schottische Tiefland, Lowlands genannt, von dem Walter Scott in seinen Romanen inspiriert wurde, ist eine fruchtbare und reiche Region. Hier wechseln sich sanfte Hügel und weite, grüne Täler ab. Das milde Klima begünstigt den Anbau von Getreide, insbesondere der Gerste, die für die Whiskyproduktion unerlässlich ist.

Geschichte: Die Auchentoshan Distillery ist eine von wenigen Brennereien in den Lowlands. Die wörtliche Übersetzung dieses gälischen Namens ist „Ecke des Feldes" und beschreibt die Lage der Brennerei, nämlich zwischen Stadt und Land, vor den Toren Glasgows, an der Straße zum Loch Lomond. Die Fabrik steht auf den Kilpatrick Hills über dem Fluss Clyde. Auf diesen Hügeln wird Gerste angebaut. Da genau hier die Wasserscheide zwischen Greenock und Dundee verläuft, die die Highlands von den Lowlands trennt, hat die Brennerei leichten Zugriff sowohl auf die großen Torflagerstätten der angrenzenden Highlands als auch auf das reine Wasser des nahe gelegenen Cochno-Sees. Beides sind wesentliche Faktoren für eine optimale Whiskyproduktion. Es sei erwähnt, dass die Auchentoshan, ebenso wie viele andere Destillerien auch, bereits lange Zeit vor der Legalisierung der Brennereien (im 18. Jh.) erbaut worden war. Hinweise zu den Anfängen der Whiskyherstellung stammen aus der zweiten Hälfte des 18. Jh.: Damals wurde der *Wash Act* erlassen, der die Schwarzbrennerei reglementieren sollte. Dieses Gesetz begünstigte allerdings die Produktion gerade in den Lowlands, wo man sich ermutigt sah, nun mit großen Brennblasen zu arbeiten.

Eigenschaften: Dieser Whisky hat eine tiefgoldene **Farbe** und weist die für die Single Malts der Lowlands typischen leicht blumigen Noten auf. Sein **Aroma** ist voll und gut strukturiert mit einem Hauch von gelagertem Holz. Der **Geschmack** präsentiert sich zart, leicht, weich am Gaumen, aber gleichzeitig entschlossen und ausgeprägt (Angaben beziehen sich auf den 10-jährigen **Select Single Malt**).

Weitere Sorte: Die Brennerei produziert auch einen **Select**, der in Mignon-Version vertrieben wird, eine Special Reserve von 1981 und einen 31-Jährigen von 1966.

Auchentoshan Three Wood

Die Brennerei Auchentoshan zählt heute zu den 10 bedeutendsten Malt-Whisky-Produzenten weltweit. Trotz einer Vielzahl wirtschaftlicher Krisen und der beiden Weltkriege, die ihr schwere Schäden zufügten, hat es die Destillerie bis heute geschafft, ihren Betrieb fortzuführen.

Geschichte: Die Auchentoshan wurde 1823 gegründet, wobei sich erst 1825 eine erste offizielle Besitzeintragung findet. Sie ist somit aber eine der ältesten schottischen Brennereien. Während des Zweiten Weltkriegs, als 1941 Glasgow bombardiert wurde, wurden auch die Brennereigebäude schwer beschädigt und der Betrieb blieb für viele Jahre geschlossen. Nach dem Wiederaufbau wurde sie Anfang der 60er-Jahre an die Bierbrauerei Tennent's verkauft und wieder in Betrieb genommen. 1969 wurde sie an Eadie Cairns weiterveräußert, der die Produktionsstätte komplett modernisierte. 1984 wurde die Fabrik von der Morrison Bowmore übernommen, die die Anlage mit neuesten Technologien ausrüstete.

Herstellung: Die Auchentoshan-Whiskys werden mit Hilfe eines speziellen Verfahrens, der Dreifachdestillation, hergestellt, die in drei verschiedenen Brennblasen erfolgt. Diese Methode, die heute nur noch von wenigen Betrieben angewendet wird, verleiht dem Destillat einen sehr feinen Geschmack. Er ist bestens für hervorragende Blends geeignet.

Eigenschaften: Dieser Whisky hat eine leuchtend goldene, ins Bernstein gehende **Farbe**. Das **Aroma** erinnert an süße Früchte und braunen Zucker. Sein **Geschmack** ist fruchtig und von Zimt und Haselnuss geprägt.

Weitere Sorte: Die Brennerei produziert auch eine wahre Rarität, eine Special Reserve, die für Kenner und Sammler gedacht ist. Der Reifungsprozess erfolgt in drei Phasen: zuerst in Eichenfässern, dann in Fässern, in denen bereits Portwein oder Sherry abgefüllt war, und schließlich in Fässern, die vormals Bourbon Whiskey enthielten.

Hersteller
Morrison Distillers

Herstellungsort
Dalmuir

Kategorie
Lowlands

Alter
21 Jahre

Alkoholgehalt
43 Vol.-%

Sorte
Single Malt/ Pure Malt

Aultmore

Hersteller
John and Robert Harvey & Co. Ltd.

Herstellungsort
Keith

Kategorie
Highlands

Alter
12 Jahre

Alkoholgehalt
43 Vol.-%

Sorte
Single Malt/ Pure Malt

Die Brennerei Aultmore (der gälische Name für „schwellender Bach“) steht nur wenige Kilometer nördlich von der Ardmore-Destillerie, in der Nähe der Stadt Keith, die bekannt ist für ihre beiden antiken Brücken. Es ist eine der vielen Brennereien, die es in der Speyside gibt, der Region im Nordosten Schottlands, wo bis heute die alten Traditionen fortbestehen, mit denen die Einheimischen ihre Freude am Leben auf dem Land bekunden. Dieses ländliche, unverfälschte Gemüt zeigte in der Vergangenheit jedoch noch eine zweite, dunkle Seite. Im 17. und 18. Jh. war die ganze Region bei der britischen Verwaltung berühmt und berüchtigt für ihre unzähligen Schwarzbrenner. Diese hatten sich mit der einheimischen Bevölkerung verbündet und waren praktisch unangreifbar.

Geschichte: In einer von den Gesetzlosen bevorzugten Gegend liegen die Quellen des Foggie Mos. An diesem Ort wurde die neue Aultmore-Brennerei errichtet. Die John and Robert Harvey & Co., die 1770 in Glasgow ins Leben gerufen wurde, ist die momentane Lizenzinhaberin. Die Brennerei wurde offiziell 1895/96 von Alexander Edward von Sanquhar gegründet. Er war zu jener Zeit bereits Besitzer der Benrinnes Distillery. Man begann allerdings erst im Jahr 1897 mit der Produktion der Whiskys. 1899 wurde die Fabrik von der Oban Aultmore Glenlivet übernommen, danach von der John Dewar (1923) und schließlich von der DCL.

Herstellung: Bis in die 70er-Jahre arbeitete die Brennerei mit nur zwei dampfbeheizten Destillierapparaten. Dann wurde ein Großteil der Fabrikanlagen umstrukturiert und bei dieser Gelegenheit verdoppelte man die Anzahl der Brennblasen.

Der Aultmore ist überwiegend zur Herstellung von Blends bestimmt.

Eigenschaften: Dieses Destillat hat eine leuchtend goldene, zum Orange tendierende **Farbe**. Das **Aroma** offenbart hauptsächlich Noten von Beerenfrüchten, hat aber auch eine torfige Note. Im **Geschmack** ist dieser Whisky weich und süß und angenehm fruchtig (Angaben beziehen sich auf den Aultmore 1989 Signatory Vintage).

Weitere Sorten: Ein 12-Jähriger mit leichtem Aroma verdient hier besondere Erwähnung sowie der **Aultmore 1989 Signatory Vintage** (auch dieser ist 12 Jahre gereift). Er ist bernsteinfarben und zeigt deutliche Noten von frischem Gras, Hopfen und Gewürzen. Sein Geschmack ist lang anhaltend süß mit einem Hauch von Sherry (er reift in ehemaligen Sherryfässern).

Balblair

Hersteller	George Ballantine & Sons Ltd.
Herstellungsort	Edderton
Kategorie	Highlands
Alter	5, 10 und 16 Jahre
Alkoholgehalt	40 Vol.-%
Sorte	Single Malt/ Pure Malt

Wir befinden uns wieder einmal in der Speyside, um die Brennerei Balblair zu besichtigen. Die Nordsee hat hier eine Küste von bezaubernder und wilder Schönheit geschaffen.

Die Fabrik liegt in Edderton, einem kleinen Dorf in der Nähe von Tain, das als „Pfarrgemeinde des Torfs“ bekannt ist. Der Torf, den man hier auf großen Flächen vorfindet, ist leicht und bröckelig. Besucher sind in dieser Brennerei willkommen und können bei allen Verarbeitungsschritten zuschauen. Am Ende der Besichtigung können die Gäste an einer Verkostung der ausgezeichneten brennereieigenen Whiskys teilnehmen. Hier fällt es nicht leicht, sich dem Zauber einer der ältesten Whiskybrennereien zu entziehen, die auf eine jahrhundertealte Tradition zurückblicken kann.

Geschichte: Einige behaupten, die Destillerie sei 1749 entstanden, wahr ist aber, dass John Ross 1790 die Gebäude errichten ließ und die Fabrik gründete. Bei der Wahl des Standorts achtete man auf die Gegebenheiten der Region und wählte eine Gegend, in der es noch viele illegale Brennereien gab. An diesem abgelegenen und strategisch günstigen Ort fanden sich die unabdingbaren Wasser- und Torfvorräte in ausreichender Menge. Die Struktur der heutigen Fabrik verdankt man Alexander Ross, der die Räumlichkeiten 1872 erweiterte. 1915 wurde die Brennerei geschlossen und kurz darauf von Robert Cumming wieder eröffnet, der entschlossen war, die Firma voranzutreiben. 1969 wurde sie von dem Spirituosenkonzern Hiram Walker übernommen, zu der auch die George Ballantine & Sons Ltd. gehört.

Eigenschaften: Die **Farbe** dieses Whiskys ist ein dunkles Gold. Er hat ein angenehm frisches und leichtes **Gewürzaroma** mit zarter Malznote. Im **Geschmack** ist er trocken-klar, leicht herb mit markant rauchigem Abgang (Angaben beziehen sich auf den 16-Jährigen).

Weitere Sorten: Die zahlreichen Single Malts von Balblair werden in viele Länder exportiert, besonders der 5-Jährige und der 10-Jährige. Der einheimische Markt bevorzugt hauptsächlich die Gordon & MacPhail-Abfüllungen, darunter den **Balblair Elements** und den **Connoisseurs Choice**.

Ballantine's

Hersteller
George Ballantine & Sons Ltd.

Herstellungsort
Dumbarton

Kategorie
Lowlands

Alter
3, 12, 17 und 30 Jahre

Alkoholgehalt
40 Vol.-%

Sorte
Blended

Die Ballantine ist eine relativ junge Brennerei. Sie wurde erst 1930 gegründet. Die typischen Umrisse der Fabrik erinnern an eine alte Burg. Sie steht in Dumbarton am Fluss Leven. Dieses Städtchen, im schottischen Dialekt bedeutet *dum* „Festung" und *barton* „britisch", gilt als eine Art Welthauptstadt des Whiskys, da sich hier seit undenklicher Zeit eine große Anzahl von Lagerhäusern befindet, in denen die Destillate heranreifen, darunter auch der Ballantine's.

Geschichte: Die Geschichte der Familie, die diesem weltweit bekannten Unternehmen den Namen gegeben hat, reicht wesentlich weiter in die Vergangenheit zurück, als die der Brennerei.

Der Gründer dieses Imperiums war George Ballantine, eigentlich ein Landwirt, der aber ausgesprochene unternehmerische Fähigkeiten besaß. 1827, mit 25 Jahren, beschloss er, die Arbeit auf den Feldern aufzugeben. Er verkaufte seinen Bauernhof im Peebleshire-Distrikt und zog nach Edinburgh. Hier, im Cowgate-Viertel, eröffnete er eine Drogerie, die im Laufe der Jahre immer wieder vergrößert wurde, bis schließlich ein Wein- und Spirituosenladen daraus geworden war. Er und auch seine Erben hatten ein glückliches Händchen in dieser Branche. Besonders der Sohn George Ballantine Junior trat in des Vaters Fußstapfen und eröffnete ein weiteres Geschäft in Glasgow. Er führte hier einige Neuerungen ein, z. B. verkaufte er in seinem Laden auch Zigarren, und bald schon wurden von ihm ausgezeichnete schottische Single Malt Whiskys ins Ausland exportiert. 1903 erhielt das Unternehmen eine offizielle Auszeichnung vom britischen Königshaus, da sich der Betrieb im Vereinigten Königreich als herausragend erwiesen hatte.

Nachdem ein Neffe Ballantines während seines Aufenthalts in Frankreich fundierte Kenntnisse über Wein gesammelt hatte, machte er Ballantine's Erzeugnisse auf den internationalen Märkten bekannt. Und so wurde diese Brennerei zu einer der besten des Landes, sowohl hinsichtlich der hervorragenden Qualität als auch des beachtlichen Umsatzes.

1919 wurde die Ballantine in Glasgow an die Firma Barclay and McKinlay verkauft, die die Produktion der Destillate auf höchstes Niveau brachte.

1936 wurde das Unternehmen von der englischen Firma Hiram Walker-Gooderham & Worts übernommen, in deren Besitz das gesamte Aktienpaket der George

Ballantine & Sons Ltd. überging. Danach wurde sie an die schottische Hiram Walker & Sons übertragen, die als Treuhandgesellschaft speziell für die schottische Whiskybranche ins Leben gerufen wurde.

Inzwischen erlangte der Name Ballantine immer größere Bekanntheit, vor allem in Nordamerika, das er von Kanada aus erreicht hatte. Nach den Schwierigkeiten, die die Prohibitionszeit mit sich brachte, offenbarte sich der Überseehandel als einer der gewinnbringendsten. Und die Ballantine errichtete in der zweiten Hälfte der 30er-Jahre eines der bedeutendsten und renommiertesten Handelsnetze auf internationaler Ebene. Heute steht der Ballantine's an dritter Stelle auf der Liste der 15 besten Blended Whiskys dieser Welt. Das Unternehmen ist stolzer Besitzer von 10 Brennereien, die zu den wichtigsten der Branche zählen.

Die Fabrik in Dumbarton, heute im Besitz von der Allied Domeq, ist die größte in Europa und der Ballantine's Finest, ein aus mindestens 40 verschiedenen Malts hergestellter Blend, ist führend auf dem europäischen Markt. Er nimmt den 3. Platz ein auf der Liste der weltweit meistverkauften schottischen Whiskys.

Eigenschaften: Dieser Blend hat eine hellgelbe **Farbe** und ein sehr feines, delikates **Malzaroma**. Der **Geschmack** ist gekennzeichnet durch sehr weiche Noten und deutliche, gut ausgeglichene Malz-, Vanille- und Fruchtnuancen mit anhaltend süßen und sahnigen Spuren (Angaben beziehen sich auf den Ballantine's Finest).

Weitere Sorten: Zur großen Freude der Liebhaber kommen von der Ballantine äußerst feine Blends. Zu den ausgesprochen exquisiten Versionen zählt ein 17-jähriger, in Fässern aus Eichenholz gereifter, komplexer, weiter und entschlossener Blend mit Torf- und Malznuancen.

Eine weitere unglaubliche Version, 30 Jahre gereift, zeichnet sich durch einen den Verkoster einhüllenden Duft nach gelagertem Holz aus. Dieser Whisky vereint einen harmonischen und weiten Malzgeschmack mit entschlossenen Nuancen von Torf, Vanille und Honig. Schließlich gibt es noch einen **Ballantine's Gold Seal**, eine 12-jährige Special Reserve.

Balvenie

Hersteller
William Grant & Sons International Ltd.

Herstellungsort
Dufftown Keith

Kategorie
Highlands

Alter
10, 12, 15, 17, 21 und 25 Jahre

Alkoholgehalt
40 bis 46,9 Vol.-%

Sorte
Single Malt/ Pure Malt

Der Balvenie, die Ende des 19. Jh. gegründet wurde und die somit als „junge" Brennerei angesehen wird, ist es gelungen, sich mit ihren exquisiten Qualitätswhiskys auf dem Markt durchzusetzen. Die Niederlassung befindet sich in Dufftown Keith im Banffshire. Die ältesten Gebäude der Fabrik stammen von 1892, dem Jahr, in dem William Grant die Brennerei gründete.

Geschichte: Es soll ein alter katholischer Priester gewesen sein, der dem Unternehmer und Eigentümer der nahe gelegenen Glenfiddich-Brennerei den Rat gab, die Aktivitäten auf dem Spirituosensektor auszuweiten und dabei auf das kristallklare Wasser der Robbie Dubh Springs zurückzugreifen. Die Fabrik wurde zuerst Glen Gordon getauft, dann aber, inspiriert durch die Nähe des Castle Balvenie, in dem einst König Edward I. und Königin Maria von Schottland weilten, in Balvenie umbenannt. Der ursprüngliche Name geht wahrscheinlich auf Charles Gordon, den Schwiegersohn von William Grant, zurück. Dieser setzte all seine Kraft daran, die von seinem Schwiegervater erzeugten Destillate bekannt und aus der Brennerei ein blühendes Familienunternehmen zu machen.

In der Fabrik werden Brennblasen mit besonders langem Hals eingesetzt. Die ältesten hatte man gebraucht von den Brennereien Lagavulin und Glen Albyn aufgekauft. Erst in der zweiten Hälfte des 20. Jh. kamen weitere Brennblasen hinzu: 1957 verdoppelte man die Anzahl, 1965 stockte man auf sechs auf und 1971 waren es acht.

Herstellung: Die Balvenie stellt Destillate her, die zu den hochwertigen, lange gereiften Whiskys gehören. Nach altem Brauch werden heute noch 15 % des Malzes im Floor-Malting-Verfahren gewonnen. Die Gerste wird auf speziellen Mälzböden unter ständiger Kontrolle des Feuchtigkeitsgehalts zum Keimen gebracht.

Um sich von der Konkurrenz abzusetzen, füllt die Balvenie ihre Single Malts in leicht grünlich schimmernde Glasflaschen, die mit Korkstöpseln verschlossen sind, ab.

Eigenschaften: Die **Farbe** des Balvenie ist intensiv golden. Er hat ein rauchiges **Aroma** mit Holznuancen. Der **Geschmack** ist gut strukturiert mit weichen Torf- und Akazienhonignoten. Bei der Verkostung spürt man den Einfluss der Sherryfässer, in denen dieser Whisky gereift ist.

Weitere Sorten: Von diesem hervorragenden Erzeugnis gibt es zahlreiche Versionen, darunter einen 10-Jährigen, der mit **Founder's Reserve** (Reserve des Hauses) etikettiert ist, und einen tiefgoldenen 25-Jährigen mit 46,9 Vol.-%, der im Geschmack zuerst trocken ist, später Nuancen von Karamell und gelagertem Holz offenbart. Erwähnenswert ist auch ein **Double Wood**, der langsam in Fässern aus amerikanischer Eiche gereift ist, die zuvor Bourbon Whiskey enthielten, und ein ausgezeichneter bernsteinfarbener Balvenie, der **Islay Cask**, der erst vor kurzem kreiert wurde. Für ihn werden Destillate von außergewöhnlicher Qualität ausgewählt, die zuerst für mindestens 17 Jahre in Eichenfässern verfeinert werden, um dann in Fässer umgefüllt zu werden, die vorher Whisky von der Insel Islay enthielten.

Bell's

Hersteller Arthur Bell & Sons	
Herstellungsort Perth	
Kategorie Lowlands	
Alter 5, 8 und 20 Jahre	
Alkoholgehalt 40 Vol.-%	
Sorte Blended	

Der Bell's zählt sicherlich zu den in ganz Großbritannien am häufigsten getrunkenen schottischen Blends.

Geschichte: Die Beziehungen zwischen der Brennerei und der Stadt Perth begannen 1840. Zu jener Zeit beschloss Arthur Bell, ein bekannter und mit ausgeprägten unternehmerischen Fähigkeiten ausgestatteter Weinhändler, sich mit Thomas Sandeman, der seit 1825 im Wein- und Spirituosenhandel tätig war, zusammenzuschließen. Ab 1851 war Bell alleiniger Eigentümer der Firma. Sein ausgezeichneter Geschäftssinn brachte ihn dazu, eigene Geldmittel für das Blending von Grain und Malt Whiskys zu investieren. Auf Bells Vorschlag hin wurde auch eine Standardflaschengröße für die im Vereinigten Königreich produzierten Destillate eingeführt.

Dieser Blend wird auch auf den internationalen Märkten sehr geschätzt. Ein Beweis dafür ist der Queen's Award for Export Achievement, den das Unternehmen 1983 erhalten hat. Ein äußerst begehrter Preis, der von der englischen Königin an Firmen verliehen wird, die ihre Produkte mit großem Erfolg ins Ausland exportieren. Der Bell's gehört völlig zu Recht zu den 15 besten Blends dieser Welt. Der berühmte 8-Jährige belegt den 8. Platz und ist vor allem in Skandinavien, Südafrika und Brasilien hoch geschätzt.

Eigenschaften: Dieser Whisky hat je nach Reifejahr unterschiedliche **Farben**, die zwischen intensivem Gold und dunklem Bernstein variieren können. Beim Verkosten nimmt man ein zartes **Aroma** mit einmal süßen, einmal grasigen Noten wahr. Im Mund offenbart er einen sofort entschlossenen **Geschmack**, anfangs ziemlich kräftig, wenn auch gleichzeitig lieblich. Beim Abgang ist er leicht trocken (Angaben beziehen sich auf den 20-Jährigen).

Bei der international am weitesten verbreiteten Version, dem 8-Jährigen, schätzt man den süßen, harmonischen, angenehm weichen und fruchtigen Geschmack.

Weitere Sorten: Insbesondere sei hier ein Vatted Malt, der **Bell's Special Reserve**, erwähnt.

Ben Nevis

Hersteller
Ben Nevis Distillery

Herstellungsort
Fort William

Kategorie
Highlands

Alter
10, 19, 21 und 26 Jahre

Alkoholgehalt
46 Vol.-%

Sorte
Single Malt/ Pure Malt

Der gleichnamige Berg

Eine Flasche Ben Nevis, 26 Jahre gereift

In den westlichen Highlands, inmitten einer der schönsten Landschaften Schottlands, stehen einige der renommiertesten Brennereien. An der Westküste, am Loch Linnhe, befindet sich Fort William, der Sitz der Destillerie.

Geschichte: Im Jahre 1825 gründete Long John MacDonald, eine der berühmtesten Persönlichkeiten in der Geschichte des Whiskys, die Ben Nevis Distillery in Fort William.

Anfangs widmete sich die Fabrik der Herstellung eines Highland-Malzlikörs mit dem Namen Long John's Dew of Ben Nevis, was „Tau vom Ben Nevis" bedeutet. Der Name erinnert an den höchsten Berg Schottlands, an dessen Fuß das Städtchen Fort Williams liegt. Die Ben Nevis durchlebte verschiedene Höhen und Tiefen und überstand äußerst schwierige Zeiten, die zweimal zur Schließung der Brennerei führten. 1989 wurde sie schließlich vom japanischen Konzern Nikka Whisky Distilling Co. aufgekauft.

Eigenschaften: Dieser Single Malt weist, im Vergleich zu anderen Whiskys, die aus dieser Gegend stammen, besondere Eigenschaften auf. Die **Farbe** ist ein intensives Gold. Das **Aroma** des Ben Nevis ist stark nussig und ölig. Im **Geschmack** ist er vielfältig. Er bietet angenehme Zitrusnoten sowie Eichenaromen.

Weitere Sorten: Auf dem internationalen Markt werden einige Abfüllungen angeboten, die 19, 21 und 26 Jahre gereift sind. Sie sind in Europa und den USA sehr gefragt.

Beneagles Golden

Die Brennerei in Perth ist sehr bekannt, vor allem bei den Sammlern von Keramikartikeln. Ende der 50er-Jahre begann das Unternehmen die Beneagles-Spirituosen in besonderen Gefäßen in den Handel zu bringen. Es waren exklusive Keramikgefäße in den unterschiedlichsten Formen und mit limitierter Auflage. Die erste dieser Flaschen hatte die Form eines Whiskyfasses.

Hersteller
Peter Thomson Ltd.

Herstellungsort
Perth

Kategorie
Lowlands

Alter
mindestens 5 Jahre

Alkoholgehalt
40 Vol.-%

Sorte
Blended

Geschichte: Der Beneagles Golden war der erste Whisky, der 1908 von Peter Thomson gebrannt wurde. Thomson war in der Stadt Perth, dem Sitz der Brennerei, ziemlich bekannt. Seinen guten Ruf verdankte er der Geschicklichkeit, mit der er die verschiedenen Verschnittmethoden abwandelte, um dadurch hervorragende Blends zu kreieren. Noch heute werden die Beneagles-Whiskys nach Thomsons Methoden produziert und schmecken nach wie vor ausgezeichnet. Die verwendeten Malts aus der Speyside werden speziell ausgesucht, mit Destillaten aus Weizen vermischt und anschließend gelagert.

Eigenschaften: Im Unterschied zu vielen anderen Blends hat dieser Whisky eine intensive, typisch dunkle **Goldfarbe**. Auch wenn er nicht zu den weltweit meistgetrunkenen, berühmtesten Blends zählt, so schmeckt der Beneagles Golden doch sehr angenehm. Zu einem bestimmenden **Aroma** mit Malz- und Kräuternuancen gesellt sich der unverkennbare **Geschmack** nach geröstetem Malz, mit einem Hauch von gelagertem Holz und süßen Honignoten.

Weitere Sorten: Die Brennerei produziert und vertreibt auch einen 12-jährigen Beneagles Golden, der mit **De Luxe** etikettiert ist.

Benriach

Hersteller
Benriach Distillery Co.

Herstellungsort
Elgin

Kategorie
Highlands

Alter
10 Jahre

Alkoholgehalt
43 Vol.-%

Sorte
Single Malt/ Pure Malt

Etwa 10 km von Dufftown Keith entfernt, in Richtung Nordwesten, im Morayshire, in einer der für Single Malts bekanntesten Gegenden, liegt das Städtchen Elgin. An der Straße, die diesen malerischen Ort mit Rothes verbindet, steht die Benriach Distillery. Sie ist eine der wichtigsten, die entlang des Flusses Lossie erbaut worden sind. Diese Region Schottlands ist sehr fruchtbar und überall wird Gerste angebaut.

Geschichte: Die Benriach wurde 1897 von John Duff gegründet. Duff war ein erfahrener Mann in Sachen Whisky, denn er betrieb bereits seit 1876 eine weitere große und renommierte Brennerei, die Glenlossie, die ebenfalls in der Nähe des Flusses Lossie steht. Man wählte den Standort der neuen Brennerei hauptsächlich deshalb aus, weil es in dieser Gegend einige Quellen mit reinstem Wasser gab. Noch heute wird dieses Quellwasser bei den unterschiedlichen Herstellungsschritten eingesetzt. Um die wachsende Nachfrage der Verbraucher nach Malt Whiskys zu befriedigen, wurde eine weitere Niederlassung im Süden Elgins gebaut, die nun den Longmorn Whisky produziert.

Auf den anfänglichen Boom folgten schwere Zeiten, sodass die Brennerei ihre Tore für über 60 Jahre, von 1903 bis 1965, schließen musste. Mit der Wiedereröffnung stieg das Produktionsvolumen erheblich an. Die Übernahme der Brennerei aus Elgin, durch die Glenlivet Distillers Ltd. 1970, brachte einen weiteren Vorschub. Entscheidend für den Aufschwung war die Vorliebe vieler Hersteller von Blended Whiskys für die Benriach Single Malts, die sich durch eine erstaunlich schnelle Fassreifung auszeichnen.

Das Benriach-Gebäude ist dank seines typischen Profils leicht zu erkennen. Unter dem charakteristischen Pagodendach befindet sich der Ofen, mit dem die Gerste über Torffeuer gedarrt wird. In den sechs für die Produktion verwendeten Brennblasen (derzeit werden um die 3,5 Millionen Liter Whisky pro Jahr erzeugt) entstehen Whiskys mit einem süßen und exklusiven Geschmack.

Eigenschaften: Dieser Whisky hat eine hellgoldene **Farbe**. Bei der Verkostung eröffnen sich **Vanille-** und **Honigaromen** mit Spuren von Karamell. Der vorwiegend süße **Geschmack** offenbart auch deutliche Frucht- und Honignoten sowie Nuancen von Torf und Eichenholz.

Weitere Sorten: Seit 1994 gibt es auch eine spezielle **Heritage Selection**.

Benrinnes

Die Destillerie befindet sich in der Nähe der gleichnamigen Bergkette. Dort gibt es zahlreiche Quellen, aus denen ein äußerst reines und frisches Wasser entspringt, das für die Herstellung dieses ausgezeichneten Single Malt von wesentlicher Bedeutung ist. Auch wenn dieser Whisky nicht so bekannt ist, wird er doch von den besten *Blenders* der Zunft aufgrund des besonderen Herstellungsverfahrens (die Destillation erfolgt 10½-mal) sehr geschätzt.

Hersteller
Benrinnes-Glenlivet Distillery Ltd.

Herstellungsort
Aberlour

Kategorie
Highlands

Alter
15 Jahre

Alkoholgehalt
43 Vol.-%

Sorte
Single Malt/ Pure Malt

Geschichte: Die Fabrik, die ursprünglich Lyne of Ruthrie Distillery hieß, wurde 1826 gebaut, allerdings erhielt sie erst 1834 eine Brenn-lizenz, die auf den Namen Peter McKenzie ausgestellt war. Einige Jahre später ging die Brennerei in den Besitz von William Smith über, der sie 1864 aufgrund einer finanziellen Krise an David Edward verkaufte. Dieser erwarb später, gemeinsam mit seinem Sohn Alexander, zahlreiche Destillerien in der Speyside. Heute gehört das Unternehmen zum Udv-Guinness-Konzern, nachdem es 1922 an die John Dewar & Sons Ltd., später an die Scottish Malt Distillers Ltd. (1930) und schließlich an die A. & A. Crawford Ltd., eine Tochter der Udv, die sie 1944 übernommen hatte, verkauft wurde.

Eigenschaften: Die **Farbe** des Benrinnes ist ein intensives Gold mit roten Reflexen. Bei der Verkostung nimmt man ein rauchiges, üppiges **Aroma** mit Spuren von Holz wahr. Der **Geschmack** ist vollmundig, angenehm und hat eine torfige Note. Der Abgang ist trocken und entschlossen. Orangenmarmelade und rote Früchte sind zu erkennen.

Weitere Sorten: Es gibt zwei ausgezeichnete Jahrgangsabfüllungen: den **Connoisseurs Choice** und den **Signatory Vintage** aus den Jahren 1973 bzw. 1985. Sie werden von Gordon & MacPhail vertrieben.

Benromach

Hersteller
Benromach Distillery Co.

Herstellungsort
Forres

Kategorie
Highlands

Alter
12, 15 und 17 Jahre

Alkoholgehalt
40 Vol.-%

Sorte
Single Malt/ Pure Malt

Das Städtchen Forres, im Norden der Speyside, in der Nähe des Flusses Findhorn gelegen, ist die Heimat der Brennerei Benromach. Die Gebäude sind schneeweiß getüncht und wirken gedrungen.

Geschichte: Die Gründung der ursprünglichen Destillerie geht auf 1898 zurück, aber die Fabrik erlebte über die Jahre verschiedenste Besitzerwechsel. In der Tat gab es bis 1953 eine lange Reihe von Eigentümern. Erst in jenem Jahr trat sie der Distillers Company bei, der heutigen Udv-Guinness. 1963 durchlebte das Unternehmen eine schwere finanzielle Krise, die fast zum Bankrott führte. Glücklicherweise wurde die Brennerei schließlich von Gordon & MacPhail aus Elgin, einem großen Abfüll- und Handelsunternehmen, übernommen. Auf Initiative der Aufkäufer wurde die Fabrik 1966 komplett umstrukturiert und 1974 erweitert.

Nachdem sie einige Zeit geschlossen blieb, wurde sie anlässlich des 100. Jahrestages ihrer Gründung wieder eröffnet und produziert seitdem hervorragende Scotch Whiskys.

Derzeit versucht man, weitere Sorten zu kreieren, auf der Suche nach einem Single Malt, der den besonderen Charakter der Destillate aus der Speyside, mit ihrem torfigen und wohlriechenden Aroma, wiedergeben kann.

Eigenschaften: Dieser Whisky ist intensiv **goldfarben**. Er hat ein duftendes **Aroma** mit ausgeprägten Noten von Blumen, Trockenfrüchten und Zimt sowie leicht torfigen Noten. Der **Geschmack** dieses Destillats ist kräftig, entschlossen und sehr würzig. Bei der Verkostung offenbaren sich vorwiegend Zimt-, Walnuss- und Malznuancen, es lassen sich aber auch Spuren von Gerste und Eichenholz wahrnehmen (Angaben beziehen sich auf den 15-Jährigen).

Weitere Sorten: Das Unternehmen verkauft auch eine hervorragende 15 Jahre gereifte Version, die exklusiv für spezialisierte Geschäfte hergestellt wird.

Die klaren Wasser der Highlands

Es gibt außerdem Versionen, die besonders von den Liebhabern geschätzt werden, darunter die Jahrgangsabfüllung von 1982; eine Special Reserve (**Cask**), die ein vollmundiges Aroma besitzt, mit Walnuss- und Karamellnoten und einem süßen, mit Nuancen von Malz durchzogenen Geschmack. Sehr beeindruckend ist auch die **Centenary**-Abfüllung, die 1998 anlässlich des 100. Jahrestags der Brennereigründung in den Handel kam. Diese besonders wertvolle Version ist auf 3 500 Flaschen limitiert und 17 Jahre gereift.

Die Brennerei Benromach

Big „T“

Hersteller
Tomatin Distillers Company Ltd.

Herstellungsort
Edinburgh

Kategorie
Lowlands

Alter
5, 10 und 12 Jahre

Alkoholgehalt
40 Vol.-%

Sorte
Blended

Die Tomatin Distillery (der Name kommt aus dem Gälischen und bedeutet strauchbewachsener Hügel) ist die größte Malt-Brennerei in ganz Schottland. Durch die sorgfältige Auswahl erlesener Rohstoffe und das Können der *Blenders* wird ein Whisky von hervorragender Qualität, bestem Geschmack und Aroma geschaffen, der selbst die anspruchsvollsten Liebhaber zufriedenstellt.

Geschichte: Die Brennerei wurde 1887 in Tomatin, einer abgelegenen Ortschaft in der Nähe von Inverness, gegründet. Das Städtchen, das dem Unternehmen den Namen gab, beheimatete seit dem 15. Jh. eine kleine Destillerie. Seit 1985 gehört die Brennerei zum japanischen Konzern Takara & Okura.

Eigenschaften: Dieser Whisky hat eine leuchtend goldene **Farbe**, sein **Aroma** ist malzig mit einem Hauch von Torf. Dem Gaumen offenbart sich ein zarter, sehr weicher **Geschmack**, mit Noten von Torf und gelagertem Holz. Er hinterlässt im Mund einen malzigen Nachgeschmack.

Weitere Sorten: Heute produziert die Firma, die auf den internationalen Märkten große Beachtung findet, neben den 5 und 10 Jahre gereiften Sorten auch einen exzellenten 12-Jährigen und den **Big „T“ De Luxe**.

Black & White

Hersteller
James Buchanan & Co. Ltd.

Herstellungsort
Glasgow

Kategorie
Lowlands

Alter
mindestens 5 Jahre

Alkoholgehalt
40 Vol.-%

Sorte
Blended

Der Black & White, den die Firma Buchanan seit 1884 produziert, wird aus gereiften Whiskys gekonnt zusammengemischt.

Geschichte: Die Geschichte des Unternehmens beginnt 1879, als James Buchanan nach London umsiedelte, nachdem er seine Stellung in Glasgow aufgegeben hatte, wo er mit seinem Bruder im Getreidehandel tätig war. In der Hauptstadt des Königreiches fand er Anstellung bei der Charles MacKinlay, einer großen Gesellschaft, die Blended Whiskys herstellte.

Nachdem er alle Geheimnisse der Kunst des Verschneidens gelernt hatte, entschloss sich der junge James, ein Produkt zu schaffen, das dem englischen Gaumen schmeicheln sollte, der sich nur schlecht an den herben Geschmack des Malt der Highlands gewöhnen konnte.

Eigenschaften: Dieser frische und angenehme Whisky von strohgelber **Farbe** zeichnet sich aus durch ein feines **Aroma** mit Nuancen von Kräutern und gelagertem Holz. Der **Geschmack** ist vollmundig und gut strukturiert mit bedeutenden Nuancen von Malz und Früchten. Der Abgang ist ziemlich trocken.

Bladnoch

Die Brennerei Bladnoch liegt im Südwesten der Lowlands, in einer der einsamsten und wildesten Gegenden Schottlands, in der Nähe des Flusses, der dem Unternehmen den Namen gab.

Geschichte: Manch einer behauptet, dass die erste Fabrik zu Beginn des 19. Jh. von den Gebrüdern McLelland errichtet wurde (so steht es auch auf dem Flaschenetikett, das die Aufschrift „Founded in the early 1800" trägt). Von einigen Chronisten wird das Gründungsdatum jedoch auf 1814 festgelegt. Nachdem die Brennerei zwischen 1930 und 1948 geschlossen blieb, wurde sie zuerst von der Inver House Distillers und dann 1983 von der Arthur Bell & Sons (die Firma trat später dem Konsortium Udv-Guinness bei) aufgekauft, die das Image der Brennerei wieder aufbesserte.

Eigenschaften: Der Bladnoch hat eine strohgelbe **Farbe**. Das **Aroma** erinnert an den Duft von Getreide und Veilchen. Der **Geschmack** ist zuerst süß mit malzigen Nuancen und schließt dann ziemlich trocken ab.

Hersteller
Bladnoch Distillery Co. Ltd.

Herstellungsort
Wigtown

Kategorie
Lowlands

Alter
10 Jahre

Alkoholgehalt
43 Vol.-%

Sorte
Single Malt/ Pure Malt

Weitere Sorten: Die Liebhaber von Single Malts können verschiedene Abfüllungen dieses bis zu 16 Jahre gereiften Destillats finden, allerdings nur in spezialisierten Geschäften.

Blair Athol

Dieser Single Malt ist eine der Hauptzutaten der Blends der Firma Bell's.

Geschichte: Das Gründungsdatum der Blair Athol Distillery (heute Eigentum des Udv-Guinness Konzerns) ist vieldiskutiert. Einige behaupten, die Fabrik wurde Ende des 18. Jh. von John Stewart und Robert Robertson gebaut, andere legen das Datum auf 1825, da die Brennerei nach der Gründung wegen finanzieller Probleme wieder geschlossen und 1825 von der Alexander Connacher & Co. gekauft wurde.

Nach verschiedenen Hochs und Tiefs und etlichen Besitzerwechseln wurde sie 1949 von der Arthur Bell's wieder aufgebaut. Die Produktion wurde erhöht und 1973 wurde die Zahl der Brennblasen von zwei auf vier aufgestockt.

Eigenschaften: Der Blair Athol hat eine charakteristische strohgelbe **Farbe**. Das **Aroma** ist angenehm rauchig und der **Geschmack** präsentiert sich weich und leicht mit rauchigen Nuancen und einem Hauch exotischer Gewürze.

Hersteller
Blair Athol Distillers

Herstellungsort
Pitlochry

Kategorie
Perthshire (Highlands)

Alter
12 Jahre

Alkoholgehalt
43 Vol.-%

Sorte
Single Malt/ Pure Malt

Weitere Sorten: Von besonderer Bedeutung sind die **Cask Strength**-Abfüllungen, zu denen die Jahrgangsversionen gehören, die in speziellen, aus lange gelagerter Eiche gefertigten Fässern gereift sind.

Bowmore

Hersteller
Morrison's Bowmore Distillery Ltd.

Herstellungsort
Islay

Kategorie
Islay

Alter
10, 12, 15, 17, 21 und 25 Jahre

Alkoholgehalt
zwischen 40 und 50 Vol.-%

Sorte
Single Malt/ Pure Malt

„Von vollkommener, exzellenter Qualität": Das ist der Werbeslogan, mit dem seit über 100 Jahren in gälischer Sprache für den Islay Single Malt Scotch Whisky geworben wird. Hergestellt wird er von der Bowmore Distillery auf der Insel Islay, die zu den Hebriden gehört.

Gerste, Torf und reinstes Wasser aus dem Fluss Laggan, dem größten der Gegend, waren schon immer die Zutaten, die von der Morrison's verwendet werden. Die Brennerei liegt in Meeresnähe, in einer Region mit gemäßigtem Klima und idealen Feuchtigkeitsbedingungen. Diese Faktoren begünstigen sowohl eine korrekte Reifung als auch eine optimale Entwicklung der Keimungs-, Gärungs- und Destillationsprozesse.

Geschichte: Die Bowmore, gegründet 1779, zählt zu den ältesten Brennereien der Insel. Der erste Eigentümer, John Simon, war ein ortsansässiger Händler, dessen Aktivitäten auf dem Gebiet der Destillation von Anfang an eher bescheiden waren. 1852 wurde die Fabrik von den deutschstämmigen Mutters aufgekauft. Die Brennerei wurde nun vergrößert, Brenntechnik und Maschinenpark auf den neuesten Stand gebracht, um sie so an die unterschiedlichsten Produktionsanforderungen anzupassen. Der Urheber dieser Innovationen war James, das vielseitige Oberhaupt der Familie. 1925 übernahm die J. B. Sherriff & Co. die Leitung des Unternehmens, dieser folgte 1960 die William Grigor & Sons Ltd. aus Inverness nach.

Die Produktion kam während der beiden Weltkriege zum Erliegen, als die Räumlichkeiten der am Ufer des Loch Indaal gelegenen Destillerie von der englischen Luftwaffe beschlagnahmt wurden. Sie benutzte sie als Basisstation für ihre Flugzeuge, um von dort Angriffe gegen deutsche U-Boote zu fliegen. 1963 wurde die Bowmore von der Morrison übernommen, die noch heute das Aktienpaket besitzt. Eine Zeit lang genoss die Brennerei ein ganz besonderes Privileg. Sie durfte Whisky brennen, ohne dafür den entsprechenden Zollsatz an die Regierung abgeben zu müssen. Mit dieser besonderen Auszeichnung wollte man die exklusiven Destillate würdigen. Auch wenn die Steuervergünstigung seit Jahren nicht mehr besteht, so hat doch diese Islay-Brennerei nach wie vor die außergewöhnliche Begabung, einen ganz besonderen Whisky herzustellen.

Herstellung: Es gibt acht aktive Bowmore-Brennereien auf der Insel. Jede von ihnen erzeugt einen Malt mit eigenem Charakter. Ihre hervorragenden Qualitäten verdanken diese Whiskys der Tatsache, dass die Destillerie eine der wenigen ist, die ihr Gerstenmalz selbst herstellt. Da sich die Lagerhäuser zudem in Meeresnähe befinden, können die außergewöhnlichen Destillate während ihrer Reifung in den Eichenfässern diese ausgesprochen salzigen Noten annehmen, die man auf der Zunge deutlich spüren kann. Aufgrund der besonderen örtlichen Gegebenheiten verflüchtigt sich ein hoher Anteil des Alkohols in den gelagerten Fässern. Durch die anschließende Zugabe von entionisiertem Wasser zur Herabsetzung des Alkoholgehalts werden Whiskys mit unerreichten geschmacklichen Eigenschaften kreiert.

Im ausgehenden 20. Jh. wurden die Bowmore-Whiskys von Verbrauchern und Kritikern vielfach gewürdigt. Die letzte Auszeichnung ging an eine 30 Jahre alte Reserveabfüllung; sie wurde 1995 beim renommierten IWSC (International Wine and Spirit Competition) mit der Goldmedaille prämiert.

Eigenschaften: Die **Farbe** dieses Whiskys ist intensiv golden. Er hat ein ausgeprägtes rauchiges **Aroma**, das an altes Holz erinnert. Der **Geschmack** ist sehr angenehm und ausgewogen mit gut wahrnehmbaren torfigen Nuancen. Auch wenn er weniger torfig als andere Whiskys der Insel Islay schmeckt, zeichnet sich der Bowmore doch durch deutlich salzige Noten aus (Angaben beziehen sich auf den 12-Jährigen).

Weitere Sorten: Die Bowmore hat zahlreiche Versionen ihrer ausgezeichneten Destillate in ihrem Produktangebot. Erwähnt sei ein 12-Jähriger, den man am besten nach dem Essen zur Entspannung trinken kann, und ein exquisiter 15-Jähriger, der in ehemaligen Sherry- oder Bourbonfässern gelagert wurde und ein leichtes Moschusaroma verströmt. Daneben gibt es noch einen 21-Jährigen, etwas ganz Besonderes für alle Sinnesorgane, mit typisch trockenem und salzigem Geschmack und torfigen Nuancen. Auch der 25-jährige **Sherry Cask** darf nicht unerwähnt bleiben, ein wahrhaftes Kultgetränk, gebrannt 1967 und nicht verschnitten.

Weiterhin gibt es eine sehr geschätzte Special Reserve von 1971. Sie wurde in Argyll destilliert, ist hell bernsteinfarben und hat ein ausgewogenes süßes Gerstenmalzaroma mit Noten von verbrannten trockenen Blättern und einen leicht öligen Geschmack mit nussigen Nuancen. Schließlich gibt es noch die Abfüllung **Darkest**, sie ist rubinrot, hat ein rauchiges Aroma und einen vollen, fruchtigen Geschmack mit leicht salzigem Abgang.

Bruichladdich

Hersteller
Bruichladdich Distillery & Co. Ltd.

Herstellungsort
Islay

Kategorie
Islay

Alter
10, 12, 15, 17, 20 und 40 Jahre

Alkoholgehalt
40 bis 45 Vol.-%

Sorte
Single Malt/ Pure Malt

Die Insel Islay ist ein windgepeitschter Granitfels, dessen Küste von einem Ozean umspült wird, der nie zur Ruhe kommt. Die Sommer sind hier kurz und kalt und der Himmel sieht immer bedrohlich nach Regen aus.

Und dennoch stellt dieses schwermütige Land für die Whiskyliebhaber eine wahre Schatzinsel dar. Dass dies so ist, ist auch dem hier mit Salz vollgesogenen Torf zu verdanken, den man schon immer für die Darröfen der örtlichen Brennereien verwendete. Er verleiht diesen puren Malzwhiskys Persönlichkeit und ihr unverwechselbares Aroma. Man spricht von der „Brise des Meeres".

Geschichte: Die Brennerei Bruichladdich (das gälische Wort für Ufer) steht am Ufer des Loch Indaal in der Nähe von Port Charlotte und ist somit die am westlichsten gelegene Brennerei ganz Schottlands. Die typischen weißen Gebäude erheben sich entlang des Seeufers und liegen der Küstenstraße und dem Meer gegenüber. Das kristallklare Quellwasser, die besonderen klimatischen Gegebenheiten des Ortes, die von der salzigen Meeresluft imprägnierten Fässer, das langsame und uralte Destillationsverfahren sowie der Sachverstand der Arbeiter, dies alles sind die Faktoren, die traditionell zur Herstellung dieser exzellenten Bruichladdich-Whiskys beitragen.

Die Single Malts dieser Firma zeichnen sich durch ein Torfaroma aus, das weniger ausgeprägt ist als das der meisten anderen Whiskys der Insel.

Das ursprüngliche Gebäude wurde 1881 auf Initiative der Brüder Robert und William Harvey hin gebaut. Die beiden waren Mitglieder einer Familie, die schon lange in der Spirituosenbranche tätig war. Sie nannten die Firma Bruichladdich Distillery & Co.

Im Laufe der Zeit kam es zu zahlreichen Besitzwechseln. 1938 kam die Firma unter die Verwaltungshoheit der Associated Scottish Distillers Ltd. Während der nächsten 20 Jahre folgten drei weitere bedeutende Wechsel. 1952 wurde die Fabrik von der Ross & Coulter, einer Whiskymakler-Gesellschaft, erworben. 1960 ging sie an die A. B. Grand & Co. und schließlich, 1968, an die Invergordon. Auch wenn die Brennerei bereits von vorhergehenden Besitzern erweitert und technisch verbessert wurde, war es doch die Invergordon, die der Fabrik einen neuen Impuls gab und die Anlagen erneuerte. Es kamen zwei neue Brennblasen hinzu und der Maschinenpark, den man für die Malzverarbeitung benötigte, wurde erweitert. Leider kam der Betrieb ab 1994 bis Dezember 2000 zum Erliegen.

Am 29. Mai 2001 schaffte es ein Team von Unternehmern, darunter Jim McEvan, ein adeliger Inselbewohner, der bereits drei Jahre lang der Gewinner des begehrten Titels „Blendmaster of the Year" geworden war, die Brennerei und ihre wunderbar weichen Whiskys auf den Markt zurückzubringen. Besucht man die Destillerie, taucht man wahrlich in die Vergangenheit ein. Hier hat man sich noch den gemächlichen Arbeitsrhythmus der früheren Zeiten bewahrt und jeder Arbeitsschritt wird bedacht und gewissenhaft ausgeführt.

Eigenschaften: Dieser Whisky ist stark vom Meer geprägt. Er ist salzig, hat aber dennoch Eleganz und Raffinesse. Er ist von intensiv goldener **Farbe** und enthüllt ein sehr weites **Aroma** mit Noten von Torf, Trockenfrüchten und Vanille, zu denen sich Eichenholz und Meeresalgen gesellen. Im **Geschmack** ist er reich und entschlossen, er schmeckt nach Malz und Früchten (Angaben beziehen sich auf den 15-Jährigen).

Weitere Sorten: Von diesem „Sophisticated Islay Malt Scotch Whisky" kommen zahlreiche Versionen in den Handel. Darunter ein 17 Jahre in Bourbonfässern gelagerter Whisky mit 46 Vol.-% Alkohol. Er hat ein komplexes Aroma, das an Früchte und Meeresalgen erinnert und süße Vanillenoten aufweist. Weiterhin gibt es eine streng limitierte Abfüllung von 1984. Es handelt sich um einen tief bernsteinfarbenen Whisky mit roten Reflexen. Er duftet leicht nach Holz, Schokolade und Vanille. Sein Geschmack ist elegant mit Gewürz-, Aprikosen- und Orangennoten. Schließlich sei noch ein kostbarer **Bourbon Cask** erwähnt, 36 Jahre gereift, die Farbe ist ein sehr intensives antikes Gold, mit typischem Duft nach geriebenem Apfel, Orange und Bitterschokolade. Er schmeckt angenehm säuerlich, erinnert an Passionsfrucht und weist salzige Spuren auf.

Buchanan's

Hersteller
James Buchanan & Co. Ltd.

Herstellungsort
Glasgow

Kategorie
Lowlands

Alter
12 Jahre

Alkoholgehalt
40 Vol.-%

Sorte
Blended

Dieser Whisky wurde von einem der Pioniere der Blends, Sir James Buchanan, kreiert. Er war nicht nur ein Liebhaber der Spirituosen, sondern hatte auch eine große Leidenschaft für Pferde – mit denen er zahlreiche große Preise auf den Galopprennbahnen gewann – und eine ebensolche Leidenschaft für Hunde, die er selber züchtete.

Geschichte: „Der Buchanan's Blended Scotch Whisky wurde von den Mitgliedern des Parlaments und von all jenen, die ihn probiert haben, sehr geschätzt." Diese schmeichelhaften Zeilen schrieb das Unterhaus in London, dessen Gründungsmitglied James Buchanan war, in einem Brief aus dem Jahr 1885. Zu den Whiskys, die traditionell für die Mischung dieses Blends verwendet werden, zählt auch der Dalwhinnie, der seit 1919 mitverwendet wird.

Die Porträts eines weißen und eines schwarzen Terriers finden sich sowohl auf dem Etikett des Buchanan's als auch auf dem eines anderen Blends, der von der gleichen Brennerei erzeugt wird, der berühmte Black & White.

Eigenschaften: Der Buchanan's ist ein Blend mit intensiv goldener **Farbe** und bernsteinfarbenen Nuancen. Bei der Verkostung zeigt er ein feines, zartes **Aroma** mit Malz- und Fruchtnoten. Im **Geschmack** sehr weich und gut strukturiert, weist er Nuancen von geröstetem Malz auf.

Weitere Sorten: Es gibt noch einen **Buchanan's Reserve**, der mit ausgesuchten Malts aus den besten Erzeugnissen der Highlands hergestellt wird, und eine Version **De Luxe**.

Der George Square in Glasgow. In dieser Stadt hat die James Buchanan & Co. ihren Sitz.

Bunnahabhain

Eine in den Fels gehauene Straße führt zur Bunnahabhain Distillery (gälisch für Flussmündung). Diese Brennerei liegt etwa 5 km von Port Askaig entfernt an der Ostküste der Insel Islay und an der Mündung des Flusses Margadale, in einer sowohl vom Land als auch vom Meer aus schwer zugänglichen Region. Nebenbei erwähnt gab es hier auch in der Vergangenheit kaum bequeme Anlegeplätze, was die 250 Schiffe, die in den umliegenden Gewässern untergegangen sind, bezeugen.

Hersteller	Bunnahabhain Distillery
Herstellungsort	Islay
Kategorie	Islay
Alter	12 Jahre
Alkoholgehalt	43 Vol.-%
Sorte	Single Malt/ Pure Malt

Geschichte: Da die Fabrikgebäude rings um einen großen Hof angeordnet sind, könnte man die Brennerei von Weitem mit einer typischen französischen Burg verwechseln. Die Gründung der Destillerie geht auf 1881 zurück. Sie wurde von den Greenless, einer einheimischen Bauernfamilie, errichtet, die ihr den Namen The Islay Distillery Co. Ltd. gab. Neben der Brennerei wurde gleichzeitig ein Dorf errichtet, das anfangs die Angestellten der Fabrik beheimaten sollte. Es wurden auch Villen für die Zollbeamten erbaut sowie eine Schule und eine Bibliothek. Vier Jahre später schloss sich das Unternehmen mit der Glenrothes-Glenlivet Distillery zusammen, um dann die Highland Distilleries ins Leben zu rufen.

Herstellung: Das Wasser, das zur Herstellung dieses Whiskys verwendet wird (man destilliert ihn in birnenförmigen Brennblasen), stammt aus einer unterirdischen Quelle in den Margadale Hills und wird mit Hilfe eines ausgeklügelten Rohrsystems zur Anlage geleitet. Auf diese Weise vermeidet man einen zu langen Kontakt des Wassers mit dem Boden und es können so Whiskys mit einem ungewöhnlich leichten Torfaroma erzeugt werden. Die Reifung erfolgt vor Ort in ehemaligen Sherry- oder Bourbonfässern.

Der Seemann am Ruder und die Aufschrift „Westering Home" auf dem Flaschenetikett erinnern an eine bei den schottischen Seeleuten sehr populäre Ballade.

Eigenschaften: Dieser 12-jährige Whisky ist **bernsteinfarben** mit kupfernen Reflexen und leicht grünlichem Schimmer. Er enthüllt ein weites, intensives **Aroma**, das an Torf und geröstete Nüsse denken lässt. Im **Geschmack** ist er etwas trocken und weist deutliche Malznoten auf.

Campbeltown Loch

Hersteller	J. & Mitchell & Co. Ltd.
Herstellungsort	Campbeltown
Kategorie	Highlands
Alter	12 Jahre
Alkoholgehalt	40 Vol.-%
Sorte	Blended

Der Campbeltown Loch ist der einzige Blended Whisky, der von der Firma J. & Mitchell hergestellt wird. Diese Brennerei ist vor allem wegen ihres Spitzen-Single-Malt, dem Spingbank, bekannt. Was die Qualität betrifft, ist dieser Blend sehr gut. Er besitzt in der Tat sowohl die einzigartigen Eigenschaften, der auf den atlantischen Inseln produzierten Malts als auch die der Highland-Whiskys, die ja weicher und raffinierter sind. In der gesamten Region um Campbeltown wird traditionell Whisky hergestellt, aber die wichtigsten Brennereien befinden sich ausschließlich in diesem kleinen, an der Grenze zu den Westhighlands gelegenen Städtchen. Zu bestimmten Tageszeiten, ganz besonders, wenn es im Nebel liegt, verströmt dieser von Hügeln umgebene Ort einen ganz besonderen Zauber. Eine Atmosphäre, die der Ex-Beatle Paul McCartney in seinem berühmten Song *Mull of Kintyre* (das gälische Wort *Mull* bedeutet Vorgebirge) verewigt hat.

Eigenschaften: Der Campbeltown Loch ist ein exzellenter Blend mit sehr heller, leicht goldener **Farbe**. Bei der Verkostung nimmt man zuerst ein leichtes **Aroma** wahr, aus dem der Torf hervorsticht, dann mischen sich Noten von Kräutern und Meeresalgen darunter. Der **Geschmack** ist ziemlich scharf mit deutlich salzigen Nuancen.

Weitere Sorten: Es gibt Versionen, die lange gereift sind, wie den 21-Jährigen und den 25-Jährigen. Dieser letzte, ölig am Gaumen, bietet Kräuter- und Fruchtaromen mit Noten von Banane und Mandeln.

Caol Ila

Hersteller
Bulloch Lade & Co. Ltd.

Herstellungsort
Islay (Port Askaig)

Kategorie
Islay

Alter
12, 13, 14, 15, 17, 20 und 21 Jahre

Alkoholgehalt
40 bis 60 Vol.-%

Sorte
Single Malt/ Pure Malt

Wenn man die Fähre verlässt, die in Port Askaig in einer geschützten Bucht im Osten der Insel anlegt, kann man eine der „historischen" Brennereien besichtigen, auf die der Ort stolz ist. Es ist die Caol Ila, deren gälischer Name „Meerenge von Islay" bedeutet.

Geschichte: Das Aussehen der Fabrik ist anders als man es von einer traditionellen schottischen Brennerei, normalerweise rustikal und malerisch, erwarten würde. Das Originalgebäude wurde 1846 von Hector Henderson (der bereits Gesellschafter der Littlemill-Brennerei war) in der Nähe des Loch Nam Bam mit seinem sauberen, glasklaren Wasser erbaut. Henderson folgte dabei einer persönlichen und glückbringenden Intuition, dass in dieser Region die zur Verfügung stehenden Rohstoffe, nicht zuletzt Luft und Wasser, dazu beitragen könnten, einen Single Malt von bester Qualität zu kreieren. Dennoch ging Henderson 1857 in Konkurs.

Etwa 20 Jahre später (1879) ging die Fabrik in den Besitz der Bulloch Lade & Co. über, eine Tochtergesellschaft der DCL, und blieb bis 1920 deren Eigentum. Nach einem weiteren kurzzeitigen Wechsel kehrte sie endgültig zur Bulloch Lade & Co. zurück, die 1927 die ursprünglichen Gebäude abreißen und eine neue Brennerei errichten ließ, in der man modernere Brennkessel installieren konnte. Das Ergebnis der Rekonstruktion ist sicherlich nicht gerade ästhetisch, aber der Anblick lässt sich ertragen, denkt man an die ausgezeichnete Qualität des in dieser Brennerei erzeugten Whiskys. Im Übrigen ist die umliegende Landschaft wirklich großartig. Überall ist das Meer gegenwärtig und man nutzt das Meerwasser für den Kühlungsprozess bei der Destillation.

Ein Besuch der Brennerei ist sehr empfehlenswert, denn dort hat man die Möglichkeit, die ausgezeichneten hauseigenen Whiskys mit ihrem besonderen Meeresgeschmack zu verkosten, die bestens zu einer guten kubanischen Zigarre passen!

Eigenschaften: Dieser Single Malt hat eine sehr helle, blassgoldene **Farbe**. Das **Aroma** eröffnet sich mit einem erdigen, torfigen Geruch und wechselt dann zu feinen grasigen Noten. Der **Geschmack** ist salzig, trocken und spiegelt die Nähe zum Meer. Er ist leicht lieblich mit rauchigen und fruchtigen Noten und erinnert an geräucherten Fisch (Angaben beziehen sich auf den 12-Jährigen).

Weitere Sorten: Von diesem ausgezeichneten Whisky werden unterschiedliche Sorten angeboten, die bis zu 21 Jahre gereift sind. Der Alkoholgehalt reicht von 40 bis 60 Vol.-% (bei den 20-jährigen **Rare Malts**). Ein Teil der Produktion wird für den **Glen Ila**, einen weiteren Malt Whisky, verwendet.

Zu den wichtigsten Versionen gehört ein beachtlicher und seltener 15-Jähriger, der alle typischen Eigenschaften der Islay-Whiskys in sich vereint. Das deutliche Torfaroma und der salzige Geschmack werden harmonisch und doch raffiniert miteinander verbunden und man nimmt, neben Spuren von Gras und Heidekraut, im Abgang einen sehr angenehmen Geschmack nach bitterem Kakao wahr.

Außerdem gibt es noch eine limitierte Abfüllung, sie gehört zu einer Special Reserve, die in alten Fässern heranreift (**Vintage** genannt und von 1981). Diese Version hat einen sehr hohen Alkoholgehalt von 63,8 Vol.-%. Der Vintage ist leuchtend gelb und bietet ein besonderes Aroma, in dem man Noten von Meeresalgen und Wacholder unterscheiden kann. Im Geschmack ist er rauchig torfig.

Cardhu

Hersteller	Cardhu Distillery
Herstellungsort	Knockando
Kategorie	Highlands
Alter	12 Jahre
Alkoholgehalt	40 Vol.-%
Sorte	Single Malt/ Pure Malt

Dieser Single Malt wird im Norden Schottlands gebrannt, in einer Region, in der es zahlreiche Bergquellen gibt. Das Quellwasser durchfließt verschiedene Torf- und Granitschichten und nimmt dadurch einen besonderen Geschmack an.

Geschichte: Vor ungefähr zwei Jahrhunderten begann man mit der Produktion dieses wohlriechenden, 12 Jahre gereiften Whiskys. Die Gründung der Destillerie Cardhu (das gälische Wort für „schwarzer Fels") verdanken wir John Cumming, der als Firmensitz das winzige, am Fluss Spey gelegene Dorf Cardow auswählte. Auch nach dem Tod des Firmengründers wurde dank seiner Frau Ellen weiterproduziert. Das Unternehmen wurde dreimal renoviert, bis es 1893 endgültig von der John Walker & Sons übernommen wurde. 1960 erhöhte man die Anzahl der Brennblasen von vier auf sechs. Die Flasche, in der dieser Whisky in den Handel kommt, erinnert in seiner Form an die Whiskykaraffen des 19. Jh., die damals wie heute mit einem Stöpsel aus Kork und Buchenholz verschlossen sind.

Eigenschaften: Der Cardhu hat eine typische, zum Bernstein tendierende **Farbe** mit rosaroten Schattierungen. Während der Lagerzeit in Eichenholzfässern absorbiert das Destillat bestimmte Stoffe des Eichenholzes, weshalb dieser charakteristische Farbton entsteht.

Der Whisky hat ein sehr weiches, zartes **Aroma**, mit leicht malzigen und torfigen Noten. Der **Geschmack** ist körperreich, gut strukturiert mit fruchtigen Nuancen.

Chivas Regal

Hersteller
Chivas Brothers Ltd.

Herstellungsort
Aberdeen

Kategorie
Highlands

Alter
12, 18 und 21 Jahre

Alkoholgehalt
40 bis 43 Vol.-%

Sorte
Blended

Die Lagerhäuser der Chivas-Regal-Brennerei

Die außergewöhnliche Flasche des Chivas Royal Salute

Das Städtchen Keith liegt im Distrikt Speyside, eingebettet in eine weitläufige Heidelandschaft, die von den wilden Wassern des Flusses Isla durchflossen wird.

Geschichte: Urkunden und Berichte, die Keith mit der Destillation von alkoholischen Getränken in Zusammenhang bringen, gehen zurück auf das Jahr 1208 (dem Jahr, in dem man begann, Bier zu brauen). 1545 bekam ein gewisser George Ogilvy von Bischof Mary Land zugewiesen, auf dem er eine Spirituosenfabrik errichtete. Über die Jahre wurde die Fabrik mehrfach geschlossen und 1786 gründete man die Strathisla-Glenlivet, die wahrscheinlich die älteste noch aktive Brennerei in den Highlands ist. Der erste Chivas Regal wurde 1801 von der sehr alten Familie Sheves gebrannt. Will man Aufzeichnungen über diese Familiendynastie finden, muss man weit in die Vergangenheit zurückblicken, genauer gesagt ins Jahr 1066. In jenem Jahr landeten die Vorfahren dieses Clans im Gefolge von Wilhelm dem Eroberer zum ersten Mal in England. 100 Jahre später machte ein Nachkomme in Schottland sein Glück als Feldherr im Dienste der Krone. In den darauf folgenden Jahrhunderten verlieren sich die Spuren der Sheves, bis die Familie eines Tages mit dem in Chivas umgeänderten Nachnamen wieder auftaucht. 1801 eröffnete James Chivas im Zentrum von Aberdeen eine kleine Drogerie, in der man auch sehr gute Weine und Spirituosen kaufen konnte. Er war offensichtlich ein Meister im Whiskykreieren, denn Königin Viktoria verlieh ihm 1843 für seine hervorragenden Fähigkeiten einen Orden. 1857 schloss er sich mit seinem Bruder John zusammen und so entstand die Chivas Brothers Ltd.

Heute wird der Chivas Regal in den Brennereien Strathisla-Glenlivet und Glen Keith-Glenlivet hergestellt. Der erste Besitzer war George Taylor. Nach mehreren Besitzerwechseln wurde die Fabrik seit 1830 von William Longmore und dessen Nachfolgern geleitet. Bis 1950 blieb sie in Privathand, wurde dann aber von der Seagram Distillers erworben. Seit 2000 gehört die Destillerie zum Pernod-Ricard-Konzern. Noch heute kann man einige der herrlichen Originalbauten bewundern, wo weiterhin die Brennblasen aus früheren Zeiten eingesetzt werden.

Eigenschaften: Der Chivas Regal hat eine glänzend goldene **Farbe** und ein komplexes **Aroma** mit deutlichen Frucht-, Blumen- und Honignoten. Der **Geschmack** ist weich, harmonisch, leicht süß und im Abgang entschlossen malzig (Angaben beziehen sich auf den 12-Jährigen, der den 7. Platz unter den 15 besten Blends dieser Welt einnimmt).

Weitere Sorten: Dieses Unternehmen produziert viele verschiedene Sorten. Der **Chivas Imperial Blended** ist ein außerordentlich kostbarer, seltener und exzellenter 18-Jähriger, der kreiert wurde, um das 200-jährige Bestehen der Firma zu feiern. Das charakteristische Wappen auf dem Flaschenhals geht auf das Jahr 1208 zurück, als man in Keith mit handwerklichen Methoden zu destillieren begann. 1786 wurde eine richtige Brennerei, die Strathisla, gebaut, die heute auch den Chivas Imperial Blended produziert, von dem aber nur wenige exklusive Flaschen in den Handel gelangen. Dieser in Eichenfässern gereifte Whisky hat ein intensiv rauchiges Aroma mit Noten von Jod und einen körperreichen, vollen, würzigen Geschmack mit Nuancen von exotischen Gewürzen.

Eine wertvolle Abfüllung ist auch der **Chivas Royal Salute**, der in einer Keramikflasche verkauft wird, auf der traditionelle schottische Szenen abgebildet sind. Verpackt ist die Flasche in einem Samtbeutel. Dieser außergewöhnliche 21-Jährige – einer der eindrucksvollsten, lange gelagerten Blends – entsteht aus einer Mischung schottischer Whiskys, die aus 75 verschiedenen Brennereien stammen. Er reift in aus Traubeneiche gefertigten Fässern und ist ein wahres Meisterwerk. Sein wohlriechendes Aroma mit Noten von Tannin, sein weicher und lang anhaltender Geschmack verleihen ihm einen Platz im Paradies der meistgeschätzten Whiskys dieser Welt.

Clan Campbell

Hersteller
Campbell Distillers

Herstellungsort
Glenallachie

Kategorie
Highlands

Alter
mindestens 3 Jahre

Alkoholgehalt
40 Vol.-%

Sorte
Blended

Hierbei handelt es sich um eine relativ junge Marke, deren Namen man mit einem der mächtigsten und berühmtesten schottischen Clans in Verbindung bringt.

Geschichte: Die Geschichte des Campbell-Clans ist bereits seit 1266 dokumentiert und der derzeitige „Patron" ist der Herzog von Argyll. Die Brennerei liegt im Norden Schottlands, im fruchtbaren Tal des Flusses Spey, aus dem sie das für die verschiedenen Phasen der Herstellung benötigte Wasser entnimmt.

Herstellung: Dieser Blended Whisky zeichnet sich durch sein besonderes Aroma aus, das durch ein spezielles Herstellungsverfahren erzeugt wird. Und tatsächlich mischt man für den Clan Campbell mindestens 20 verschiedene Malts. Für das „Rezept" dieses Whiskys benötigt man einen hohen Maltanteil aus der Speyside (ca. 80–90 %), der direkt in Glenallachie destilliert wird, außerdem Malts aus den Highlands und der Insel Islay. Um die Mischung zu vervollständigen, fügt man noch aus Weizen gebrannten Whisky hinzu.

Eigenschaften: Dieser Whisky hat eine blassgoldene **Farbe**. Bei der Verkostung nimmt man ein fruchtiges, leicht scharfes **Aroma** mit deutlich rauchiger Note wahr. Der **Geschmack** ist körperreich, süß, mit fruchtigen Nuancen.

Weitere Sorten: Das Unternehmen erzeugt verschiedene Clan Campbells. Die Palette beinhaltet unter anderem den **Legendary** (18 Jahre gereift und erst ab dem 1997er zu empfehlen) sowie den **Highlander** (12 Jahre gereift). Dieser Letztgenannte hat 59,6 Vol.-% Alkohol und gehört zu einer Special Reserve, die sich durch eine goldgelbe, ziemlich kräftige, leuchtende Farbe und durch ein feines, süßliches, durch die Fasslagerung entstandenes Holzaroma mit fruchtigen Nuancen auszeichnet. Beim Verkosten offenbaren sich Noten von Karamell, Gras und Haselnuss.

Cluny

Die Mackinlay-McPherson Ltd. leitet auch andere, kleinere Destillerien, darunter zwei, die sich durch die hohe Qualität ihrer Erzeugnisse auszeichnen. Die erste befindet sich auf der Insel Jura, die zweite in Inverness. Der Cluny ist ein ausgezeichneter Blended, der aus einer geschickten Mischung schottischer Malt- und Getreidewhiskys entsteht.

Geschichte: Die John McPherson Company wurde 1857 gegründet. Durch den späteren Zusammenschluss mit der Charles Mackinlay & Co. entstand das heutige Unternehmen Mackinlay-Pherson Ltd. Später wurde die Brennerei durch die Scottish & Newcastle Breweries Ltd., der heute größten schottischen Brauerei, aufgekauft. Durch die Initiative dieses Unternehmens wurde die alte Brennerei, die in früheren Zeiten ausschließlich Wein und Spirituosen im Norden Englands verkauft hatte, im ganzen Land und auch im Ausland berühmt.

Eigenschaften: Der Cluny hat eine tiefgoldene **Farbe**. Das **Aroma** präsentiert sich fein, leicht fruchtig, mit Noten von Malz und Getreide. Der **Geschmack** ist weich, gleichzeitig aber entschlossen und gut strukturiert, mit leicht rauchigen Nuancen.

Hersteller
Mackinlay-McPherson Ltd.

Herstellungsort
Leith

Kategorie
Highlands

Alter
mindestens 5 Jahre

Alkoholgehalt
40 Vol.-%

Sorte
Blended

Clynelish

Hersteller
Ainslie & Heilbron Ltd. and Clynelish Distillery Brora

Herstellungsort
Brora

Kategorie
Highlands

Alter
14 und 15 Jahre

Alkoholgehalt
43 Vol.-%

Sorte
Single Malt/ Pure Malt

Die Brennerei Clynelish steht, auf das Meer hinausblickend, inmitten einer besonders reizvollen Landschaft in den Highlands. Der Single Malt, der dort gebrannt wird, wird hauptsächlich zur Herstellung verschiedener Blends, vor allem für den Johnnie Walker, verwendet.

Geschichte: Die Clynelish war ursprünglich eine Bierbrauerei. 1820 wurde sie zu einer Brennerei umgebaut. Erst 1912 nahm das Unternehmen den heutigen Namen an. Der ursprüngliche Name Brora war der Name einer weiteren unabhängigen Brennerei, die Mitte der 20er-Jahre genau neben den Clynelish-Gebäuden errichtet wurde. Der Name leitet sich von der gleichnamigen im Norden Schottlands gelegenen Ortschaft ab, in der sich auch der Sitz der Destillerie befindet. 1960 wurde Brora von Clynelish übernommen und 1983 geschlossen.

Eigenschaften: Ein Whisky von intensiv goldener **Farbe** mit orangen Schattierungen, der bei der Verkostung ein rauchiges **Torfaroma** mit feinen, grasigen Noten enthüllt. Der **Geschmack** ist süß, angenehm rauchig, mit torfigen Nuancen. Im Abgang ist er ziemlich trocken.

Weitere Sorten: Aus den vielen unterschiedlich gereiften Destillaten sticht ein 14-Jähriger besonders hervor. Er wird wegen seiner Eigenschaften, die alle Sinne ansprechen, besonders geschätzt und häufig mit den Whiskys der Insel Islay verglichen. Es gibt auch einen seltenen 12-Jährigen, der „Vom Meister" genannt wird und gute 61 Vol.-% Alkohol aufweist. Erwähnenswert sind auch der **1982 Cask Strength**, der **22 Years Old**, der **1972er** und der **Brora 21 Years 1977**.

Cragganmore

Die herrliche Landschaft, die die Brennerei Cragganmore umgibt, ist typisch für die gesamte Region der Speyside, mit ihren dichten Wäldern und zahlreichen Bachläufen. Das glasklare Quellwasser dieser Bäche ist für die Herstellung des ausgezeichneten Cragganmore Single Malt unerlässlich.

Geschichte: Das Unternehmen wurde 1869 von John Smith gegründet. Er errichtete die Brennereigebäude nahe dem malerischen Castle Ballindalloch, in einer Gegend, die bereits an das staatliche Eisenbahnnetz angeschlossen war. Smith bewies damit große Weitsicht, denn die Fabrik war eine der ersten, die ihre Whiskys per Dampflok in den Handel verschickte.

Man benannte die Destillerie nach dem Berg Craggan Mor, denn sie wurde mit dem dort abgebauten Basaltgestein errichtet. Smith war bereits ein Experte in der Whiskybranche, denn er hatte zuvor schon die Macallan-, die Glenlivet- und die Wishaw-Brennereien geleitet. Er war wohl durch eine plötzliche Erbschaft reich geworden. Eine Legende besagt sogar, er habe einen Geldschrank voll mit Goldmünzen entdeckt, die von Whiskyschmugglern versteckt worden waren. Jedenfalls tätigte er riesige Investitionen, um die Produktion zu erhöhen und seine neue Fabrik zu vergrößern. Was auch immer der Wahrheit entsprechen mag, seine Whiskys fanden sofort großen Anklang bei den Liebhabern. Der Betrieb ging vom Vater auf den Sohn über und wurde 1923 an einen Konzern (der die Cragganmore Distillery Co. Ltd. gründete) abgetreten und 1965 an die DCL verkauft.

Momentan wird mit zwei Brennblasen für die D&L Mc Callum aus Edinburgh produziert, die die Cragganmore Whiskys bis nach Australien und Neuseeland exportiert. 1988/89 wurde die Marke von der United Distillers (heute Diageo) ausgewählt, um die Region Speyside in der Kategorie Single Malt zu repräsentieren.

Mit der Vermarktung der Reihe Classic Malts 1988 hat die Brennerei ihre Bekanntheit und ihren Erfolg noch erweitert.

Hersteller
Cragganmore Distillers

Herstellungsort
Ballindalloch

Kategorie
Speyside

Alter
12 Jahre

Alkoholgehalt
40 Vol.-%

Sorte
Single Malt/ Pure Malt

Eigenschaften: Der Cragganmore hat eine goldene **Farbe** mit rötlichen Reflexen. Sein **Aroma** ist trocken, fein und gleichzeitig weich. Es enthüllt Noten von rauchigem Malz und Torf. Der **Geschmack** zeigt sich trocken, ist jedoch vollmundig und sehr komplex mit leicht fruchtigen Nuancen. Im Abgang ist er ziemlich rauchig.

Crazy

Hersteller
The Crazy Scotch Whisky International Co.

Herstellungsort
Glasgow

Kategorie
Lowlands

Alter
mindestens 5 Jahre

Alkoholgehalt
40 Vol.-%

Sorte
Blended

Der Crazy ist ein Blended Whisky, der vom Hersteller als ein *over five years*, also als über fünf Jahre gelagerter Whisky, angeboten wird. Aufgrund seiner Besonderheiten kann man ihn als Select Quality Light Style Dry bezeichnen. Mit diesem Namen werden besondere Destillate ausgezeichnet, die bestimmte, wiedererkennbare Kriterien aufweisen.

Herstellung: Alle Arbeitsschritte, die für die Herstellung dieses Destillats notwendig sind, werden in der Brennerei in Glasgow durchgeführt. Die Rezeptur sieht einen kleinen Anteil Malt Whisky aus den Highlands vor, dem man einen größeren Anteil Getreidewhisky aus den Lowlands hinzufügt.

Eigenschaften: Der Crazy hat eine intensive goldgelbe **Farbe** und ein weiches **Aroma** mit Noten von Vanille und frischen Früchten. Zu diesem fruchtigen **Geschmack** gesellt sich ein typisches Malzaroma mit einem Hauch von Wiesenblumen.

Weitere Sorte: Die Firma vertreibt auch den **Crazy Glen**, einen Whisky aus den Highlands, der mindestens fünf Jahre gelagert wird. Bei der Verkostung offenbart sich ein entschlossener Malzgeschmack mit rauchigen Noten.

Die Universität in Glasgow

Cutty Sark

Dies ist mit Sicherheit einer der weltweit bekanntesten und am häufigsten getrunkenen Whiskys, der auch in exotischen Ländern wie Indonesien und Ecuador verkauft wird.

Hersteller	Berry Bros. & Rudd Ltd.
Herstellungsort	London
Kategorie	Highlands
Alter	5 bis 25 Jahre
Alkoholgehalt	40 bis 45,7 Vol.-%
Sorte	Blended

Geschichte: Das Unternehmen blickt auf eine jahrhundertlange Betriebstätigkeit zurück, die im 18. Jh. in London mit dem Verkauf von qualitativ hochwertigen Weinen und Spirituosen begonnen hatte. Der heutige Verwaltungssitz befindet sich noch immer in London, in einem Gebäude in der James Street, das von 1730 stammt. Der Name dieses ausgezeichneten Blended Whisky wurde von einem berühmten Segelschiff übernommen, das Seefahrtsgeschichte geschrieben hat. Das heute großartig restaurierte Schiff, das in Schottland gebaut wurde, erinnert an eine glorreiche Epoche und liegt im Hafenbecken des Marinemuseums in Greenwich vor Anker. Es wurde am 22. November 1869 vom Stapel gelassen, nachdem es vom Reeder John Willis feierlich auf den Namen *Cutty Sark* getauft worden war. Dieser altgälische Ausdruck bedeutet „Kurzes Hemd" und bezieht sich auf die Kleidung der Hexe, die als Galionsfigur am Bug des Schiffes emporragt. Sie ist die Hauptfigur einer beliebten britischen Legende.

Eigenschaften: Ein Whisky von hellgelber, transparenter **Farbe** mit einem duftigen **Aroma**, das an leichte Vanille- und Holztöne erinnert. Der **Geschmack** präsentiert sich weich, den Gaumen umhüllend und angenehm rauchig (Angaben beziehen sich auf den Cutty Sark Scots Whisky).

Weitere Sorten: Das Unternehmen erzeugt zahlreiche unterschiedliche Versionen dieses ausgezeichneten Blends. Zu den berühmtesten zählt ein außergewöhnlicher 25-Jähriger, der anlässlich des 300-jährigen Bestehens der Brennerei kreiert wurde (auf dem Etikett steht **Celebrated**). Er wurde in limitierter Auflage abgefüllt, da der zuständige *Blendmaster* nur sehr sparsam auf die privaten Reserven der Familie Berry zurückgegriffen hat. Sein hoher Alkoholgehalt von 45,7 Vol.-% lässt sich auf die geschickte Kombination von auserlesenen Malts zurückführen, die in alten Eichenholzfässern gelagert wurden. Es ist ein Whisky von bester Qualität, typisch bernsteinfarben, mit einem frischen Aroma und einem reichen, vollmundigen, würzigen und blumigen Geschmack mit angenehmer Eukalyptusnote.

Eine weitere hervorragende Sorte ist der **Cutty Sark Discovery 18 Years Old**. Der Ausdruck Discovery will dazu einladen, dieses erlesene Destillat mit allen Sinnen und in aller Ruhe zu verkosten. Sein Geschmack ist reich und gut ausbalanciert. Er offenbart rauchige Nuancen und erinnert an gelagertes Holz. Er ist das Ergebnis einer sorgfältigen Auswahl besonders erlesener

Malts und wird fast nur in noblen Geschäften verkauft. Bei seiner Herstellung wird jeder einzelne Arbeitsschritt mit äußerster Aufmerksamkeit überwacht, um so die anspruchsvollen Whiskykenner zufriedenzustellen, die es verstehen, jede einzelne Geschmacksnuance in vollem Maße zu würdigen (wie z. B. die, die ihm von der Reifung in Eichenfässern verliehen worden sind, die vormals Sherry enthielten).

Eine weitere wertvolle Sorte ist der **Emerald**, besonders geschätzt wegen der Vielfalt an Eindrücken, die er Gaumen und Nase zu schenken vermag: Ein zartes Aroma mit Noten von Honig ist der Auftakt eines eleganten Geschmacks mit süßen Nuancen. Er kommt in erlesener Verpackung in den Handel (die Flasche hat eine facettierte, einzigartige Form), die diesen exzellenten Blend noch verführerischer macht. Für die Herstellung werden Whiskys verwendet, die zum Teil mehr als 15 Jahre gereift sind. Dies verleiht dem eleganten Geschmack noch mehr Vornehmheit.

Schließlich sei noch an den **Cutty Sark Golden Jubilee** erinnert, der ebenfalls zu den bedeutendsten Abfüllungen gehört. Er wurde geschaffen, um die 50-jährige Regentschaft von Königin Viktoria zu feiern. Dieser Blended Whisky, der sich durch einen eleganten Geschmack und ein volles Aroma auszeichnet, darf unbedingt zu den wertvollsten Erzeugnissen der *Blending-Kunst* gerechnet werden. Die *Blendmaster* der Firma haben die seltensten und wertvollsten schottischen Whiskys in sein Rezept eingearbeitet. Um ihn zu kreieren, werden peinlichst genau Destillate ausgewählt, die wahrhafte „Schätze" darstellen.

Dalmore

Hersteller
Whyte & Mackay Ltd.

Herstellungsort
Alness, Ross & Cromarty

Kategorie
Highlands

Alter
12, 18, 21 und 30 Jahre

Alkoholgehalt
40 bis 45 Vol.-%

Sorte
Single Malt/ Pure Malt

Beschäftigt man sich mit der schottischen Geschichte, stößt man immer auch auf die Heldentaten der berühmten Clans (dieses gälische Wort bedeutet eigentlich „Familie" und im weiteren Sinne „Herkunft"). Diese Familienverbände spielten über einen sehr langen Zeitraum hinweg die Hauptrolle in der Sozialstruktur des Landes. Die Clanchefs hatten in der Vergangenheit fast unbegrenzte Macht und sie herrschten über riesige Territorien, um die oft blutige Kämpfe geführt wurden. Schauplatz dieser geschichtsträchtigen Ereignisse war die Region, in der eine Whiskybrennerei mit eindrucksvollem Namen steht, die Dalmore. Auf einem terrassenartigen Gelände hielten die Bewohner der nördlichen Hochebenen ihre „Kriegsräte" ab, um ihre Kräfte zu vereinen und sich gemeinsam den rivalisierenden Clans der mittleren Highlands entgegenzustellen, die über die Grenzen drängten.

Geschichte: Die Geschichte der Brennerei beginnt 1839. Damals wurde die Fabrik auf den Ruinen einer Mühle aus dem 18. Jh. erbaut. Die alten Besitzer überließen sie dann 1878 den Brüdern Mackenzie, die die Firma als unabhängige Unternehmer bis 1960 leiteten. In jenem Jahr vereinbarte man die Fusion mit der Firma Whyte & Mackay, die heute noch besteht.

Die Fabrik steht mitten in einem Gerstenanbaugebiet. Von hier aus blickt man auf den Cromarty Firth, eine Meerenge, die das sogenannte Festland von Ross von einer Halbinsel, die unpassenderweise Black Isle genannt wurde, trennt. Diese Lage begünstigte den Transport der Erzeugnisse via Seeweg und schon bald wurden die Destillate auch per Bahn transportiert, denn man verlegte die Schienen bis ins Innere der Fabrik. Von wesentlicher Bedeutung für die Qualität der Dalmore Whiskys war es, die exklusiven Nutzungsrechte auf das klare Wasser des Averon zu erhalten. Dieser Fluss fließt aus dem Loch Gildermory ab, der in der Nähe des Ben Wyvis liegt. Wichtig war es auch, den Torf, der hier sehr gute Qualität aufweist, abbauen zu dürfen.

Die Dalmore verfügte 50 Jahre nach ihrer Erbauung über vier Brennblasen, von denen eine, die heute noch in Funktion ist, mit einer ungewöhnlichen kupfernen Verschalung um ihren Hals versehen ist, in die Wasser geleitet wurde. Man wollte auf diese

Die Brennerei Dalmore in Alness

Weise die Kondensation erhöhen. Während des Ersten Weltkriegs kam die Produktion zum Erliegen, da die Fabrik von der englischen Marine beschlagnahmt und als Produktionsstätte für Seeminen umfunktioniert wurde. In Laufe des Kriegs wurde ein Teil der Gebäude durch einen schweren Brand zerstört. Erst 1922 wurde die Produktion wieder aufgenommen. Dank der steigenden Nachfrage nach guten Whiskys konnte sich die wirtschaftliche Situation der Firma wieder stabilisieren und man baute neue Büros und Lagerhäuser. Ende der 50er-Jahre wurde die Befeuerung der Brennblasen vollständig automatisiert. Man setzte Förderbänder ein, die die richtige Kohlemenge zu den entsprechenden Öfen transportierten.

Eigenschaften: Die **Farbe** dieses ausgezeichneten Single Malt ist ein dunkles Bernstein. Sein sehr weiches **Aroma** enthüllt sehr schöne fruchtige Noten und erinnert an Geräuchertes. Im **Geschmack** ist er vollmundig, trocken, mit Torf- und Malznoten (Angaben beziehen sich auf den 12-Jährigen).

Weitere Sorten: Aus den Dalmore Single Malt-Erzeugnissen, für die vielfältige Torfaromen und ein beachtlicher Malzgeschmack charakteristisch sind, sticht vor allem der 21-Jährige heraus. Sein Geschmack ist rund, vollmundig und leicht süß mit torfigen und malzigen Nuancen. Diesem außerordentlich ausdrucksstarken und alle Sinne ansprechenden Whisky wurden 2001 der *Trophy Award* und die Goldmedaille beim renommierten IWSC (*International Wine and Spirit Competition*) verliehen. Auch 2002 hat dieses exzellente Destillat eine beachtliche Platzierung erreicht und gewann die Silbermedaille.

Am 4. Dezember des gleichen Jahres wurde, zur großen Freude von Sammlern und Verehrern seltener Whiskys, ein 62 Jahre gereiftes Destillat kreiert, von dem nur 12 Flaschen abgefüllt wurden. Verkostet man dieses Elixier, wird man von unerwarteten Schokoladen- und Gewürznoten überrascht, die anfangs andere Düfte und Aromen übertönen, die dann jedoch nach einigen Momenten in Erscheinung treten. In einem harmonischen Zusammenspiel, das den Gaumen in Entzücken versetzt, lassen sich Orangen, Heidekraut und exotische Gewürzdüfte sowie auch feine rauchige Nuancen unterscheiden.

Erwähnt sei noch ein äußerst seltener, 50 Jahre gereifter Whisky aus dem Hause Dalmore.

Dalwhinnie

Die Dalwhinnie-Brennerei ist eines der größten Unternehmen in den Highlands. Die Fabrik liegt in der Nähe des Drumochter Passes, in einer rauen, windgepeitschten Gegend, etwa 300 m über dem Meeresspiegel. Sie ist damit die höchstgelegene Destillerie in ganz Schottland. Ausgerechnet aus dieser unwirtlichen Gegend kommt ein vorzüglicher, gut strukturierter Whisky mit intensiven und gleichzeitig feinen Aromen.

Hersteller
James Buchanan-Dalwhinnie Distillery

Herstellungsort
Dalwhinnie

Kategorie
Highlands

Alter
15 Jahre

Alkoholgehalt
43 Vol.-%

Sorte
Single Malt/ Pure Malt

Geschichte: Die Fabrik wurde in dieser ungemütlichen Gegend wegen des dort vorhandenen Quellwassers erbaut, das für die Kreation eines guten Whiskys notwendig ist. Der gälische Name Dalwhinnie bedeutet „Treffpunkt" und weist darauf hin, dass sich hier im 18. Jh. in der Umgebung eine Schmugglerhochburg befand und man illegalen Geschäften nachging. Es gab auch eine Schwarzbrennerei an diesem Ort und als diese aufgegeben wurde, nutzten die ansässigen Schäfer die Gegend, um hier nachts ihre Herden ausruhen zu lassen.

Die Dalwhinnie wurde 1898 von Georg Sellar und Alex Mackenzie gegründet, die die Fabrik ursprünglich Strathpey Distillery tauften. Die beiden bewiesen Weitblick und positionierten ihr Unternehmen direkt neben eine große Torflagerstätte und einen Bach, den Allt an t'sluic, der von der Quelle Lochan an Doire-Uaine gespeist wird. Dieses äußerst reine Quellwasser fließt einige Zeit unter der Erde und wird durch das Gestein gefiltert. Die Firma kam sehr schnell in ernsthafte wirtschaftliche Schwierigkeiten. Durch einen Brand wurde die Situation noch verschlimmert und die Fabrik stand am Rande des Bankrotts. Die neuen Besitzer A. P. Blith & Sons tauften die Brennerei in Dalwhinnie um, überließen sie dann aber der US-amerikanischen Firma Cook & Bernheimer. Nun folgten verschiedene Besitzwechsel. Die Fabrik wurde 1921 von Sir James Calder übernommen, 1926 von der F. & G. Stewart und 1930 von der Scottish Malt Distillers. 1934 legte ein weiterer Brand die Produktion still. Man schaffte es aber in Rekordzeit, die Fabrik wieder instand zu setzen. Schließlich wurde die Dalwhinnie von der Familie Buchanan aufgekauft und gehört heute zum Diageo-Konzern, der ein Besucherzentrum in der Brennerei eröffnete.

Eigenschaften: Dieser außergewöhnliche Single Malt hat eine goldene **Farbe** mit kupfernen Reflexen. Das **Aroma** ist sehr leicht, außerordentlich fein mit angenehmen Heidekraut- und Fruchtnoten. Im **Geschmack** ist dieser Whisky leicht, von zarter Süße mit fruchtigen Nuancen.

Weitere Sorten: Es gibt auch eine Jahrgangsabfüllung, die **Distillers Edition**, die in Sherryfässern verfeinert wurde, einen ausgezeichneten 15-jährigen **Cask Strength** und einen 36-Jährigen.

Deanston

Hersteller
Deanston Distillers Ltd.

Herstellungsort
Deanston Mill

Kategorie
Highlands

Alter
12, 17 und 25 Jahre

Alkoholgehalt
40 Vol.-%

Sorte
Single Malt/ Pure Malt

Die Brennerei Deanston ist ein relativ junger Betrieb. Obwohl sie den Ruf eines Neulings hat, hat sie es doch geschafft, sich einen respektablen Platz auf dem Spirituosenmarkt zu sichern, in einer Branche, in der es immer schon schwierig war, Fuß zu fassen.

Die Fabrik liegt mitten im Perthshire, oberhalb des Flusses Teith, dessen Wasser für die Destillation der Deanston-Whiskys verwendet wird. Weiter talwärts kann man einen magischen Ort besichtigen. Dort stehen die Ruinen des Castle Doune, die den Zauber, in den die gesamte Gegend gehüllt ist, noch vergrößern.

Geschichte: Die Gründung der Destillerie geht auf 1965 zurück. Die Räume, die für die Installation der Anlage ausgewählt wurden, befinden sich in einem 1785 von Richard Arkwright errichteten Gebäude. Er war der Erfinder einer Spinnmaschine und einer der Mitbegründer der industriellen Revolution. So waren es diese Räume, in denen einige Maschinen der Weberei standen.

Dank der exzellenten Whiskys, die im Laufe weniger Jahre kreiert wurden, gelang es der Deanston, auch die anspruchvollsten Konsumenten zufriedenzustellen.

Dennoch wurde die Fabrik von 1982 bis 1990 geschlossen. Danach wurde sie von der Burn Stewart Distillers Plc. übernommen und es gelang ihr erneut, Destillate von höchstem Niveau zu produzieren.

Eigenschaften: Dieser ausgezeichnete Single Malt hat eine hellstrohgelbe **Farbe** mit einigen gelben Reflexen. Bei der Verkostung nimmt man ein deutliches **Aroma** von Vanille und frischen Früchten wahr. Im **Geschmack** ist dieser Whisky angenehm fruchtig mit rauchigen und malzigen Nuancen.

Weitere Sorten: Neben dem klassischen 12-jährigen bietet die Firma auch zwei Reserven, 17 und 25 Jahre gereift, an.

Dimple

Die Mitglieder der Familie Haig sind stolz darauf, ihre Destillate mit uralten, traditionellen Methoden zu produzieren.

Geschichte: Die Tätigkeiten der Haigs sind seit 1655 urkundlich belegt. In jenem Jahr wurde Robert Haig vor ein Kirchengericht berufen, um sich dafür zu verantworten, dass er seinen Brennkessel während einer religiösen Feierlichkeit betrieben hatte. Ein Delikt, das zu jener Zeit als äußerst schwerwiegend angesehen wurde. Fast ein Jahrhundert später, 1751, heiratete John Haig, ein Nachfahre von Robert, ein Mädchen, dessen Familie zwei Destillerien besaß, und legte so den Grundstein für sein zukünftiges wirtschaftliches Imperium. Im Laufe der darauf folgenden Zeit wurde aus der John Haig & Company aufgrund diverser Aufkäufe und Zusammenschlüsse einer der wichtigsten Whiskyhersteller in Großbritannien.

Hersteller
John Haig & Company Ltd.

Herstellungsort
Cameron Bridge

Kategorie
Midlands

Alter
12 und 15 Jahre

Alkoholgehalt
40 Vol.-%

Sorte
Blended

Eigenschaften: Dieser ausgezeichnete Blend hat eine intensiv goldene **Farbe** und ein süßes, fruchtiges **Aroma** mit Noten von Holz. Der **Geschmack** zeigt sich intensiv und abgerundet, wenn auch trocken, und weist Noten von Malz und Früchten auf (Angaben beziehen sich auf den 12-Jährigen).

Weitere Sorten: Das Unternehmen kreiert verschiedenste Sorten dieses ausgezeichneten Blends. Unter all diesen verdient es ein exquisiter 15-Jähriger erwähnt zu werden. Er steht an vierter Stelle der meistverkauften Whiskys weltweit und wird aus über 30 verschiedenen Malts, darunter der Glenkinchie und der Linkwood, die auch von der Haiggruppe erzeugt werden, zusammengestellt. Es handelt sich um ein Destillat mit wertvollen geschmacklichen Eigenschaften, und tatsächlich versucht die Konkurrenz der Branche, ihm nachzueifern. Die Form der Flasche, die bewusst gestaltet wurde, um die Besonderheit seines weichen und süßen Aromas und seines vollen und harmonischen Geschmacks zu unterstreichen, wurde bereits im vorigen Jahrhundert entwickelt. Auf dem Markt wird auch ein Whisky in einer Zinnkaraffe mit dem Label **Dimple De Luxe** angeboten.

Dufftown

Hersteller
Arthur Bell
& Sons

Herstellungsort
Dufftown

Kategorie
Highlands

Alter
15 Jahre

Alkoholgehalt
43 Vol.-%

Sorte
Single Malt/
Pure Malt

Dufftown, die Stadt, in der dieser ausgezeichnete Single Malt erzeugt wird, gilt als die Hauptstadt der schottischen Malt-Whisky-Herstellung.

Geschichte: Da es in Dufftown mehrere Brennereien gibt, hört man oft den Spruch: „Rom wurde auf sieben Hügeln erbaut, Dufftown auf sieben Brennereien" (die da wären: Glenfiddich, Glendullan, Pittyvaich, Kininvie, Mortlach, Balvenie und Dufftown-Glenlivet). Die Fabrik liegt in einem grünen Tal, dem Dullan Valley, das vom gleichnamigen Fluss durchflossen wird. Das für die Brennerei benötigte Wasser wird aber aus dem Bächlein Jock's Well entnommen. 1887 wurde die Brennerei gegründet – man baute eine Getreidemühle um – und 1933 an die Familie Bell verkauft. 30 Jahre später beschloss man, um die größere Marktnachfrage zu bedienen, die Anzahl der Brennblasen von ursprünglich zwei auf sechs zu erhöhen und eröffnete eine weitere Destillerie, die Pittyvaich-Glenlivet. Und tatsächlich bestätigt der heutige Trend diese Maßnahmen. Erwähnt sei noch, dass der Dufftown zur Mischung des Bell's Blended Whisky verwendet wird.

Eigenschaften: Der Dufftown ist ein Whisky mit intensiv goldener **Farbe**. Sein **Aroma** ist fruchtig mit rauchigen Noten. Im **Geschmack** ist er leicht, weich mit fruchtigen Noten, während er im Abgang ziemlich trocken ist.

Dunhill

Hersteller
Dunhill
Scotch Whisky
Sales Ltd.

Herstellungsort
Blytheswood

Kategorie
Lowlands

Alter
12 Jahre

Alkoholgehalt
43 Vol.-%

Sorte
Blended

Die Firma Dunhill ist weltweit bekannt für ihre kostbaren Tabakwaren, hochwertigen Pfeifen und sonstiges Raucherzubehör (Feuerzeuge, Pfeifenstopfer usw.).

Seit über 20 Jahren, genauer seit 1982, steht der Name Dunhill nun auch für einen exzellenten Whisky.

Herstellung: Der 12-Jährige, der in einer eindrucksvollen grünen Flasche, die 1845 entworfen wurde, angeboten wird, ist das Resultat einer Auswahl von etwa 30 Malt und Grain Whiskys höchster Qualität. Diese Mischung wird, anders als üblich, nicht gekühlt, bevor sie gefiltert wird.

Als er das erste Mal in den Handel kam, fand sich keine Altersangabe auf seinem Etikett, da er aus Destillaten unterschiedlichsten Alters zusammengemischt war (zwischen 8 und 20 Jahre).

Eigenschaften: Die **Farbe**, ein kräftiges, zum Bernstein tendierendes Rot, zeigt orange Reflexe. Das **Aroma** enthüllt leichte Malznoten und erinnert an Getreide. Im **Geschmack** vollmundig, abgerundet, weich mit einem Hauch Torf.

The Edradour

Die Brennerei Edradour befindet sich in Pitlochry. Diese kleine Ortschaft liegt an den Hängen der Grampian Mountains im Pertshire, einer ehemaligen Grafschaft in den südlichen Highlands. Es ist die kleinste Whiskybrennerei in ganz Schottland und ist über eine Straße, die sich vom Dorf aus an einem Zufluss des River Tummel entlang den Berg hinaufschlängelt, zu erreichen. Das Wasser dieses Baches wird von der Fabrik für die verschiedenen Herstellungsphasen verwendet.

Geschichte: Die Ursprünge der Edradour gehen auf 1825 zurück. In jenem Jahr gründeten John MacGlashan, Peter Scott, Alexander und Duncan Stewart, Zillian McIntosh, James Robertson und James Scott, die von Beruf alle Gutsverwalter waren und sich in einer Genossenschaft zusammengeschlossen hatten, die Firma John MacGlashan and Company. Nach nur wenigen Jahren kam es zu mehreren Besitzwechseln. 1922 kaufte William Whiteley, der als „Vorsitzender der Whiskybrenner" bekannt war, die Fabrik auf, mit der Absicht, ihr Image anzuheben. Er schaffte es, den Umsatz zu konsolidieren, indem er die Qualität der erzeugten Whiskys verbesserte. 1947 wurde die Brennerei an ein Stromnetz angeschlossen und einige Arbeitsabläufe wurden automatisiert. Ein Großteil der ursprünglichen Geräte (viele noch aus Holz) und Maschinen sind noch erhalten. Vor kurzem wurde das Unternehmen von Andres Symington erworben, dem Gründer der prosperierenden Firma Signatory, die sich darauf spezialisiert hat, kostbare Single Malts abzufüllen.

Herstellung: Derzeit sind nur drei Männer mit der Herstellung dieses Whiskys betraut. Die Arbeitsprozesse werden zum Teil noch vollständig in Handarbeit durchgeführt. Man stelle sich vor, dass der Strom heute noch von einer Wassermühle erzeugt wird. Die beiden sich im Einsatz befindlichen Brennblasen haben das kleinste, von der britischen Regierung zugelassene Fassungsvermögen. Durch diese Regierungsvorgabe soll die Qualität der Erzeugnisse garantiert werden.

Die Edradour produziert derzeit in einem Jahr die gleiche Menge Whisky, die eine moderne Fabrik in einer einzigen Woche herstellen kann. Ihr Single Malt wird hauptsächlich für die Mischung anderer Erzeugnisse verwendet. Der Edradour wird in der Tat als wahre Rarität angesehen und ist nur schwer auf dem Markt zu finden. Er wird nur auf spezielle Anfrage weniger Fachhändler hin produziert.

In den 90er-Jahren wurde ein Besucherzentrum eröffnet. In einer Ausstellung erfährt man Details über die Geschichte der Fabrik. Der Rundgang endet mit einem Blick auf die nahe Zukunft, auf die sich die Edradour zwar langsam, aber doch mutig zubewegt.

Eigenschaften: Dieser 10 Jahre gereifte **bernsteinfarbene** Whisky enthüllt bei der Verkostung ein intensives **Aroma** von Gewürznoten und bietet einen entschlossenen **Geschmack**, der an Pfeffer, Malz und Torf denken lässt. Im Abgang mit einem Hauch Minze und Nuss.

Hersteller
William Whiteley & Co.

Herstellungsort
Pitlochry

Kategorie
Highlands

Alter
10 Jahre

Alkoholgehalt
40 Vol.-%

Sorte
Single Malt/ Pure Malt

The Famous Grouse

Hersteller
Mattew Gloag & Sons Ltd.

Herstellungsort
Perth

Kategorie
Highlands

Alter
mindestens 3 Jahre

Alkoholgehalt
40 bis 43 Vol.-%

Sorte
Blended

Dies ist einer der berühmtesten und am häufigsten verkauften Blends ganz Schottlands. Seit Gründung des Unternehmens Anfang des 19. Jh. fand dieser edle Whisky ununterbrochenen und ständig steigenden Erfolg.

Geschichte: Die Mattew Gloag & Sons Limited wurde 1800 von einer Familie, die mit Wein und Spirituosen handelte, in Perth gegründet. Anfangs besaßen sie eine bescheidene Drogerie mit einem kleinen Weinkeller. Sehr bald jedoch erschienen in den Regalen auch einige Malzdestillate, die man von ausgesuchten Brennereien der Gegend ankaufte. Während der folgenden 60 Jahre, das Geschäft wurde inzwischen auf die Erben der Gründer übertragen, stieg der wirtschaftliche Erfolg der Gesellschaft stetig an. 1897 kam ein Whisky, der von der Mattew Gloag erzeugt wurde, auf den Markt. Man benannte die Marke „The Famous Grouse" zu Ehren des schottischen Rebhuhns (dem Moorschneehuhn), das damit das Symbol dieser Firma wurde. 1910 ging das Unternehmen an Mattew „Willie" Gloag, der seine Spirituosen nicht nur in Großbritannien, sondern auch im Ausland bekannt machen wollte und deshalb mit den renommiertesten Großhändlern der Branche Kontakt aufnahm. Das Handelsglück der Mattew Gloag hielt an und 1935 kamen zur Firma noch ein Zolllager und eine Abfüllanlage hinzu. Außerdem wollte man die Produktion mit einem weiteren in Glasgow errichteten Werk noch steigern.

Nach Willis Tod 1947 übernahm der Sohn die Firmenleitung. Er forcierte den Verkauf seiner Produkte sowohl auf dem nationalen als auch auf dem internationalen Markt. 1970 wurde die Brennerei an die Highlands Distilleries verkauft, die eine Reihe innovativer Werbekampagnen startete, um den Famous Grouse überall in der Welt mit eindringlichen Werbespots und Slogans bekannt zu machen. Mit Erfolg, denn eine Zeit lang konnte dieser Whisky eine hohe Verkaufsrate verzeichnen.

Eigenschaften: Dieser Blended Whisky hat eine hellgoldene **Farbe** und ein intensives **Aroma** mit Malz- und Getreidenoten. Im **Geschmack** ist er weich und harmonisch und enthüllt deutliche Torfnuancen.

Weitere Sorten: Von diesem starken und entschlossenen Blend wird auch eine besonders kostbare Version produziert, der **Famous Grouse Gold Reserve**, ein großartiger Whisky De Luxe mit einem feinen, raffinierten Geschmack, der beim Verkoster einen einzigartigen Eindruck hinterlässt. Man nennt ihn auch wohlwollend *The glorious twelfth* („Der glorreiche Zwölfte"), weil jährlich am 12. August die Jagd auf das Moorhuhn eröffnet wird. Er wird aus einer Mischung extra-erlesener Malzdestillate hergestellt und deshalb als „*a rare bird*" bezeichnet. Mit dieser Redewendung will man ausdrücken, dass etwas einzigartig und unerreichbar ist. In den 80er-Jahren hat sich der Famous Grouse Gold Reserve als einer der besten Whiskys auf dem Weltmarkt etabliert.

Findlater's

Es scheint, als ob sich der Nachname Findlater von einem Wortspiel ableitet (es bedeutet in etwa „Am Ende der Welt"). Die Einwohner der angrenzenden Regionen haben der Stadt Banff diesen Namen gegeben. Er bezieht sich auf die Lage einer berühmten Burg, die sich auf einem Felsvorsprung an der Küste des Moray Firth erhebt.

Hersteller
Findlater Scotch Whisky Ltd.

Herstellungsort
Banff

Kategorie
Highlands

Alter
5, 8, 12 und 21 Jahre

Alkoholgehalt
40 bis 43 Vol.-%.

Sorte
Blended

Geschichte: Die Gründung der Brennerei geht auf 1823 zurück. Damals beschloss Alexander Findlater, ein in einem exklusiven Dubliner Viertel ansässiger Fachmann und anerkannter Wein- und Spirituosenhändler, eigene Qualitätsdestillate zu produzieren. Es stellte sich sehr bald heraus, dass er die richtige Entscheidung getroffen hatte und die von ihm erzeugten Whiskys wirklich von bester Qualität waren. Denn die Fabrik wurde zum Hoflieferanten des britischen Königshauses ernannt, was natürlich ein besonderes Privileg darstellte.

Heute exportiert die Firma ihre Produkte in über 90 Länder weltweit.

Eigenschaften: Dieser exzellente Blend, für den die 20 besten schottischen Single Malts sorgfältig ausgewählt werden, ist **bernsteinfarben**. Er hat ein eher feines **Aroma** mit delikaten, torfigen Noten. Der **Geschmack** ist voll und harmonisch, von malzigen Noten geprägt (Angaben beziehen sich auf den 12-Jährigen).

Weitere Sorten: Zu den im Katalog aufgelisteten Produkten dieser Brennerei gehören auch der **All Malt** und der **Auld Brig**, die eine besondere Erwähnung verdienen. Beides ausgezeichnete Whiskys aus reinem Malz, die vor allem wegen ihrer komplexen, alle Sinne ansprechenden Eigenschaften sehr geschätzt werden.

Glen Deveron

Hersteller
MacDuff Distillery

Herstellungsort
Banff

Kategorie
Highlands

Alter
5, 10, 12, 15 und 17 Jahre

Alkoholgehalt
40 Vol.-%

Sorte
Single Malt/ Pure Malt

Der Name dieses vorzüglichen Whiskys bezieht sich auf den gleichnamigen Fluss, der die Grenze zwischen den Eastern Highlands und der Speyside bildet. Sein kristallklares Wasser wird auch für die einzelnen Herstellungsschritte in der Brennerei verwendet.

Geschichte: Die Brennerei MacDuff wurde nach dem Zweiten Weltkrieg von Brodie Hepburn, Dykes Marty und George Crawford gegründet. Die Geschäftsmänner waren entschlossen, ihre Erfahrungen in der Spirituosenbranche auszutauschen und stürzten sich in das Abenteuer, gemeinsam eigene Qualitätswhiskys zu erzeugen. In den 70er-Jahren kam das Unternehmen zum William-Lawson-Konzern. Ein Vertrag ermöglichte den Verkauf der Destillate unter dem Markennamen Glen Deveron auch auf den internationalen Märkten.

Herstellung: Für die Destillation werden vier Brennblasen eingesetzt. Der Reifeprozess erfolgt in Fässern, in denen zuvor Bourbon Whiskey abgefüllt war. Dadurch wird der sehr gute Geschmack nochmals verfeinert.

Eigenschaften: Der 10-jährige Glen Deveron hat eine intensiv gelbgoldene **Farbe**. Bei der Verkostung nimmt man ein frisches, wohlriechendes, leicht rauchiges **Aroma** wahr. Der vollmundige und weiche **Geschmack** offenbart Malz- und Getreidenuancen.

Weitere Sorten: Auch von diesem Whisky gibt es viele Sorten im Handel. Zu den eindrucksvollsten zählt der 10-Jährige, der in kürzester Zeit eines der herausragendsten Erzeugnisse der neuen Firmeneigentümer geworden ist. Es gibt auch eine 12-jährige Version, die einerseits zur Herstellung von angesehenen Blends verwendet wird, aber auch von den Whiskyliebhabern sehr geschätzt wird. Kenner empfehlen, ihn in völliger Ruhe und Entspannung zu trinken und so seine Eigenschaften zu genießen. Der geübte Gaumen kann Reichhaltigkeit und Fülle von Duft und Geschmack entdecken und würdigen. Dieser intensiv goldene Whisky schenkt ein komplexes Aroma, das neben den Malz- und Sherrytönen auch zarte Düfte von Karamell und Rum und angenehm rauchige Noten enthüllt. Im Geschmack ist er weich, umschmeichelnd mit Noten von Malz und einem Hauch Minze, im Abgang leicht lieblich. Es gibt noch einen vor allem auf dem US-amerikanischen Markt sehr geschätzten 17-Jährigen.

Glen Elgin

Dieser Malt Whisky wird heute nur in streng limitierter Menge auf dem Markt angeboten. Dies, zusammen mit seinen wertvollen geschmacklichen Eigenschaften, macht aus dem Glen Elgin einen sehr begehrten und ganz besonderen Whisky.

Hersteller	Glen Elgin Distillery Ltd.
Herstellungsort	Elgin
Kategorie	Highlands
Alter	12 Jahre
Alkoholgehalt	43 Vol.-%
Sorte	Single Malt/ Pure Malt

Geschichte: Die Brennerei Glen Elgin wurde 1898 von William Simpson und James Carle gegründet. Die beiden errichteten ihre Fabrik in der Pfarrgemeinde Longmorn, einem malerischen Ort in den Highlands, der zahlreiche Destillerien beherbergt. Die eigentliche Produktion begann allerdings erst 1900 mit einem anfänglichen Ausstoß von etwa 7000 bis 9000 Litern Whisky.

Die Firma wurde später von der Glen Elgin-Glenlivet Distillery Co. Ltd. übernommen, um dann 1907 an die J. J. Blanche aus Glasgow weiterveräußert zu werden. Nun wechselten sich verschiedene Besitzer ab, darunter die Distillers Company, die dann die Leitung der Firma an die White Horse Distillers Ltd. übertrug (der Glen Elgin wird üblicherweise zur Herstellung des White Horse Blended Whisky verwendet).

Momentan ist das Unternehmen Eigentum der Diageo, der ehemaligen United Distillers.

Eigenschaften: Dieser Whisky hat eine hellgoldene **Farbe** und verströmt ein intensives und süßes **Aroma**, das an blühende Heide, Gras, Marzipan und Früchte erinnert sowie von deutlich rauchigen Noten geprägt ist. Der **Geschmack** ist intensiv, süß und glatt. Beachtliche Honig- und Fruchtnoten verwöhnen den Gaumen, im Abgang ist er trocken.

Weitere Sorte: Auf dem Markt wird auch eine sehr seltene Version angeboten, ein 1968er mit 40 Vol.-% Alkohol, der von der White Horse Distillers produziert und von Gordon & MacPhail abgefüllt wird.

Glen Garioch

Hersteller
Morrison's Glen Garioch Distillery

Herstellungsort
Old Meldrum

Kategorie
Highlands

Alter
8, 10, 12, 15 und 21 Jahre

Alkoholgehalt
43 Vol.-%

Sorte
Single Malt/ Pure Malt

Im Nordosten der Highlands liegt Aberdeen, die drittgrößte Stadt Schottlands, die für alle Whiskyliebhaber ein wichtiger Anziehungspunkt ist, da es in dieser Gegend zahlreiche Brennereien gibt.

Geschichte: Nur wenige Kilometer von Aberdeen entfernt trifft man auf das Dorf Old Meldrum, in dem die Glen Garioch Distillery beheimatet ist. Das Unternehmen wurde 1798 mitten in einem Tal gegründet, das wegen seiner riesigen Getreidefelder berühmt ist (allerdings bestehen die Gebäude der Brennerei bereits seit 1785). Im Laufe der Zeit hat die Glen Garioch eine Vielzahl von Besitzern kommen und gehen sehen. Darunter unter anderem die J. F. Thomson & Co. aus Leith und die William Sanderson & Sons Ltd., unter deren Leitung sich die Fabrik der DCL (gehört heute zum Diageo-Konzern) anschloss. Die letztgenannte Firma hat die Anlagen nie in voller Auslastung betrieben, vor allem deshalb, weil es ein Problem mit dem Wasser gab. Die Wasserreserven vor Ort waren nicht ausreichend für die Anforderungen einer modernen Brennerei. Deshalb wurde die Anlage 1968 geschlossen. Zwei Jahre später wurde die Firma an die Stanley P. Morrison Ltd. veräußert. Es wurden einige Bohrungen vorgenommen und man hatte tatsächlich das unerwartete Glück, in nicht allzu weiter Entfernung auf Wasser zu stoßen. Auch wenn dieser Brunnen nicht sehr tief war, lieferte er doch reinstes Wasser in großen Mengen. 1973 konnte die Produktion wieder aufgenommen und dank einer neu installierten Brennblase sogar gesteigert werden.

Herstellung: Derzeit arbeitet das Unternehmen mit drei Brennblasen. Sie sind aus poliertem Kupfer gefertigt und haben ungewöhnliche Abmessungen, wodurch der Charakter dieses besonderen Destillats festgelegt werden soll. Aber es gibt noch weitere Besonderheiten: Die Überwachung des Keimungsprozesses erfolgt noch heute manuell und der benötigte Torf stammt von den nur etwa 15 km entfernten großen Lagerstätten von New Pitsligo Moss. Noch etwas ist ungewöhnlich und sozusagen von besonderem ökologischem Wert: Auf den die Brennerei umgebenden Feldern wurden Treibhäuser für den Anbau von Obst und Gemüse (hauptsächlich Tomaten) angelegt. Man nutzt die von der Brennerei erzeugte überschüssige Warmluft, leitet sie in die Gewächshäuser und bringt so das Gemüse zum Reifen.

Eigenschaften: Der Glen Garioch hat eine typische, sehr helle zartgoldene **Farbe**. Bei der Verkostung nimmt man ein angenehmes **Torfaroma** wahr und fühlt sich an den Geruch von Holzspänen erinnert. Der sehr intensive **Geschmack** offenbart Gewürznoten, vor allem Ingwer, und leicht rauchige Nuancen.

Weitere Sorten: Aus den Erzeugnissen der Glen Garioch sticht ein exzellenter 15-Jähriger heraus. Es handelt sich um eine Version, die in den 70er-Jahren in den Handel kam. Damals forderten die Liebhaber und Kenner von der Brennerei in Old Meldrum einen Single Malt, der besonders raffinierte Geruchs- und Geschmackseigenschaften aufweisen sollte. Um die besten Ergebnisse zu erzielen, wählte man ein Verfahren, bei dem die Verfeinerung des Destillats in Fässern aus Traubeneiche vorgenommen wurde. Auf diese Weise entsteht, im Gegensatz zu den meisten anderen, lange gereiften Whiskys, eine ungewöhnlich helle Farbe, die für den Glen Garioch typisch ist. Das Aroma dieses kostbaren Whiskys ist sehr torfig. Er hat einen einzigartigen Ingwergeschmack, weist aber auch fruchtige und blumige Noten auf. Im Abgang ist er leicht rauchig. Manche vergleichen den 15-Jährigen wegen seiner Lavendel- und Veilchennoten mit einem anderen sehr geschätzten Whisky, dem Auchentoshan.

Erwähnenswert ist auch eine Spezialabfüllung von 1987, die inzwischen sehr selten ist.

Glen Grant

Hersteller
Glen Grant Distillery Ltd.

Herstellungsort
Rothes

Kategorie
Highlands

Alter
5, 10 , 25 und 30 Jahre

Alkoholgehalt
40 Vol.-%

Sorte
Single Malt/ Pure Malt

Es heißt, dass in früheren Zeiten die Mitglieder der Familie Grant Whiskyschmuggler in der schottischen Region Glenlivet waren. Als die Zeit des Schmuggels zu Ende ging, wendeten sich die Urenkel ganz anderen Dingen zu.

Geschichte: 1840 beschloss James Grant, ein Anwalt in Elgin, die alten Traditionen seiner Familie wieder aufleben zu lassen und gründete gemeinsam mit seinem jüngeren Bruder John die Glen Grant, die eine der berühmtesten Brennereien der Welt werden sollte. Als Firmensitz wurde Rothes ausgewählt, ein kleines Dorf in der Speyside, einer für ihren Gerstenanbau, ihre reine Luft und ihre zahlreichen Wasserläufe bekannte Gegend. All dies sind wesentliche Voraussetzungen für die Herstellung ausgezeichneter Whiskys. Der Anschluss des Ortes an das Eisenbahnnetz brachte für die Brennerei erhebliches Wachstum. Bereits 1872 war es ein blühendes Unternehmen, welches unter der Leitung der zweiten Grant-Generation stand. Um die Marktnachfrage zu bedienen, wurde 1887 eine weitere Fabrik unmittelbar neben die bestehende gebaut, mit der sie durch einen unterirdischen Gang verbunden wurde. Leider bekam die neue Firma die Krise des Spirituosenmarktes zu spüren und wurde 1901 geschlossen.

In der Zeit zwischen den beiden Weltkriegen übernahm Douglas Mackessack die Leitung des Unternehmens. Er erhöhte die Produktionskapazitäten, indem er die Anlagen modernisierte. 1953 stimmte der Verwaltungsrat dem Zusammenschluss mit der George & J. G. Smith zu, aus dem The Glenlivet & Glen Grant Distilleries Ltd. hervorging. 1977 wurden neue Räume eingerichtet, in denen vier glockenförmige Brennblasen für den ersten Destillationsdurchgang und vier mit Rückflussvorrichtung und Wasserkühlung ausgerüstete Brennblasen für den zweiten Durchgang installiert wurden.

In der Vergangenheit gab es zahlreiche gleichnamige Malts, die von der Glen-Grant-Brennerei stammten, sich aber in Alkoholgehalt, Alter und Farbe unterschieden. Einige Händler entschlossen sich daher, Whiskybestände zu sammeln und sie dann mit eigenem Etikett abzufüllen. Die Firma sah sich deshalb gezwungen, ihre Produktion zu standardisieren. Man verringerte die Anzahl der Sorten und die unterschiedlichen Altersstufen und verkaufte alle Produkte exklusiv unter eigener Regie. Dies führte leider dazu, dass einige ausgezeichnete Whiskys im Handel verschwunden sind. Sie sind heute nur noch auf Sammlermärkten zu ergattern. Die Glen-Grant-Brennerei besitzt ein Besucherzentrum, das in einem herrlichen viktorianischen Park liegt. Jedes Jahr kommen über 30 000 Besucher, die hier die Möglichkeit haben, den vorzüglichen firmeneigenen Whisky zu versuchen.

Eigenschaften: Dieser Whisky von leuchtend strohgelber **Farbe** vermag ein anhaltendes **Gersten- und Malzaroma** mit Noten von Heu, Vanille, Honig und Haselnuss zu schenken. Der **Geschmack** ist harmonisch, intensiv, lang anhaltend. Im Abgang ziemlich trocken (Angaben beziehen sich auf den 10-Jährigen).

Weitere Sorten: Zu den zahlreichen von der Firma erzeugten Produkten gehört auch ein 5-Jähriger, auf dessen Etikett der Firmengründer James Grant abgebildet ist. Auf der Rückseite dieser Flasche erinnert ein weiteres Etikett daran, dass Grant es liebte, seinen Whisky in Gesellschaft seiner engsten Freunde in einer geheimen Grotte zu verkosten. Der 5-Jährige verdankt sein Aroma, das an geröstetes Malz und Honig erinnert und wohlriechende Noten von frischen Früchten verströmt, der Reifung in kleinen Fässern aus Traubeneiche. Dieser Reifeprozess schließt sich an die Zweifachdestillation an, die in acht großen Brennblasen aus Kupfer erfolgt. Seit Oktober 2001 wird er in einer neuen Flasche angeboten, deren runde Form die Transparenz dieses Destillats unterstreicht.

Nennenswert ist auch ein 25-Jähriger mit trockenem, lang anhaltendem Geschmack, der 1977 anlässlich des 25-jährigen Vertragsjubiläums mit der George & J. G. Smith in den Handel kam.

Glen Moray

Hersteller
Glen Moray-Glenlivet Distillery Co.

Herstellungsort
Elgin

Kategorie
Highlands

Alter
10, 12, 15 und 16 Jahre

Alkoholgehalt
40 Vol.-%

Sorte
Single Malt/ Pure Malt

Der Laich o'Moray ist ein tief gelegenes, leicht hügeliges Stück Land, das sich nördlich der Grampian Mountains erstreckt und auch als „Garten Schottlands" bekannt ist. Die Gegend wird von den Flüssen Lossie und Spey durchquert und es herrscht ein für diese Breitengrade sehr mildes Klima vor, weshalb es hier herrliche Wälder und riesige Felder gibt, auf denen beste Qualitätsgerste gedeiht. Im Herzen dieser Region liegt Elgin, in früheren Zeiten ein „königlicher Marktflecken" und heute ein elegantes und beliebtes Touristenziel. Dass diese Stadt so bekannt ist, verdankt sie der Tatsache, dass sich in ihrer Umgebung die bedeutendsten Malt Whisky-Brennereien des Landes befinden. Man hat ihr deshalb den hochtrabenden Titel „Welthauptstadt des Whiskys" verliehen.

Geschichte: Die Glen Moray-Glenlivet Distillery Co. steht in der Region des Laich o'Moray, westlich von Elgin im weithin bekannten Glenlivet-Tal. Wenn man den Bewohnern der Gegend Glauben schenken kann, dann scheint hier die Sonne 40 Tage länger als in den anderen schottischen Regionen. So lässt sich auch die hier anzutreffende üppige Vegetation erklären.

1893 wurde die Brennerei von Roderick McDonald und Alexander Muir gegründet. Sie wurde auf dem Gelände erbaut, auf dem einst eine berühmte Bierbrauerei stand, die West Brewery, die heute der Henry Arnot & Co. gehört und auf 1815 zurückgeht. Die Arbeiten wurden allerdings erst vier Jahre später richtig aufgenommen. Nach den ersten 20 Betriebsjahren, von denen es kaum Aufzeichnungen gibt, wurde die Fabrik zwischen 1910 und 1922 geschlossen und danach an eine Gesellschaft aus Leith verkauft.

Die neuen Eigentümer, Fachleute, die mit Whisky handelten, waren sich sofort darüber im Klaren, dass es äußerst wichtig war, Malts von bester Qualität zu besitzen. Sie kamen daher zu dem Schluss, sieben weitere Tochtergesellschaften zu erwerben. Nach den Krisenzeiten, die auf den Zweiten Weltkrieg folgten, wurden die Anlagen 1958 wesentlich vergrößert und die Anzahl der Brennblasen von zwei auf vier erhöht.

Ein Großteil der heutigen Produktion wird für die Herstellung von Qualitätsblends verwendet, aber es bleibt doch eine gewisse Menge übrig, die als Single Malt abgefüllt wird. Heute ist diese unabhängige Scotch-Whisky-Brennerei eine der wenigen, die noch von den Nachfahren des Firmengründers geleitet wird. In dritter Generation steht heute David McDonald an der Firmenspitze. Er ist Präsident der Gesellschaft und kontrolliert beständig das Geschehen, denn die in den Jahren gesammelte Erfahrung soll Früchte tragen und die von seinen Vorfahren vorgegebenen Qualitätsstandards sollen beibehalten werden.

Das Besucherzentrum der Brennerei ist ganzjährig von Montag bis Freitag geöffnet, in den Sommermonaten auch samstags. Man kann, nachdem man die exzellenten Whiskys der Firma probiert hat, nur schwer widerstehen, den hervorragenden 16-Jährigen zu kaufen.

Herstellung: Die Reifung dieser Whiskys erfolgt bei konstanter Temperatur und Feuchtigkeit in Fässern aus nordamerikanischer Traubeneiche, die in speziellen Kellern gelagert werden. Die Kellerböden bestehen aus gestampfter Erde und Torf. Von besonderer Relevanz sind auch die Rohstoffe, die verwendet werden, unter anderem das glasklare Wasser des Lossie, die Gerste und die Qualitätshefe Black Isle. Durch das alte Räucherverfahren, bei dem Kohle, Koks und Torf eingesetzt werden, bekommen die Destillate ihren besonderen Geschmack. Eine weitere Besonderheit dieser Brennerei betrifft den Reifeprozess, der in Fässern erfolgt, die vormals Weißwein enthielten, was diesen Whiskys organoleptische Charakterzüge verleiht.

Eigenschaften: Der Glen Moray hat eine sehr intensive antikgoldene **Farbe**. Sein **Aroma** ist frisch, weich, abgerundet, es erinnert an Getreide mit deutlichen Nuancen von frischem Malz. Der **Geschmack** zeigt sich voll, reif, mit mittlerem Körper und leicht torfiger Note (Angaben beziehen sich auf den 12-Jährigen).

Weitere Sorten: Von dieser Firma kommen verschiedene Sorten dieses ausgezeichneten Single Malt in den Handel. Zu den Spitzenprodukten zählt ein 16-Jähriger mit reichem, kräftigem Aroma, das an Honig, Apfel und Holzfässer erinnert. Er ist im Geschmack glatt und trocken und offenbart intensive Zitrusnoten. Für Liebhaber und Sammler gibt es auf dem Markt auch die Special-Reserve-Abfüllungen. Darunter den **Glen Moray Single Sherry Butt** von 1981, den **Glen Moray Portwood Finish**, der sehr fruchtig schmeckt, und zwei außergewöhnliche und sehr gefragte **Glen Moray Vintage** von 1959 (mit 50 Vol.-%) und von 1962.

Glen Ord

Hersteller
Glen Ord Distillery

Herstellungsort
Muir of Ord

Kategorie
Highlands

Alter
12 Jahre

Alkoholgehalt
40 Vol.-%

Sorte
Single Malt/ Pure Malt

Die Glen-Ord-Brennerei befindet sich in einer der bezauberndsten Gegenden des Rosshire. Sie hieß ursprünglich Ord Distillery und wurde an der gleichen Stelle erbaut, an der früher eine illegale Brennerei stand.

Geschichte: Der Betrieb wurde 1838 von Robert Johnstone und David McLennan gegründet. Im Laufe der Jahre kam es zu verschiedenen Führungs- und Besitzerwechseln: Man stellte z. B. 855 Thomas McGregor an die Seite des McLennan-Sohns. 1878 kam noch Alexander McKenzie, der neue Hauptaktionär, dazu, der eine neue Fabrik bauen ließ.

1924 wurde die Brennerei, die damals gerade der James Watson & Co. aus Dundee gehörte, von der John Dewar & Sons übernommen. In jenem Jahr erlebte die Firma einen beachtlichen produktiven Aufschwung. 1966 wurden einige Räume erweitert und die Produktion verdreifacht. 1985 kam die Glen Ord zum United Malt & Grain Distillers-Konzern (aus dem später die United Distillers und dann die Udv-Guinness, heute Diageo, hervorging).

Der erste von der Brennerei abgefüllte Whisky wurde Glenordie genannt.

Eigenschaften: Es ist ein strohgelber, zu **Goldfarben** tendierender Single Malt. Er hat ein fruchtiges, grasiges **Aroma** mit Noten von Heidekraut und Holz. Im **Geschmack** ist er leicht, weich, mit Nuancen von Südfrüchten und Gewürzen. Der Abgang ist trocken und süß.

Weitere Sorte: Das Unternehmen erzeugt eine Special Reserve, den 23 Jahre gereiften **Single Rare Malt**. Dieser Whisky ist tief goldfarben mit braunen Reflexen. Er hat einen zarten, an frisches Gras und gelagertes Holz erinnernden Duft. Im Geschmack ist er ziemlich komplex. Anfänglich süß, dann trocken und rauchig, mit Ingwernoten.

Glen Scotia

Hersteller	Glen Scotia Distillery
Herstellungsort	Campbeltown-Argyll
Kategorie	Highlands
Alter	14 Jahre
Alkoholgehalt	40 Vol.-%
Sorte	Single Malt/ Pure Malt

Der Glen Scotia kommt aus Kintyre, einer Halbinsel, die sich Richtung Irland ins Meer streckt und eine sehr eigentümliche Gegend in Schottland ist.

Geschichte: Die Glen Scotia Distillery wurde 1832 von Stewart Galbraith & Co. in Campbeltown gegründet. Dieses Städtchen brüstete sich schon damals damit, die größte Anzahl an Brennerein (einige davon illegal) in ganz Schottland zu besitzen. Ein abgeschiedener Ort, oft in Nebel gehüllt, aber mit Gerste, Torf und Kohle bestens versorgt. Ab 1919 kam es zu verschiedenen Besitzerwechseln. Damals wurde das Unternehmen von der West Highland Malt Distilleries Ltd. gekauft, um dann 1924 an Duncan MacCallum und 1928 an die Scapa Distillery weiterverkauft zu werden. Danach blieb sie für einen längeren Zeitraum geschlossen. Die Situation änderte sich 1933. Die Gesellschafter arbeiteten damals einen Plan aus, der die Fabrik auf höchstes Niveau bringen sollte, aber die Initiative scheiterte. Die Glen Scotia wurde daraufhin wieder veräußert, zuerst an die Hiram Walker und später an die Gillies & Co. 1970 kam die Brennerei zum Distilled Products Ltd.-Konzern, dem 1989 die Gibson International nachfolgte. Der momentane Besitzer ist die Loch Lomond Distillery Co., die die Fabrik seit 1996 leitet.

Eigenschaften: Dieser Whisky hat eine intensive **Goldfarbe**. Das **Aroma** präsentiert sich fruchtig, salzig mit torfiger Note. Der **Geschmack** ist entschlossen, hält lange an und setzt torfige Akzente.

Aufgrund der Meeresnähe verströmen die ausgezeichneten Single Malts der Glen Scotia ein besonderes, mit salzigen Nuancen angereichertes Aroma.

Glen Spey

Hersteller
Glen Spey Distillery

Herstellungsort
Rothes

Kategorie
Highlands

Alter
8, 12 und 14 Jahre

Alkoholgehalt
43 Vol.-%

Sorte
Single Malt/ Pure Malt

Die Glen Spey, die ursprünglich Mills of Rothes, „die Mühlen von Rothes", hieß, produziert Destillate von bester Qualität, die man nur in Fachgeschäften finden kann.

Geschichte: Die Brennerei wurde Ende 1880 von James Stuart & Co. gegründet. Später wurde sie von der W. & A. Gilbey übernommen, die diese im Morayshire gelegene Fabrik viele Jahre lang leitete. Noch heute profitieren die Whiskys von dem glasklaren Wasser der Doonie-Burn-Quellen.

1962 stimmte man einer Fusion mit der IDV (International Distillery & Vintage) zu. Die neuen Eigentümer nahmen verschiedene Verbesserungen vor. Sie erweiterten die Räumlichkeiten, renovierten einen Großteil der Maschinen und installierten weitere Brennblasen.

1972, nach einem Teilumbau, wurde die Firma an den Großkonzern Grand Metropolitan, der heute zum Diageo-Konzern gehört, verkauft.

Heute wird fast die gesamte Whiskyproduktion der Glen Spey für die Herstellung des J&B verwendet, ein besonders von den jüngeren Konsumenten geschätzter Blended Whisky.

Eigenschaften: Der Glen Spey ist ein guter, intensiv **goldfarbener** Single Malt mit Bernsteinnuancen. Bei seiner Verkostung nimmt man ein entschlossenes **Aroma** wahr, das an gelagertes Holz, Kokosnuss und Schokolade erinnert. Im **Geschmack** ist er zuerst süß, wird dann tanninhaltig und enthüllt leicht rauchige Nuancen.

Der Spey River

Glenburgie

Hersteller
Glenburgie Distillery

Herstellungsort
Alves-Forres

Kategorie
Highlands

Alter
8 Jahre

Alkoholgehalt
40 Vol.-%

Sorte
Single Malt/ Pure Malt

Die Glenburgie, eine der ältesten Brennereien in den Highlands, steht im Morayshire, in der Nähe des Städtchens Forres. Die Destillerie wird von der Burg Burgie und einem alten Druidentempel umrahmt.

Geschichte: 1810 von William Paul unter dem Namen Kilnflat gegründet, erlebte die Brennerei im Laufe des 19. Jh. zahlreiche Besitzwechsel. Ihr heutiger Name geht auf 1871 zurück. Damals wurde die Destillerie Charles Hay in Konzession gegeben. Zwischen 1927 und 1935 blieb sie geschlossen, nahm die Produktion aber 1936 wieder auf, als sie von der Hiram Walker aufgekauft wurde, die sie ihrem Tochterunternehmen J. & G. Stodart Ltd. übergab. 1958 wurden zwei neue Brennblasen eingebaut (die 1981 wieder entfernt wurden). Sie kamen zu den zwei vorhandenen hinzu und erzeugten einen edleren Whisky.

Derzeit wird der größte Teil der Produktion für die Blends der Firma Ballantine verwendet, die zusammen mit der Glenburgie-Brennerei Eigentum der Allied Distillers Ltd. ist.

Eigenschaften: Der Glenburgie ist ein Whisky mit intensiv goldener **Farbe** und einem süßen, gleichzeitig leicht rauchigen **Aroma**, in dem sich nussige Noten wahrnehmen lassen. Mandel- und Gewürznoten – manche schmecken auch Lakritze heraus – bestimmen den anfänglich weichen **Geschmack**. Der Abgang ist ziemlich trocken.

Weitere Sorten: Die acht Jahre gereifte Version wird von der Firma Gordon & MacPhail sehr nachgefragt. Sie ist eine der bedeutendsten schottischen, unabhängigen Abfüllgesellschaften, die auch eine interessante 13-jährige Version auf den Markt bringt.

In der Vergangenheit produzierte die Glenburgie einen Pure Malt namens Glencraig, der heute mit dem Etikett **Glencraig Vintage 1970** verkauft wird und auch zu den Special-Reserve-Abfüllungen der Gordon & MacPhail gehört.

The Glendronach

Hersteller
Glendronach Distillery

Herstellungsort
Forgue

Kategorie
Highlands

Alter
12, 15 und 18 Jahre

Alkoholgehalt
40 bis 43 Vol.-%

Sorte
Single Malt/ Pure Malt

Die Brennerei Glendronach liegt in der Nähe von Huntly, in der fruchtbaren Region Aberdeenshire. Ihr Name, der „Tal der Brombeersträucher" bedeutet, leitet sich vom Bach Dronach ab, der auf dem Fabrikgelände entspringt und dessen Wasser notwendig für den Mälzprozess ist.

Geschichte: Bevor 1826 die Brennerei gegründet wurde, befand sich in dieser Gegend eine der zahlreichen illegalen Whiskyfabriken, die damals in fast jeder Ecke Schottlands aus dem Boden schossen. Der Gründer war James Allardes, ein Mündel von Lord Gordon. Mit dem Namen dieser Persönlichkeit ist ein Gesetz von 1823 eng verbunden, das die Legalisierung dieser Schwarzbrennereien vorantreiben sollte.

Die Brennerei hatte es in den ersten Jahren nicht leicht, vor allem, weil die Fabrik falsch verwaltet wurde. Es scheint so, als ob Allardes, der von seinem Gönner in die Londoner Gesellschaft eingeführt wurde, absolut nicht an den eigenen Anlagen interessiert war. Nach einem verheerenden Brand, der große Schäden verursacht hatte, kam die Destillerie in die Hände von Walter Scott, der alle Geheimnisse des Destillierens in Teaninich erlernt hatte. Es folgte ein weiterer Besitzwechsel und schließlich, 1920, wurde die Fabrik von Captain Charles Grant aufgekauft, dem Sohn von Major William Grant, der durch den Glenfiddich berühmt geworden ist. Das Unternehmen blieb bis 1960 Eigentum der Familie Grant, dann wurde es an die William Teachers & Sons Ltd. verkauft. Man verdoppelte die Produktionskapazität, indem man die Anzahl der Brennblasen von zwei auf vier erhöhte. Schließlich wurde die Glendronach 1976 von der Allied Breweries übernommen.

Ein Großteil der heutigen Produktion wird von der Firma Teachers für die Kreation der eigenen Blends, den Ballantine's und den Teacher's Highland Cream, verwendet. Heute gehört die Fabrik zur Allied Distillers Ltd., einer der größten britischen Konzerne der Branche.

Herstellung: Das Unternehmen aus Forgue arbeitet nach wie vor mit den überlieferten Herstellungsmethoden. Der Mälzvorgang erfolgt z. B. direkt auf dem Boden unter ständiger

Kontrolle der Temperatur. Der Darrofen wird noch mit Torf beheizt, die Brennblasen mit Kohle und noch immer kommen die alten Holzbottiche von einst zum Einsatz, in denen die Gärung erfolgt. Ein Arbeitsschritt sieht die Trocknung des Malzes über Torffeuer vor, wodurch dem Endprodukt ein besonderer Geschmack verliehen wird. Vor kurzem gelang es, dank einer aufwändigen Modernisierung der Anlagen und durch Installation weiterer Brennblasen, die Produktion zu verdoppeln.

Eigenschaften: Dieser Whisky hat eine intensiv goldene, zum Mahagoni tendierende **Farbe**. Bei der Verkostung enthüllt er ein zartes **Aroma** mit deutlichem Sherryton sowie Rauch- und Gewürznoten. Der **Geschmack** zeigt sich weich, angenehm, mit torfigen Nuancen und beachtlichen Spuren von Wein. Bei den Sorten, die nicht in ehemaligen Sherryfässern gereift sind (und daher nicht von seinem Geschmack beeinflusst wurden), kann man auch fruchtige Noten wahrnehmen (Angaben beziehen sich auf den 15-Jährigen mit 40 Vol.-% Alkohol).

Weitere Sorten: Zu den von der Glendronach produzierten Versionen zählen unter anderem der 12-Jährige und der 15-Jährige. Sie wurden kreiert, um dem Konsumenten die Möglichkeit zu geben, die Geschmacks- und Geruchseigenschaften dieser beiden auf unterschiedliche Weise gereiften Destillate zu vergleichen. Beim 12-Jährigen kann man beim Verkosten die besonderen Düfte beurteilen und würdigen, die während des Reifeprozesses entstehen, der zuerst in reinen Eichenfässern und danach in ehemaligen Sherryfässern erfolgt. Das Endergebnis ist harmonisch und gut ausgeglichen. Sein leicht rauchiges Aroma schenkt Noten von Malz, Holz und Sherry. Den Geschmacksnerven begegnet dieser Whisky weich und angenehm. Er zeigt malzige Nuancen und hat einen langen Abgang. Die Reifung des 15-Jährigen erfolgt hingegen direkt in Fässern, in denen vormals Sherry abgefüllt war.

Glenesk

Hersteller
William Sanderson Ltd.

Herstellungsort
Montrose

Kategorie
Highlands

Alter
12 Jahre

Alkoholgehalt
40 Vol.-%

Sorte
Single Malt/ Pure Malt

Die Highlands liegen im Norden Schottlands. Mit ihren ausgedehnten, vom Wind zerzausten Heideflächen, ihren malerischen Seen, Flüssen, Schafweiden und ihren steil aus dem Meer ragenden Klippen sind sie eine der spektakulärsten Gegenden in ganz Europa.

Die Brennerei Glenesk liegt in den östlichen Highlands an der Mündung des South Esk. Auf manchem Straßenschild liest man auch Glen Esk, wobei die Bewohner der Gegend weiterhin ihren früheren Namen Hillside verwenden. Wir befinden uns in der Umgebung von Montrose, nordwestlich von Dundee und nicht weit von den Mearns entfernt, einer Gegend mit riesigen Getreidefeldern und kristallklaren Wasserläufen.

Geschichte: In den Gebäuden der Brennerei befand sich ursprünglich eine Wollweberei, die 1897 von James Isles übernommen wurde. Er war ein Weinhändler aus Dundee, der, nachdem er die notwendige Brennlizenz erhalten hatte, die Weberei in eine Malt-Whisky-Brennerei umwandelte und ihr den Namen Highland Esk Distillery gab. 1899 wurde die Firma an James Caille veräußert, der sie in North Esk Distillery umbenannte. Nach einem Produktionsstopp während des Ersten Weltkriegs und nach einem Feuer, das die Fabrik schwer in Mitleidenschaft gezogen hatte, wurde sie 1938 von der Associated Scottish Distilleries erworben. Der neue Besitzer machte aus ihr eine Getreidewhisky-Brennerei mit dem Namen Montrose Distillery. 1964 wurde sie von der SMD übernommen und produzierte nun wieder Malzdestillate unter dem Namen Hillside. In den 70er-Jahren ging sie an die Sanderson, die den Namen noch einmal in Glenesk abänderte.

Seit 1985 wird in dieser Brennerei nicht mehr produziert. Etwa ab jenem Jahr verringerte sich die Nachfrage nach schottischem Whisky und es kam zu einem Überangebot auf dem Markt.

Dennoch wird für andere Unternehmen der Branche auf deren Anfrage hin in der Mälzerei noch gearbeitet.

Herstellung: Dieser exzellente Single Malt wird in einer birnenförmigen Brennblase mit typisch langem Hals aus Gerstenmalz gebrannt, das über Torffeuer gedarrt wurde. Der Glenesk wurde von der gleichen Firma produziert, von der auch der berühmte Blend Vat 69 stammt.

Eigenschaften: Ein Whisky von intensiv und leuchtend goldener **Farbe**. Er schenkt ein entschlossenes **Aroma**, in dem sich angenehm torfige Noten bemerkbar machen. Der **Geschmack** erscheint energisch, vollmundig, sehr ausgeglichen und äußerst lang anhaltend. Bei der Verkostung nimmt man vor allem angenehme Nuancen von reifen Äpfeln wahr (Angaben beziehen sich auf den 12-Jährigen).

Weitere Sorten: Das Unternehmen in Montrose verkaufte einst auch einen fünf Jahre gereiften Whisky, aber die weitaus besseren geschmacklichen Eigenschaften des älteren, 12 Jahre gereiften Destillats haben den 5-Jährigen vom Markt verdrängt und man beschloss, seine Produktion einzustellen.

Glenfarclas

Der Name Glenfarclas leitet sich ab vom Altgälischen *glean fearann glas* und bedeutet „Tal der grünen Weide".

Geschichte: Seit 1836, dem Jahr, in dem die Brennerei von Robert Hay gegründet wurde, ist die Glenfarclas in Betrieb und somit eine der langlebigsten und beständigsten Destillerien ganz Schottlands. Dies ist der Familie Grant zu verdanken, die seit 1870 über gut fünf Generationen hinweg die Fabrik mit großer Sorgfalt geleitet hat. Der Stammvater John, der die Brennerei 1865 persönlich von ihrem Gründer erworben hatte, tat gut daran, sie für fünf Jahre an einen gewissen Smith weiterzuverpachten. Smith war Brennmeister der Glenlivet Distillery und die dort erzeugten Whiskys wurden mit beneidenswertem Erfolg verkauft. Durch diesen Zusammenschluss wurde die Glenfarclas-Glenlivet ins Leben gerufen.

Nach Ablauf des Vertrages kam das Unternehmen wieder unter die direkte Leitung der Grants, die die Brennerei nun renovierten und modernisierten und somit die Produktion erheblich steigerten. John Grant zog sich nach und nach aus dem Geschäft zurück und übertrug seinem Sohn George die Firmenleitung. Dieser überlebte seinen Vater (verstorben 1889) jedoch nicht einmal ein Jahr und seine Frau übernahm nun die Führung. Für eine Frau zur damaligen Zeit sicherlich keine leichte Aufgabe.

Hersteller
Glenfarclas Distillery

Herstellungsort
Ballindalloch

Kategorie
Highlands

Alter
10, 12 ,17, 21, 25 und 30 Jahre

Alkoholgehalt
40 bis 43 Vol.-%

Sorte
Single Malt/ Pure Malt

1895 übertrug man 50 % der Glenfarclas Distillery an einige Blendhersteller aus Leith (die Pattison, Elder & Co.), die allerdings in Konkurs gingen und der Familie Grant das gesamte Aktienpaket zurückgaben.

John Grant zog sich bei Ausbruch des Ersten Weltkriegs aus der Firma zurück. Nun war der Bruder George der alleinige Firmeninhaber. 1929 übertrug er die Brennerei an seine Kinder.

Nach der Wirtschaftskrise infolge des Zweiten Weltkriegs (die man jedoch gut überstanden hatte) wurde die Produktion der Fabrik verdoppelt. Man kaufte zwei neue Brennblasen, die nun zu den beiden vorhandenen (den größten der Speyside) hinzukamen. 1976 wurde noch einmal von vier auf sechs erhöht.

Heute ist die Glenfarclas eine der wenigen Brennereien, die noch in Privatbesitz sind. Die heutige Firmenleitung heißt jeden Besucher in ihrem Besucherzentrum, das 1973 eröffnet wurde, herzlich willkommen.

Eigenschaften: Dieser ausgezeichnete Single Malt hat eine intensiv goldene **Farbe** und verwöhnt mit einem kräftigen, durchdringenden, leicht rauchigen **Aroma** mit Nuss- und Sherrynoten (die Reifung erfolgt zu 100 % in Sherryfässern). Der **Geschmack** erscheint trocken, entschlossen, mit stark malzigen Nuancen (Angaben beziehen sich auf den 10-Jährigen).

Weitere Sorten: Von diesem außergewöhnlichen Single Malt gibt es zahlreiche weitere Sorten. Das Alter variiert von 10 bis 30 Jahren und die geschmacklichen Eigenschaften sind je nach Jahrgang unterschiedlich. Bemerkenswert sind der **105 Cask Strength**, der **Scottish Classic** (40 Jahre gereift), die besonderen Jahrgänge 1954, 1968 und 1974, alle mit 43 Vol.-% Alkohol, außerdem auch der **Glenfarclas 1958**, der anlässlich des 10. Jahrestages des Abfüllers Signatory Vintage kreiert wurde und eine wahre Rarität darstellt.

Glenfiddich

Die Brennerei Glenfiddich hat es verstanden, die Aufmerksamkeit des Durchschnittsverbrauchers auf die Single Malts zu lenken, die früher nur den Whiskykennern und der privilegierten Oberschicht vorbehalten waren und fast nur in Schottland getrunken wurden.

Hersteller
William Grant & Sons International Ltd.

Herstellungsort
Dufftown Keith

Kategorie
Highlands

Alter
12, 15 und 18 Jahre

Alkoholgehalt
40 Vol.-%

Sorte
Single Malt/ Pure Malt

Geschichte: 1887 verwirklichte William Grant, in der Grafschaft Banff im Herzen der Highlands, einen seit Jahren gehegten Traum. Gerade war eine Brennerei fertiggestellt worden, in der ein Destillat gebrannt werden sollte, das später als Vorläufer aller modernen Scotch Whiskys angesehen wurde. Nach den Plänen des Vaters hatten seine sieben Söhne die Fabrik auf dem Landgut Glenfiddich, etwa 800 m vom Robbie-Dubh-Brunnen entfernt, erbaut. Glenfiddich bedeutet wörtlich „Tal der Hirsche". Für dieses Vorhaben wurde ein beträchtlicher Teil des Familienkapitals, nämlich 755 Pfund Sterling, investiert, die man in langen entbehrungsreichen Jahren angespart hatte.

William Grant besaß fundierte Kenntnisse über die Destillation, die er sich in 20 Jahren in der Fabrik Mortlach angeeignet hatte, in der er schließlich auch Direktor war. Er hatte daher keine Schwierigkeiten, das Unternehmen auszurüsten und gab für die Kupferbrennblasen und Maschinen (die Geräte wurden von der Brennerei Cardhu übernommen, die neue Anlagen gekauft hatte) nur den kleinen Betrag von 120 Pfund Sterling aus.

Der erste Whisky verließ feierlich am Weihnachtstag 1887 die Brennerei. Die Zutaten, die beste Gerste der Gegend und reinstes Wasser aus nahe gelegenen Quellen, wurden äußerst sorgfältig ausgewählt.

Gegen Mitte des 19. Jh. führte die starke Nachfrage (vor allem aus England) dazu, dass nun Blended Whiskys kreiert wurden und für lange Zeit waren die Erzeugnisse der Glenfiddich die Grundlage für ausgezeichnete Mischungen. Erst nach dem Zweiten Weltkrieg begann die Brennerei von William Grant einen Teil ihrer Whiskys als Single Malt unter dem Namen Glenfiddich in Flaschen abzufüllen.

1964 entwarf das Unternehmen einen neuen Marketingplan, der eine Erhöhung der Investitionen und eine sorgfältige Werbekampagne vorsah, die sich vor allem an die Käufer in den USA wenden sollte. Dieser Markt war bei allen Whiskybrennern und Blendern der begehrteste. Die Annäherung an dieses Land erfolgte selektiv, man hielt sich an *Opinion Leader* und Persönlichkeiten aus der Film- und Modebranche. Der Erfolg war enorm. Allerdings sah sich die Firma bald mit dem Problem konfrontiert, dass die Nachfrage das Angebot überstieg. Auf eine sorgfältige Reorganisation folgte der Entschluss, bereits gereifte Destillate von den Produzenten zurückzukaufen, die diese als Zutat für ihre Blends eingelagert hatten (man erwarb sie natürlich, verglichen mit den jüngeren Whiskys, zu einem höheren Preis).

1974 wurde die Glenfiddich von der englischen Königin wegen ihrer Auslandsexporte gewürdigt, die in der britischen Handelsbilanz beträchtlich zu Buche schlugen. Inzwischen wird die Brennerei, die mehr als ein Drittel des weltweit als Single Malt abgefüllten Whiskys produziert, in der fünften Generation von der Familie Grant geleitet.

Herstellung: Bereits seit Bestehen der Brennerei wird der Destillationsprozess mit jedem einzelnen Arbeitsschritt ganz genau durchgeführt. Jedem der Söhne war eine besondere Aufgabe zugewiesen, die der Vater genau kontrollierte. Jedes Familienmitglied widmete sich mit Liebe und Hingabe der Produktion dieses vorzüglichen Destillats, sodass die Grants schließlich als glorreiche Sieger aus dem Abenteuer hervorgingen, in das sie sich gestürzt hatten.

Anders als bei vielen Highlandwhiskys üblich, die erst zu verschiedenen Abfüllanlagen durch ganz Großbritannien transportiert werden, verlässt nicht ein einziger Tropfen des Glenfiddich die Brennerei, bevor er nicht in Flaschen abgefüllt ist. Die Gärungsbottiche, mit über 46 000 Litern Fassungsvermögen, werden noch heute auf traditionelle Art aus Douglasienholz gefertigt. Die vergärte Flüssigkeit, der *wash*, wird zweimal in den Kupferbrennblasen, die nach wie vor die traditionelle, von William Grant ursprünglich gewünschte kleine Form aufweisen, destilliert. Um der Marktnachfrage begegnen zu können, wurde die Anzahl der Brennblasen auf 29 erhöht. Erwähnenswert ist die spezielle Herstellungsmethode, mit der der 15-jährige Whisky erzeugt wird. Man nennt das Verfahren Solera-System, wobei der Whisky während des Alterungsprozesses in unterschiedlichen Fässern zur Reifung gebracht wird (zuerst in Fässern aus europäischer Traubeneiche, danach in Fässern aus amerikanischer Eiche, schließlich in ehemaligen Sherryfässern aus Spanien). Zum Schluss wird das Destillat im sogenannten „Großen Fass" gelagert, das etwa 3 m hoch ist und aus europäischer Eiche handgefertigt wurde. Bevor er nun in Flaschen abgefüllt wird, soll der Whisky einige Monate lang in kleinen Fässchen zur Ruhe kommen.

Eigenschaften: Dieser Whisky hat eine strohgelbe **Farbe** und ein leichtes **Getreidearoma**, in dem man Noten von Birne und Apfel sowie einen rauchigen Ton erkennen kann. Im **Geschmack** verschmilzt Süße mit Trockenheit und man spürt charakteristische Karamell- und Himbeernuancen auf der Zunge (Angaben beziehen sich auf den 12-Jährigen).

Weitere Sorten: Neben dem 15-Jährigen, der ein außergewöhnliches Aroma mit Vanille- und Schokoladennoten enthüllt, im Geschmack weich und abgerundet erscheint und an Rosinen und Gewürze erinnert, muss auch ein köstlicher 18-Jähriger, der **Ancient Reserve**, erwähnt werden, der wahrhafte „Schatz" des Unternehmens. Seinen Geschmack verdankt er der perfekten Vereinigung von in ehemaligen Sherryfässern gereiften Whiskys mit Whiskys, die in Fässern gereift sind, in denen bereits extraerlesene Destillate abgefüllt waren. Dies verleiht ihm einen unverwechselbaren aristokratischen Charakter. Er hat eine intensiv goldene Farbe und ein Aroma, das an Getreide, Vanille und Lakritze denken lässt. Er besticht mit einem erstaunlichen Geschmack, der ein perfektes Gleichgewicht zwischen süßen und trockenen Nuancen hält.

Schließlich gibt es noch die bemerkenswerten Abfüllungen **Cask Strength 15 Years Old**, **Special Reserve** und **Vintage 1963**.

Glengoyne

Die Highlands sind die Region mit der niedrigsten Bevölkerungsdichte in ganz Großbritannien. Dennoch sind hier die alten Traditionen lebendig geblieben. In jedem Dorf und in jedem Pub singen junge Barden von blutigen Schlachten, Drachen und Zauberern. Erinnerungen, die noch lebendiger und romantischer erscheinen, wenn man ein Glas Whisky getrunken hat, der hier wie immer ausgezeichnet schmeckt, da er aus einer der unzähligen Brennereien der Region stammt.

Die Glengoyne steht genau auf der Grenzlinie, die die Highlands von den Lowlands trennt, genauer gesagt, etwa 20 km vom Zentrum von Glasgow entfernt, in der Nähe des Dorfes Dumgoyne. Nicht weit davon entfernt, nur etwa 10 km, spiegelt sich der Himmel im Loch Lomond, einem über 32 km langen See.

Das Fabrikgebäude steht am Fuße der Dumgoyne Hills im malerischen Tal des Stirlingshire, das als eines der schönsten Täler ganz Schottlands gilt. Es ist daher nicht ungewöhnlich, dass während der Sommermonate zahlreiche Besucher in diese Gegend kommen, die von der Schönheit der Natur angezogen werden. Unter anderem besucht man gerne einen spektakulären, 16 m hohen Wasserfall, der zu den Campsie Fells gehört. Dieses Gewirr von Bächen bildet, aufgrund der besonderen Beschaffenheit des Untergrunds, ein eindrucksvolles Ensemble von Schluchten, Teichen und kleinen Katarakten. Auch die Brennerei verwendet für ihre Whiskys das glasklare Wasser dieser Kaskaden.

Geschichte: Die Fabrik wurde 1833 unter dem Namen Burnfoot Distillery gegründet. Etwa 20 Jahre später wurde sie von den Brüdern Lang übernommen, die sie zuerst Glen Guin tauften und dann 1905 in Glengoyne umbenannten. Nach dem Zusammenschluss der Lang Brothers mit der Robertson & Baxter 1965 wurden die Anlagen modernisiert und die Produktionskapazität ausgebaut.

Herstellung: Da sehr viele Besucher in diese Gegend kommen, organisiert die Brennerei, die in einem waldreichen Tal liegt, täglich mindestens fünf Führungen. Dabei kann der Besucher alle Herstellungsschritte aus der Nähe verfolgen.

Hersteller
The Glengoyne Distillery

Herstellungsort
Dumgoyne

Kategorie
Highlands

Alter
10, 12 und 17 Jahre

Alkoholgehalt
40 bis 43 Vol.-%

Sorte
Single Malt/ Pure Malt

Unter anderem wird erklärt, wie lange die Whiskys der Glengoyne-Brennerei lagern müssen, damit sie ihre goldene, immer dunkler werdende Farbe annehmen.

Eigenschaften: Dieser hervorragende Whisky hat eine hellgoldene **Farbe** und ein leichtes, frisches **Aroma**, in dem man Noten von gelagertem Holz und Früchten wahrnehmen kann. Im **Geschmack** ist er nussig-süß mit rauchigen Noten (Angaben beziehen sich auf den 10-Jährigen).

Der Glengoyne ist im Übrigen ein nicht besonders starker Whisky. Er ist nur schwach malzig, aber sehr fein, leicht und angenehm.

Weitere Sorten: Es gibt viele verschiedene Sorten dieser Firma im Handel. Darunter ein ausgezeichneter 10-Jähriger, der mit besonders ausgesuchter Gerste aus der Umgebung und mit absolut torffreiem Wasser gebrannt wird. Deshalb wird ein großer Teil dieses Single Malts für die Mischung von Blends verwendet, die von anderen Firmen vermarktet werden.

Daneben gibt es noch einen außergewöhnlichen 17-Jährigen, der 1999 in Großbritannien zum besten Malt Whisky des Jahres gewählt wurde. Diesen Erfolg hat er seinen exzellenten geschmacklichen und geruchlichen Eigenschaften zu verdanken, die auch die anspruchsvollsten Gaumen zufriedenstellen können: Er schimmert blassgolden, hat ein zartes, delikates Aroma mit einem Hauch von Quitte, zu dem sich Zitrus-, Schokoladen- und Heidekrautnoten gesellen. Der Geschmack präsentiert sich reich, süß und weich mit Noten von gelagertem Holz und Früchten.

Es gibt auch eine 12-jährige und eine 25-jährige Version, die Letztgenannte mit 47 Vol.-% Alkohol. Erwähnenswert ist auch ein **Single Cask** von 1971.

Glenkeith

Hersteller
Glen Keith Distillery

Herstellungsort
Keith

Kategorie
Highlands

Alter
10 Jahre

Alkoholgehalt
43 Vol.-%

Sorte
Single Malt/ Pure Malt

Diese Brennerei wurde genau gegenüber einer Konkurrenzfirma erbaut, der Strathisla Distillery. Beide Fabriken stehen am Ufer eines klaren Wasserlaufes.

Geschichte: Die Ursprünge dieser Firma finden sich im Jahr 1957. Damals baute die Seagram-Gesellschaft eine alte Mühle in eine hochmoderne Brennerei um. Die Glen Keith Distillery, die zur Chivas Brothers Ltd. gehört, begann 1994 einige Single Malts abzufüllen.

Herstellung: Beim Bau der Brennerei ließen die Eigentümer gasbeheizte (und nicht kohlebeheizte) Brennblasen installieren. Außerdem wurde die Verwaltung vollständig computerisiert, was in dieser Branche eine absolute Neuheit darstellte. Abgesehen von diesen Zugeständnissen an die moderne Technologie wird die schottische Tradition hinsichtlich der Whiskyherstellung nach wie vor streng befolgt. Die Qualitätskontrollen des Endproduktes werden hier sogar strenger gehandhabt als durchschnittlich üblich.

Eigenschaften: Die **Farbe** dieses Whiskys ist ein helles Bernstein. Sein **Aroma** erinnert an Eichenholz, Trockenfrüchte und Vanille und er duftet angenehm nach Rum. Der **Geschmack** ist delikat, malzig und lässt an geröstete Kaffee denken.

Weitere Sorten: Die am weitesten verbreitete Sorte ist zweifellos der 10-Jährige, der im Übrigen eine der Hauptzutaten des Chivas Regal und auch anderer, qualitativ hochwertiger Blends darstellt. Seit 1994 gibt es auch eine **Heritage Selection**-Abfüllung.

Glenkinchie

Hersteller
Glenkinchie Distillery

Herstellungsort
Pentcaitland

Kategorie
Lowlands

Alter
10 Jahre

Alkoholgehalt
43 Vol.-%

Sorte
Single Malt/ Pure Malt

Die Glenkinchie Distillery im Süden Schottlands ist eine besonders originelle Brennerei, da ihre Bekanntheit nicht nur auf die hervorragenden Destillate, die man hier erzeugt, zurückzuführen ist. Hier werden auch Rinder einer geschätzten Rasse gezüchtet, die Angusrinder, die bereits zahlreiche Preise gewonnen haben.

Geschichte: Wenn der erste, fundamentale Schritt zur Errichtung einer neuen Brennerei darin besteht, den am besten geeigneten Platz für deren Bau ausfindig zu machen, so kann man sagen, dass es den Gründern der Glenkinchie-Brennerei perfekt gelungen ist, dieser Vorgabe nachzukommen. Die Fabrik wurde 1837 in der Nähe des Dorfes Pentcaitland, in East Lothian im Südosten Schottlands, errichtet. Hier in den Lowlands ist der Boden fruchtbar und es wächst eine Gerste, die zu den Besten der Welt zählt. Förderer dieser erfolgreichen Initiative waren die Brüder Rate, Rinderzüchter und Experten, was den Getreideanbau und die Malzbereitung (die sie selbst vornahmen) betraf. Ein weiterer Faktor, der gründlich bedacht werden musste, war die Notwendigkeit, über ausreichend reines Quellwasser zu verfügen. Diese Voraussetzungen sicherten die Qualität des Produkts und somit einen schnellen wirtschaftlichen Erfolg. Seit der ersten Eröffnung der Anlagen wurde in der Glenkinchie-Brennerei bis heute fast immer kontinuierlich produziert. Die einzige Unterbrechung findet sich in den Anfängen ihrer Geschichte, als die Gründer sie einem gewissen Christie überließen. Dieser war nicht an der Brennerei interessiert, sondern er nutzte die Räumlichkeiten zum Teil als Kuhstall und zum Teil als Sägewerk.

1880 wurde das Unternehmen an einen Konzern verkauft, der Bier und verschiedene Alkoholika produzieren wollte. Innerhalb von etwa 10 Jahren wurden die Anlagen wieder aktiviert. Damals erhielt die Glenkinchie Distillery ihren eigenen Namen und ihre Unabhängigkeit zurück und kam im Juli 1914 zur Scottish Malt Distillers Ltd., die die Maschinen restrukturieren ließ. 1925 kam die Fabrik an die John Haig & Co, die bei der Verarbeitung weiterhin traditionelle Methoden und Zutaten einsetzte, um die besonderen Eigenschaften des Single Malt der Lowlands zu bewahren.

Die von der Brennerei erzeugten Destillate werden hauptsächlich für die Herstellung von Blends verwendet. Ein Teil wird aber von der Wm Cadenhead Ltd., die ausgezeichnete Single Malts in den Handel bringt, in Flaschen abgefüllt.

Die Fabrik verfügt über ein einladendes Besucherzentrum, in dem auch ein Whiskymuseum untergebracht ist.

Eigenschaften: Der Glenkinchie hat eine hellgelbe **Farbe** und ein duftendes **Aroma** mit rauchiger Note, das an Gewürze und Vanille erinnert. Der **Geschmack** erscheint fruchtig, weich, fast trocken mit einem Hauch von Karamell und Vanille.

Weitere Sorten: Der 10-Jährige wurde 1988 unter die *Classic Malts* der United Distillers gewählt und gewann 1993 den ersten Preis des prestigeträchtigen Wettbewerbs IWSC *(International Wine and Spirit Competition)*. Es gibt noch den **Vintage 1983**, der in Fässern gereift ist, die vormals Sherry enthielten.

The Glenlivet

Hersteller
The Glenlivet Distillery

Herstellungsort
Ballindalloch

Kategorie
Highlands

Alter
12, 18 und 21 Jahre

Alkoholgehalt
40 bis 43 Vol.-%

Sorte
Single Malt/ Pure Malt

Das grüne Tal im Herzen der Highlands, durch das der Livet fließt, ist durch die hervorragenden Whiskys, die hier erzeugt werden, weltweit so berühmt geworden, dass sich der erste Brennmeister der Destillerie gezwungen sah, den Namen des Tals rechtlich für sich zu schützen. 1978 wurde in der auf den Hügeln von Braes gelegenen Brennerei ein Besucherzentrum gebaut, das jährlich etwa 80 000 Touristen empfängt. Seit einer umfassenden Renovierung 1996/97 gibt es nun auch eine Multimediashow und ein Restaurant. Es ist damit eines der bestausgestatteten Besucherzentren in Schottland.

Geschichte: 1747 ließ sich John Gow (der später seinen Namen in John Smith abänderte) in Glenlivet, mitten in den Highlands, nieder. Er gehörte zu den Anhängern des Prinzen Charles Edward Stewart und fand hier Unterschlupf vor den Verfolgern (die Jakobiter hatten die Schlacht bei Culloden verloren). Die Einkünfte, die er durch die Arbeit auf seinem Bauernhof, in der Nähe von Tomintoul, erzielte, reichten ihm nicht aus, deshalb beschloss er, das zu tun, was alle Einwohner der Gegend taten: Er brannte heimlich Whisky. Das blühende Tal, in dem er wohnte, weit abseits von der britischen Regierung, war der ideale Ort für diese Tätigkeit. Später trat Johns Sohn, Andrew Smith, in seines Vaters Fußstapfen, verlegte aber das Unternehmen in das Drumintal. Zwar war der Glenlivet noch immer ein illegales Getränk, aber die englische Aristokratie hatte es sich zu Gewohnheit gemacht, ihn zu trinken. Selbst König George IV. probierte ihn anlässlich eines Besuchs in Schottland 1822 und er schmeckte ihm so gut, dass er sofort ein Verehrer dieses Whiskys wurde. George, der Sohn Andrews, erhielt zwei Jahre später als erster Malt-Whisky-Hersteller eine legale Brennlizenz. Die anderen Schwarzbrenner sahen dies als Verrat an und versuchten, in seiner Fabrik ein Feuer zu legen. Lord Gordon, der Eigentümer der Ländereien, auf denen die Brennerei stand, unterstützte George und half ihm, eine neue Fabrik in Upper Drumin zu errichten.

Um 1830 begann die Andrew Usher & Co. aus Edinburgh die Glenlivet Single Malts zu vertreiben. Da der Glenlivet großen Erfolg bei den Kritikern und den Konsumenten gefunden hatte, versuchten viele Whiskybrenner nach 1850 den Namen „Glenlivet“ mit ihren Erzeugnissen in Verbindung zu bringen. Daraufhin machte Smith das Recht geltend, als Einziger diesen Namen für seine in Upper Drumin produzierten Whiskys verwenden zu dürfen. Er gestand dieses Privileg nur noch seinem Schwiegersohn William Grant für dessen Erzeugnisse aus der Brennerei Auchorachan zu.

Erst im Jahr 1880 gelang es John Gordon Smith, diese Exklusivrechte offiziell von einem Gericht zu erhalten. Den anderen Herstellern wurde es verboten, den Namen „Glenlivet“ für ihre Erzeugnisse zu benutzen. Allerdings blieb es erlaubt, ihn als Anhang mit Bindestrich zu verwenden. Aufgrund der wachsenden Nachfrage nach Single Malts, beschloss die Familie Smith, eine weitere Brennerei mit größeren Kapazitäten zu bauen. Die Erben setzten alles daran, die Qualität der Glenlivet-Erzeugnisse immer hoch zu halten, und im Laufe der Zeit kam es, zum Schutz der eigenen Marke, zu weiteren Rechtsstreitigkeiten. Noch im Jahre 1953 befand sich das Unternehmen im Familienbesitz. Danach schloss man sich mit der Glen Grant zusammen und 1970 mit der Longmorn. Die gesamte Gruppe wurde 1977 vom kanadischen Großkonzern Seagram übernommen, kam danach zur Pernod-Ricard und schließlich zum Chivas-Konzern.

Herstellung: Derzeit produziert die Brennerei mit acht Brennblasen, wobei vier für den ersten und vier für den zweiten Destillationsdurchgang eingesetzt werden. Das benötigte Wasser wird aus dem Bach Josie's Well entnommen. Die Gerste stammt ausschließlich von ausgesuchten Anbaugebieten im Banffshire. Der Torf kommt aus Feamussach.

Eigenschaften: Dieser vorzügliche Whisky hat eine hellgoldene **Farbe** und ein trockenes, entschlossenes **Aroma** mit Sherry-, Malz-, Honig-, Vanille- und Gewürznoten. Der weiche **Geschmack** bietet angenehme Mandel- und Holztöne mit rauchigen und fruchtigen Nuancen (Angaben beziehen sich auf den 12-Jährigen).

Weitere Sorten: Das Unternehmen hat zahlreiche Versionen in seinem Sortiment. Der 21-Jährige gehört zu den Single Malts, die von Whiskykennern weltweit am meisten geschätzt werden. Sein harmonischer, außergewöhnlicher und süßer Geschmack mit Nuancen von Honig und Schokolade, Holz und getrockneten Weinbeeren ist das Ergebnis einer sehr langsamen Fassreifung. Diese Methode garantiert eine fast perfekte Reifung und der 21-Jährige hat sich den Namen **Archive** verdient.

Es gibt noch eine **French Oak Reserve** und **Vintage**-Jahrgangsabfüllungen von 1968 und 1972.

Glenlossie

Hersteller
Glenlossie Distillery

Herstellungsort
Elgin

Kategorie
Highlands

Alter
10 und 15 Jahre

Alkoholgehalt
43 Vol.-%

Sorte
Single Malt/ Pure Malt

Der Glenlossie Distillery, die ihr Wasser aus den Quellen der Mannoch Hills bezieht, ist es gelungen, sich auf dem Whiskymarkt als eine der bedeutendsten Single-Malt-Brennereien durchzusetzen, deren Erzeugnisse für die Herstellung der Blended Whiskys bestimmt sind.

Geschichte: Die Fabrik wurde 1876 erbaut. Sie steht nicht weit vom Fluss Lossie entfernt, in der Nähe des Städtchens Elgin in der Region Morayshire. John Duff war es, der die Firma gründete. Er wollte, nachdem er verschiedene Erfahrungen als Verwalter der Glendronach Distillery gesammelt hatte, seine Führungs- und Organisationsfähigkeiten in der Single-Malt-Produktion unter Beweis stellen.

1919 wurde die Firma von der Scottish Malt Distillery erworben, wurde aber 1929 durch einen verheerenden Brand zerstört. Nach der vollständigen Renovierung wurde sie Anfang der 30er-Jahre von der Distillery Company Limited übernommen. Schließlich, 1962, wurde die Fabrik umstrukturiert, mit dem Ziel, die Produktion zu steigern. Die Räumlichkeiten wurden erweitert und die Anzahl der Brennblasen von vier auf sechs erhöht.

Herstellung: Eine Besonderheit dieses Whiskys ist die Art seiner Reifung. Die Alterung erfolgt in Fässern, in denen zuvor Bourbon Whiskey abgefüllt war. Diese Methode verleiht dem Erzeugnis spezielle Qualitäten, die es zu einer ausgezeichneten Zutat für die Blendmischung machen.

Eigenschaften: Dieses Destillat hat eine hellgoldene **Farbe** und ein fruchtiges, süßes **Aroma**, zu dem sich grasige, rauchige Noten gesellen. Im **Geschmack** ist er ölig und samtig mit einem malzigen und leicht fruchtigen Abgang. Es machen sich auch ausgesprochen fruchtige und grasige, sehr frische und feine Noten bemerkbar.

Der Lossie, nach dem das Tal und der hervorragende Whisky benannt wurden.

Weitere Sorten: Derzeit wird nur eine begrenzte Menge (etwa 0,5 %) der Glenlossie-Erzeugnisse in Flaschen abgefüllt. Der größte Teil dieses Single Malt wird an andere Hersteller verkauft, die ihn für die Mischung hochwertiger Blends mitverwenden. Neben dem 10-Jährigen gibt es noch den 15-Jährigen mit 63 Vol.-% Alkohol, den **Connoisseurs Choice 1975** (von Gordon & MacPhail abgefüllt), den **1980 Signatory**, den **Adelphi 1981** und den **Murray McDavid Mission II 1975**.

Glenmorangie

Hersteller
The Glenmorangie Distillery

Herstellungsort
Tain

Kategorie
Highlands

Alter
10 und 18 Jahre

Alkoholgehalt
40 bis 43 Vol.-%

Sorte
Single Malt/ Pure Malt

Die Gegend der North Highlands, das heißt der nördliche Teil Schottlands, der sich am Moray Firth entlang erstreckt, einer lang gezogenen Bucht in der Nordsee, ist landschaftlich wunderschön. Die Küste ist hier wild und bizarr und das Land wird von einem Klima begünstigt, das weniger rau ist, als man es für diese Gegend erwarten würde. Im Sommer kann man hier Pflanzen und Blumen bewundern, die man in diesen Breitengraden sonst nicht antrifft. Der Golfstrom, der bis in diese bezaubernde Ecke vordringt, wirkt sich günstig auf das Pflanzenwachstum aus. Die Region ist sehr tierreich und die Bäche und Flüsse sind voller Forellen und Lachse. Die von der Glenmorangie erzeugten Whiskys reifen in Fässern heran, die dafür eigens in den USA aus dem Holz der weißen Eiche, die aus North Carolina stammt, gefertigt werden, in denen zuvor vier Jahre lang Kentucky Bourbon Whiskey gelagert worden ist.

Geschichte: Die Glenmorangie ist eine der berühmtesten Whiskyfabriken in den North Highlands. Sie steht in Tain an der Südküste des Dornoch Firth. Man sagt, dass an diesem Ort bereits im Mittelalter Bier gebraut wurde. Zumindest begannen die Brüder Mathieson 1843 die ersten Glenmorangie Whiskys in einer ehemaligen Brasserie zu brennen. 50 Jahre später wurde die Brennerei mit einer privaten Schienenverbindung an das staatliche Eisenbahnnetz angeschlossen. Man konnte sich so besser mit den benötigten Rohstoffen versorgen und verschaffte sich dadurch wesentliche wirtschaftliche Vorteile.

1918 wurde die Firma von der MacDonald & Muir übernommen, die sich des Markennamens Glenmorangie bediente, um das eigene Image im Ausland auszuweiten. 1980 erhöhte man die Zahl der Brennblasen auf acht, um die steigende Nachfrage zu befriedigen. Zweimal, 1979 und 1993, schaffte es die Firma, ihre Produktion zu verdoppeln. Erfreulicherweise gefährdete der Produktionsanstieg nie die Qualität der Destillate. Sie blieben auch weiterhin auf hohem Niveau. Dies bestätigte sich auch, als 1991 Queen Mum während eines Besuchs das Wohlwollen des britischen Königshauses gegenüber dieser historischen Brennerei und ihren Whiskys äußerte.

Die Fabrik hat 16 Mitarbeiter. Aufgrund dieser vor 150 Jahren festgelegten und konstant beibehaltenen Mitarbeiterzahl, ist die Brennerei auch unter dem Namen „Die 16-Mann-Destillerie" bekannt. Seit 1995 gibt es ein Empfangszentrum, das als eines der besten seiner Art gilt.

Herstellung: Eine großräumige Umstrukturierung der Brennerei, die um das Jahr 1889 vorgenommen wurde, hat die Charaktereigenschaften dieses Whiskys wesentlich beeinflusst. Die damals installierten Schwanenhalsbrennblasen, die mehr als 5 m hoch sind, sind heute noch in Betrieb. Durch ihre besondere Form können die reinsten und leichtesten Alkoholdämpfe nach oben steigen, während

die Fuselstoffe und schwereren Alkohole auf dem Boden der Brennblase zurückbleiben. Auf diese Weise kommt nur ein Drittel des Destillats zur Reifung, wodurch seine geschmacklichen Eigenschaften noch einmal verbessert werden.

Das Unternehmen war eines der ersten, das Dampfspiralen in den Brennblasen einsetzte, um so die Trennung des Alkohols von den Fuselstoffen zu optimieren. Mit diesem System, das später von anderen Firmen übernommen wurde, vermeidet man ein zu starkes Erhitzen des Destillats, was zu einer Qualitätsminderung führen kann.

Eigenschaften: Ein exzellenter Whisky mit strohgelber **Farbe** und einem fruchtigen **Aroma** mit Noten von Karamell, Rauch, Honig und Torf. Im **Geschmack** ziemlich trocken, ist der Glenmorangie sehr ausgeglichen und erinnert an Gewürze, Malz und rauchiges Holz (Angaben beziehen sich auf den 10-Jährigen).

Weitere Sorten: Die Brennerei in Tain bietet zahlreiche, auch außergewöhnliche Sorten an. Darunter ein trockener, ausgeglichener 18-Jähriger mit Malz- und Tabaknuancen. Er kam 1990 in den Handel und wurde sofort von den Experten mit Lob überhäuft. Die letzte Phase seiner Reifung verbringt er in Fässern aus amerikanischer, lange gelagerter Traubeneiche. Die besondere Beschaffenheit dieser speziellen Holzart ermöglicht es, dass die Whiskys ein delikates und feines Aroma entwickeln. Der angenehm rauchige Geschmack stammt von der Rosshire-Qualitätsgerste, die über Torffeuer gedarrt wird. Beachtenswert sind auch verschiedene Abfüllungen, die auf unterschiedliche Art (in Madeira-, Porto- oder Sherryfässern) mit außerordentlichem Ergebnis verfeinert wurden (siehe Glenmorangie Wood Finish).

Glenmorangie Wood Finish

Die Glenmorangie-Brennerei, die seit über einem Jahrhundert besteht, bewahrt sorgfältig die alte Kunst des Whiskybrennens, die jeweils vom Vater an den Sohn weitergegeben wird.

Herstellung: In der Nähe der Fabrik befinden sich die Tarlogie Springs. Das frische Wasser dieser Quellen trägt dazu bei, diesem Whisky einen ganz besonderen Geschmack zu verleihen. Das Wasser ist, dank des Sandsteinbodens, über den es fließt, sehr mineralhaltig. Das milde Klima begünstigt im Übrigen den Anbau einer äußerst wohlriechenden Gerste, die dem Destillat eine besonders aromatische Note verleiht. In der Brennerei schenkt man vor allem der Reifungsphase große Beachtung. Man spricht von der „Herrschaft des Holzes", die in Tain regiert, und meint damit das sogenannte *finishing*. Dabei werden die Single Malts nach der üblichen Reifung 24 Monate in Fässern verfeinert, die vorher entweder Madeira, Porto oder Sherry enthielten. Der Whisky bekommt auf diese Weise einen außergewöhnlichen Geschmack und vor allem ein unverwechselbares Aroma.

Eigenschaften: Dieser Whisky hat eine antikgoldene Farbe mit bernsteinfarbenen Reflexen. Sein Aroma ist weich und enthüllt Zitrus-, Holz- und Gewürznoten. Er ist leicht im Geschmack und hat einen eher trockenen Abgang (Angaben beziehen sich auf den Glenmorangie Madeira Wood Finish).

Weitere Sorten: Zur *Finishing-Serie* gehören unter anderem die Versionen Port Wood Finish (ein exzellenter Whisky, wenn er pur getrunken wird und auch sehr gut, wenn er mit Wasser verlängert wird, da er einen besonderen Nachgeschmack mit Spuren von Minze hinterlässt) und den Sherry Wood Finish. Es gibt außerdem Vintage-Abfüllungen, darunter einen von 1971 und einen beachtlichen 22-Jährigen aus dem Jahre 1963. Schließlich gibt es verschiedene 14 Jahre gereifte Single Malts mit 56,5 Vol.-% Alkohol, alle sehr edel.

Hersteller
The Glenmorangie Distillery

Herstellungsort
Tain

Kategorie
Highlands

Alter
14 Jahre

Alkoholgehalt
43 Vol.-%

Sorte
Single Malt/Pure Malt

The Glenrothes

Hersteller
Glenrothes Distillery

Herstellungsort
Rothes

Kategorie
Highlands

Alter
unterschiedlich

Alkoholgehalt
43 Vol.-%

Sorte
Single Malt/ Pure Malt

Diese Brennerei liegt im Morayshire am Burn of Rothes, einem Wildbach, der von den Mannoch Hills herabfließt. Die Glenrothes besitzt eine private Quelle in der Nähe von Glen of Dounie, aus der sie das für die Herstellung benötigte Wasser schöpft. Dem Unternehmen gehört auch das gesamte Land um die Quelle herum. Zu Ehren von Marie Leslie, der einzigen Tochter des Herzogs von Rothes, die in der Nähe des Baches in einem Akt der Eifersucht von ihrem Ehemann Alexander ermordet wurde, wird diese Quelle „The Lady's Well" genannt. Alexander, er war der Bruder von Robert III., hatte wegen seines wilden und gewalttätigen Charakters den Beinamen „Der Wolf von Bedeno".

Auch wenn der Glenrothes als Single Malt sehr geschätzt wird, verdankt er doch seine Bekanntheit der Tatsache, dass er sehr gerne als Zutat für berühmte Blends, wie den Famous Grouse und den Cutty Sark, verwendet wird.

Geschichte: Die Fabrik wurde 1878 auf Initiative einer Gruppe von Glasgower Geschäftsmännern hin gegründet. Nur wenige Monate später, die Gebäude waren noch nicht einmal fertiggestellt, scheiterte das Unternehmen. Im Jahr darauf, die Islay Distillery & Co. (die spätere Highland Distilleries Ltd.) hatte die Firma übernommen, konnten die Arbeiten fortgesetzt werden. Die ersten Whiskys kamen allerdings erst 1887 in den Handel. Um die endgültige Firmenschließung abzuwenden, verpfändete einer der Eigentümer, Robert Dick, die Fabrik und erhielt von der Caledonian Bank etwa 2000 Pfund Sterling Finanzierungsmittel. Der Betrag erhöhte sich noch einmal um 600 Pfund Sterling, die vom Priester der örtlichen Presbyterianerkirche gespendet wurden.

Zwischen 1880 und 1890 verbesserte sich die Situation der Glenrothes dank der steigenden Whiskynachfrage. Nun wurden alle Schulden beglichen und man konnte die Gebäude erweitern, womit man bereits 1896 begonnen hatte.

1922 brach in der Fabrik ein unvergessliches Feuer aus. Eine beträchtliche Menge Malt Whisky floss aus einem in Flammen stehenden Lager direkt in den Burn of Rothes. Laut den Berichten jener Zeit liefen ungefähr 800 000 Liter Whisky aus. Viele Neugierige kamen damals in das Flusstal, um das „wohlriechende" Wasser zu probieren!

Die Firma wurde noch zweimal, zuerst 1963 und dann 1980, erweitert. Man destillierte nun mit 10 Brennkesseln (fünf wurden für die erste Destillation eingesetzt und fünf für die zweite) und erreichte dadurch eine gewaltige Produktionskapazität. Die Halle, in denen diese Destillationsapparate stehen, ist so groß und hoch, dass man sie mit dem Innenraum einer Kathedrale vergleichen könnte.

Herstellung: Da dieser Whisky, der wegen seiner Eigenschaften als ideales Destillat zum Mischen von Blends angesehen wird, unbestritten köstlich schmeckt, kam man auf die Idee, ihn nicht nur in Fässern zu verkaufen, sondern auch in Flaschen. Daher wird eine limitierte Menge dieses Whiskys,

wenn er bei den Kostproben mit „Hervorragend" beurteilt wird, ausgewählt und als **The Glenrothes Vintage Malt** abgefüllt.

In den Lagern der Fabrik reifen die Destillate teils in Fässern aus amerikanischer Eiche, die bereits für die Reifung von Bourbon Whiskey verwendet worden sind, teils in Fässern aus spanischer Eiche, in denen vormals Sherry gelagert wurde. Während die Destillate reifen und feiner werden, wird in regelmäßigen Abständen probiert, um zu prüfen, ob sie den Minimalstandards entsprechen. Es kommt vor, dass die ausgewählten Fässer dennoch nicht die gewünschte Qualität aufweisen. Es gibt daher keine Garantie, im Handel jedes Jahr einen Glenrothes Vintage vorzufinden.

Der erste Jahrgang, der aufgrund seiner außergewöhnlichen Qualität berühmt geworden ist, stammt von 1972. Man musste danach weitere sechs Jahre warten, um den zweiten Jahrgang von 1978 verkosten zu können. Dies machte jede Flasche besonders wertvoll; und jede einzelne, mit ihrer typischen Form, ist ihren durchaus gehobenen Verkaufspreis wert.

Eigenschaften: Dieser Whisky hat eine braune, zum Bernstein tendierende **Farbe**. Sein **Aroma** ist fein und erinnert an Kleie, Vanille und Sultaninen. Der süße und durchdringende **Geschmack** lässt an Zitronenglasur und Ingwer denken (Angaben beziehen sich auf die 15 Jahre gereifte und 1989 destillierte Abfüllung).

Weitere Sorten: Dieser Single Malt wurde ursprünglich nach 12-jähriger Reifezeit abgefüllt. Heute findet man zahlreiche Jahrgangsabfüllungen (erwähnt seien besonders die Jahrgänge 1972, 1978, 1979, 1981, 1982, 1984, 1985, 1987).

Bei den Sonderabfüllungen soll vor allem der **Glenrothes 1973** hervorgehoben werden, der eine wahre Rarität darstellt. Ein reichhaltiger Whisky mit strukturiertem Aroma, der in einem einzigen Fass herangereift ist, von dem man nur 216 Flaschen abgefüllt hat, die dementsprechend hoch gehandelt werden.

Es gibt außerdem eine Abfüllung von 1989, auch diese in einem einzigen Fass gereift. Ihr Geschmack ist weich und abgerundet mit einem Hauch von Holz, reifen Früchten, Lakritze und Vanille. Die Firma bringt auch Versionen dieses ausgezeichneten Whiskys in den Handel, die bis zu 20 Jahren gelagert wurden.

The Glenturret

Hersteller
The Glenturret Distillery

Herstellungsort
Crieff

Kategorie
Highlands

Alter
12, 15, 18, 21 und 25 Jahre

Alkoholgehalt
40 Vol.-%

Sorte
Single Malt/ Pure Malt

Die Brennerei Glenturret liegt in Crieff, im Herzen der Highlands, in einem vom Turret River durchflossenen Tal. Nur etwa 10 km weiter liegt die Edradour, die kleinste Whiskybrennerei Schottlands. Die Glenturret ist eine der meistbesuchten Brennereien des Landes. Etwa 250 000 Besucher kommen jährlich hierher. Sie werden nicht nur von der großartigen Naturlandschaft angezogen, in der die Brennerei liegt, man kommt auch gerne, um die vorzüglichen Single Malts der Firma zu probieren und zu kaufen.

Geschichte: Die Brennerei wurde offiziell 1775 gegründet. Allerdings bestätigen einige Urkunden aus dem Archiv der örtlichen Pfarrei, dass hier schon viele Jahre vorher Whisky schwarz gebrannt wurde.

Die Gegend ist ideal für die Herstellung von Whisky. Es gibt hier Wasser von bester Qualität im Überfluss. Da der Ort von einigen Anhöhen umgeben ist, bemerkten die Schwarzbrenner in der Vergangenheit stets rechtzeitig die Ankunft der Zollbeamten. In den wenigen vorhandenen Chroniken wird berichtet, dass sich im Laufe des 19. Jh. die Besitzer der Glenturret häufig abwechselten. Der bekannteste unter ihnen war der Großgrundbesitzer Thomas Stewart, der die Modernisierung einiger Teile der Fabrik veranlasste.

1914 wurde die Fabrik geschlossen. Unter der Leitung der Mitchell Brothers Ltd. wurde sie 1919 wiedereröffnet. Sie wurde zu einem Lager umfunktioniert und nach der schweren Wirtschaftskrise 1928, die den Whiskymarkt erschütterte, erneut geschlossen. Etwa 30 Jahre später, 1957, erwarb die James Fairlie & Co. die Anrechte und es gelang, die Produktion, die immerhin viele Jahre stillstand, langsam wieder aufzunehmen. Man behielt die traditionellen Herstellungsmethoden bei, führte aber auch einige technische und strukturelle Neuerungen ein.

1981 wurde die Brennerei von der Cointreau Sa übernommen und 1993 kam sie zur Highland Distillers & Co. Die neuen Eigentümer haben ein mit Konferenzsaal und Geschäften ausgestattetes Besucherzentrum finanziert.

Die Glenturret hat viele Auszeichnungen erhalten, unter anderem hat sie bei der *International Wine and Spirit Competition* in den Jahren 1974, 1981 und 1991

jeweils eine Goldmedaille gewonnen. 1991 erhielt sie sogar den außerordentlich begehrten Preis „Best Single Malt" für eine Whiskykreation von 1966. 1992 brachte sie den „Internationalen Preis für beste Qualität" mit nach Hause.

Eigenschaften: Der Glenturret hat eine tiefgoldene **Farbe** mit rotbraunen Reflexen und ein süßes, cremiges **Aroma**, das an Orangen und Pflanzenwachs erinnert. Der **Geschmack** ist leicht rauchig mit Nuancen von Sherry und Sahne (Angaben beziehen sich auf den 18-Jährigen).

Weitere Sorten: Die Brennerei produziert zahlreiche unterschiedliche Whiskyversionen. Jede Sorte unterscheidet sich durch ganz besondere Charaktereigenschaften, was Duft und Geschmack betrifft.

Der 12-Jährige hat ein malziges, blumiges Aroma mit Noten von Holz, Torf und Gras. Er schmeckt nach Vanille, ist cremig und süß und ziemlich trocken im Abgang. Erwähnenswert ist auch ein exzellenter 15-Jähriger mit 48,4 Vol.-% Alkohol. Er ist in begrenzter Menge abgefüllt und kann nur vor Ort erworben werden. Er ist dem Firmenmanager Neil Cameron zu verdanken. Dieser beschloss 1996, ein besonderes Destillat zu kreieren, wofür er aus einer bestimmten Anzahl von ausgewählten Fässern einige Whiskyproben entnahm, die dann in ein einziges Fass gefüllt wurden. Für Liebhaber und Sammler hält die Glenturret-Brennerei Jahrgangsreserven bereit, die von unabhängigen Abfüllern, unter anderem Gordon & MacPhail und Murray McDavid vertrieben werden.

Glorious

Hersteller
John Buckmaster & Sons

Herstellungsort
Leeds

Kategorie
Highlands/Lowlands

Alter
12 Jahre

Alkoholgehalt
43 Vol.-%

Sorte
Blended

1984 begann die Firma Carpenè Malvolti den Glorious nach Italien zu importieren und stellte ihn unter das Motto: „Selected by Roberto Gucci". Und tatsächlich war auch der bekannte Modeschöpfer von der Qualität dieses unübertrefflichen Whiskys überzeugt.

Geschichte: Der Glorious kam am 12. August 1980 in den britischen Handel. An diesem Tag wird die Jagd auf den Fasan eröffnet, dem Vogel, von dem dieser Whisky seinen Namen hat. Edward VII. hatte den Hühnervogel in *Glorious* umgetauft und wollte damit seine große Leidenschaft für die Jagd zum Ausdruck bringen. Das neu kreierte Destillat wurde anlässlich einer Feier im Schloss von Leeds in der Grafschaft Kent präsentiert.

Herstellung: Dieser Whisky, der aus 26 Single Malts der Highlands und der Lowlands besteht, die sich harmonisch zu einem Produkt der Extraklasse zusammenfügen, wird einhellig als Blended De Luxe angesehen.

Eigenschaften: Der Glorious ist ein Blended, der sich durch eine tiefgoldene, ins Granatrot übergehende **Farbe** auszeichnet. Das volle und abgerundete **Aroma** enthüllt deutliche Noten von Heidekraut und Fassholz. Der **Geschmack** dieses Whiskys ist samtig, malzig mit torfigen Nuancen.

Grant's Royal

Hersteller
William Grant & Sons International Ltd.

Herstellungsort
Dufftown

Kategorie
Highlands

Alter
12 Jahre

Alkoholgehalt
40 Vol.-%

Sorte
Blended

Der Grant's Royal, ein sehr geschätzter Whisky von feinster Qualität, entsteht im Herzen der Highlands im Banffshire, in zwei unmittelbar nebeneinander gebauten Brennereien. Er kommt in einer besonderen dreieckigen Flasche in den Handel.

Herstellung: Für den Grant's Royal werden 25 unterschiedliche Destillate miteinander vermischt. Unter anderem kommen auch Erzeugnisse von renommierten Unternehmen, wie Glenfiddich und Balvenie, in die Mischung. Hinzu kommen noch feinste, aus Weizen gebrannte Destillate (35 %). Diese stammen unter anderem von der Girvan-Brennerei, die den Black Barrel herstellt. Die Blendmaster der William Grant bevorzugen bei ihrer geschickten Auswahl für die Mischung vor allem die Weizendestillate, die diesen 12-Jährigen zu etwas Besonderem machen.

Eigenschaften: Es ist ein Whisky von leuchtend goldener **Farbe** mit bernsteinfarbenen Reflexen. Bei der Verkostung enthüllt er ein weiches **Aroma** mit blumigen und grasigen Noten und erinnert an Fassholz. Der **Geschmack** ist vollmundig und samtig, sehr weich mit torfigen Nuancen. Der Grant's Royal gehört zu den Blended Whiskys, die man unbedingt einmal genießen sollte.

Haig Gold Label

Dies ist einer der besten schottischen Blended De Luxe. Etwa 350 Jahre Erfahrung auf dem Gebiet der Destillation und der Mischung von Blends, auf die die John Haig zurückblicken kann, vereinigen sich in diesem Whisky zu einem großartigen Geschmackserlebnis.

Hersteller
John Haig & Co. Ltd.

Herstellungsort
Cameron Bridge

Kategorie
Lowlands

Alter
5 Jahre

Alkoholgehalt
40 Vol.-%

Sorte
Blended

Geschichte: Dieses Traditionsunternehmen wurde über die Jahrhunderte hinweg mit Stolz, Entschlossenheit und Weitblick von den Nachkommen des Gründers weitergeführt. Es wurden Brennereien in Schottland, England und Irland gebaut, die alle wegen der ausgezeichneten Qualität ihrer Erzeugnisse berühmt geworden sind. Hier soll besonders die Brennerei in Cameron Bridge, in der Nähe von Edinburgh, hervorgehoben werden. Diese hoch geschätzte Destillerie brachte die Kunst des Mischens auf höchstes Niveau und kreiert allerfeinste Blended Whiskys. Ein Beweis dafür ist dieser kostbare 5-Jährige, in dem sich verschiedene Single Malts, wie z. B. der Glenlossie, der Glenkinchie und der Dimple, vereinigen.

Eigenschaften: Der Haig Gold Label zeichnet sich durch eine **Bernsteinfarbe** mit honigfarbenen Reflexen aus. Das **Aroma** ist entschlossen, malzig mit Torf- und Kaffeenuancen. Der **Geschmack** präsentiert sich süß und erinnert an Vanille, Karamell und grünen Apfel.

Hedges & Butler

Die 12-jährige Version dieses hoch geschätzten, eleganten und raffinierten Blended war über viele Jahrhunderte hinweg der bevorzugte Whisky von mindestens einem Dutzend Königen und Königinnen von England, Spanien und Portugal.

Das Etikett auf dem Flaschenhals zeigt das Porträt von Arthur Wellesley, dem ersten Herzog von Wellington. Er besiegte Napoleon bei Waterloo. Zu den Verehrern dieses Blends zählte auch der japanische Kaiser Mutsuhito, der ein Kenner der westlichen Spirituosen und ein großer Liebhaber schottischer Whiskys war. Nicht zufällig, sondern aufgrund der Leidenschaft Mutsuhitos für die schottischen Destillate, entstand im Land der aufgehenden Sonne ein ganzer Whiskyindustriezweig.

Hersteller
Hedges & Butler Ltd.

Herstellungsort
Glasgow

Kategorie
Lowlands

Alter
8, 12, 15 und 21 Jahre

Alkoholgehalt
40 Vol.-%

Sorte
Blended

Eigenschaften: Es ist ein leuchtend **bernsteinfarbener** Whisky mit goldenen Reflexen. Er hat ein **Honig-** und **Kastanienaroma** mit Noten von gerösteten Haselnüssen. Zu einem trockenen, eleganten, ziemlich aromatischen **Geschmack** gesellen sich auch torfige Nuancen (Angaben beziehen sich auf den 12-Jährigen).

Weitere Sorten: Die Hedges & Butler hat weitere exzellente Blends in ihrem Sortiment, unter anderem den **Special De Luxe**, den **Supreme De Luxe** und den **Imperial De Luxe**, die 8, 15 bzw. 21 Jahre gereift sind.

Highland Park

Hersteller
Highland Distillers Ltd.

Herstellungsort
Kirkwall

Kategorie
Orkney

Alter
12, 18 und 25 Jahre

Alkoholgehalt
40 bis 43 Vol.-%

Sorte
Single Malt/ Pure Malt

Die weit in der Vergangenheit zurückliegenden Ursprünge der Highland Park Distillery sind eng verbunden mit der Schwarzbrennerei. Dieser Tätigkeit ging man in Schottland in den vergangenen Jahrhunderten, selbst in den entlegensten Winkeln wie den Orkneyinseln, häufig nach.

Geschichte: Die Brennerei wurde 1795 in Kirkwall gegründet, einem einsamen, unzugänglichen Ort, der von einer geheimnisvollen Aura umgeben ist. In jener Gegend verschwimmen die Grenzen zwischen Wirklichkeit und Legende. Man erzählt sich, dass dort, wo heute die Brennerei steht, im 18. Jh. ein berühmter Schwarzbrenner, Magnus Eunson, seinem Tagwerk nachging. Als protestantischer Pfarrer musste er gut getarnt sein, um seine heimlichen Aktivitäten auszuüben. Trotzdem erfuhren die Steuerbeamten eines Tages von der Schwarzbrennerei. Als sie in den Keller einbrachen, fanden sie jedoch nicht einen einzigen Tropfen Whisky, da der „fromme" Mann vorgesorgt und die Whiskyfässer in der Kirche versteckt hatte! Wie auch immer, es stimmt jedenfalls, dass diese Brennerei immer schon beim Publikum Anklang gefunden hat, und die Highland Park Whiskys konnten sich selbst bei den anspruchsvollsten Liebhabern durchsetzen. Man denke nur daran, dass 1883 dieses vorzügliche Destillat anlässlich eines Banketts des britischen Königshauses serviert wurde. Nach der einhelligen Meinung der adeligen Gäste (europäische Prinzen und Könige) handelte es sich um „einen der feinsten Single Malts, den man je getrunken hatte". 1888 wurde die Fabrik vom Direktor und Gesellschafter James Grant übernommen, der seine Fachkenntnisse, die er bei der Glenlivet Distillery gesammelt hatte, beisteuern konnte. 1937 kam die Firma an einen englischen Aktienkonzern. Jedes Jahr strömen zahlreiche Touristen, die die ausgezeichneten Single Malts der Firma probieren wollen, in das der Brennerei angeschlossene Besucherzentrum.

Die Destillationshalle mit den Brennblasen

Herstellung: Die heutige Fabrik steht auf einem Hügel und das für die Herstellung benötige reine Wasser wird von den Bergquellen in die Brennerei gepumpt. Die Lagerhallen sind dem Wind ausgesetzt, der unaufhörlich vom Meer her weht und so die Reifung der Destillate entschieden beeinflusst. Unter all den schottischen Destillerien ist die Highland Park vielleicht die traditionellste, sowohl wegen ihrer Gebäude (die Räume für die Malzzubereitung sind noch immer im Original erhalten) als auch wegen der Produktionsmethoden; z. B. erfolgt die Trocknung des

Ein Aquarell der Brennerei

Malzes noch über Torffeuer, das mit kleinen Mengen Heidekraut angereichert wird. Die großen Kupferblasen werden mit dem gleichen Brennstoffgemisch befeuert. Dadurch wird eine gleichbleibende, nicht aggressive Hitze erzeugt, die für eine perfekte Destillation bestens geeignet ist. Diese Faktoren und der Reifevorgang in Eichenfässern, in denen bereits Sherry gelagert wurde, sind der Garant dafür, dass diese Whiskys außergewöhnliche geschmackliche und aromatische Eigenschaften aufweisen.

Eigenschaften: Dieser vorzügliche Single Malt hat eine altgoldene, zum Bernstein tendierende Farbe. Bei der Verkostung enthüllt er ein süßes Aroma, in dem man Noten von Mandeln und Torf wahrnehmen kann. Der Geschmack ist vollmundig, entschlossen, mit einem kräftigen Sherryton und erstaunlich würzigen Noten (Angaben beziehen sich auf den 12-Jährigen).

Der Bicentenary 1977

Weitere Sorten: Zu den zahlreichen von der Firma angebotenen Versionen gehört auch ein kostbarer 18-Jähriger, der von Malcolm Greenwood (einem der renommiertesten Whiskyexperten unserer Zeit) wie folgt beschrieben wurde: „… ein einzigartiger und komplexer Single Malt, in dem sich bei der Verkostung in beispielhafter Weise Trockenheit und Süße, Nuancen von Sherry und orientalischen Gewürzen vereinigen, während er gleichzeitig einzigartig rauchig duftet.“ Diese Komplexität verdankt man Robert Borwick, dem Brennmeister der Highland Distillers, dem es gelungen ist, ein Destillat von seltener Vollkommenheit zu kreieren.

Es gibt außerdem eine Special Reserve, die geschaffen wurde, um die Brennereigründung zu feiern. Das Destillat, das auf 1970 zurückgeht, wurde 25 Jahre in Fässern gelagert, die vorher extraerlesene Malts enthielten und kam 1995, abgefüllt von Gordon & MacPhail, auf den Markt. Wegen seiner raffinierten geschmacklichen Eigenschaften empfiehlt der bekannte Verkoster Michael Jackson diesen Whisky als idealen Begleiter zum Dessert (z. B. zu einem Obstkuchen). Bei der Verkostung – so sagt er – spürt man am Gaumen ein umschmeichelndes Finale von Rosen und Zitrone mit leicht salzigen Nuancen (ein Merkmal, das alle auf den Orkneyinseln erzeugten Whiskys in sich vereinen) sowie auch Noten von weißer Schokolade. Dazu gesellt sich ein körperreicher, vollmundiger Geschmack, der deutlich an Haselnuss und Pistazien erinnert.

Beachtenswert ist auch der Bicentenary 1977, ein 12 Jahre alter Whisky mit intensivem Salzaroma.

Highland Queen „Grand 15“

Hersteller
MacDonald & Muir Ltd.

Herstellungsort
Leith

Kategorie
Highlands

Alter
15 Jahre

Alkoholgehalt
43 Vol.-%

Sorte
Blended

Dieser exquisite Blended Whisky wurde der Königin Maria Stuart von Schottland gewidmet. Sie ist, auf ihrem Pferd reitend, im oberen Teil des Flaschenetiketts abgebildet. Übrigens hat diese Flasche eine ungewöhnlich bauchige Form.

Geschichte: Die Destillerie, die diesen Blend in den Handel bringt, wurde 1893 von Roderick MacDonald gegründet. Unterstützt wurde er von Alexander Muir. Die beiden Unternehmer brannten ihren Whisky gemäß den traditionellen Herstellungsmethoden, mit denen auch heute noch produziert wird.

Herstellung: Der Highland Queen wird aus den besten auf dem Markt erhältlichen Single Malts hergestellt. Unter anderem kommt der Glen Moray in die Mischung, der mit 30–35 % den Hauptanteil stellt. Dieser Whisky wird in 300 Länder exportiert.

Eigenschaften: Dieser Blend hat eine antikgoldene, zum Bernstein tendierende **Farbe**. Sein **Aroma** ist fruchtig mit Noten von Holz und frisch geschnittenem Gras. Im **Geschmack** ist er frisch und fein und erinnert an Akazienhonig.

Inchgower

Hersteller
Inchgower Distillery

Herstellungsort
Buckie

Kategorie
Highlands

Alter
12 und 14 Jahre

Alkoholgehalt
43 Vol.-%

Sorte
Single Malt/ Pure Malt

Derzeit wird der größte Teil der von der Inchgower produzierten Destillate für den berühmten Blend der Firma Bell's verwendet. Nur ein kleiner Anteil wird in Flaschen abgefüllt.

Geschichte: Die Brennerei wurde 1871 von Alexander Wilson an der Stelle gegründet, wo einst, an der Mündung des Spey, die alte Fabrik von Tochinea stand. Bis 1930 wurde hier ununterbrochen produziert, dann geriet die Brennerei in wirtschaftliche Schwierigkeiten. Am Rande des Konkurses wurde die Firma liquidiert und war zwischen 1936 und 1938 Eigentum der Gemeinde Buckie. Daraufhin wurde sie vom Konzern A. K. Bell aufgekauft, der 1966 die Gebäude modernisieren und zwei neue Brennblasen installieren ließ. Außerdem wurde ein Lagerhaus für die Destilate, die von den anderen Brennereien des Konzerns produziert wurden, gebaut.

Eigenschaften: Die **Farbe** dieses Whiskys ist ein zum Antikgold tendierendes Gelb. Er hat ein zartes, blumiges und saures **Aroma** mit Karamell- und Minzenoten. Der **Geschmack** ist reichhaltig, süß, mit entschiedenen Butternuancen. Im Abgang ist er ziemlich trocken.

Inver House

Königin Elisabeth belohnte 1992 mit einem eindrucksvollen Preis das starke Engagement der Inver-House-Brennerei und würdigte damit gleichzeitig die Verbraucher, die diesen Whisky sehr schätzen.

Geschichte: Die Inver House Distillery wurde 1964 als unabhängige Tochtergesellschaft der amerikanischen Firma Publicker gegründet.

Aufgrund des wirtschaftlichen Niedergangs ihrer Partnerfirma in Übersee durchlebte auch die Inver House Anfang der 70er-Jahre eine ökonomisch sehr schwierige Zeit. Sie war gezwungen, 1985/86 die Produktion einzustellen. Es fanden sich neue Finanziers, die die Gesellschaft retten wollten, und tatsächlich schafften sie es, die Fabrik 1988 wieder zu eröffnen. Nun auf Erfolgskurs, wurde die Brennerei vergrößert. Man erwarb neue Gebäude und Produktionsmaschinen.

Der Name „Green Plaid" auf dem Etikett bezieht sich auf die Farben des Tartan, dem Stoff, aus dem die schottischen Kilts geschneidert werden.

Eigenschaften: Dieser Blend hat eine strohgelbe, zum Blassgold tendierende **Farbe**. Das liebliche **Aroma** erinnert an geröstete Gerste und zeigt deutliche Zitrusnoten. Im **Geschmack** ist dieser Whisky leicht, blumig mit Vanille- und Karamellnoten.

Hersteller
Inver House Distillers Ltd.

Herstellungsort
Airdire-Gartness

Kategorie
Highlands

Alter
mindestens 5 Jahre

Alkoholgehalt
40 Vol.-%

Sorte
Blended

Isle of Jura

Hersteller
Isle of Jura Distillery

Herstellungsort
Craighouse (Jura)

Kategorie
Jura

Alter
10, 16 und 21 Jahre

Alkoholgehalt
40 Vol.-%

Sorte
Single Malt/ Pure Malt

Die Brennerei, die in der zweiten Hälfte des 18. Jh. gegründet wurde, hat die in der Nähe der schottischen Westküste gelegene Insel Jura (die viertgrößte der Hebriden) wirtschaftlich gesehen stark beeinflusst. Ihr altgälischer Name bedeutet „Hirsch". Diese Tiere ziehen Mengen von Touristen und Naturliebhabern an.

Das örtliche Klima wird von Winden bestimmt, die stetig Feuchtigkeit mit sich bringen. Die Winter sind hier so mild, dass sogar Palmen in einigen geschützten Gebieten der Insel überleben können.

Geschichte: In alten Chroniken wird erzählt, dass die Bewohner der Insel bereits im Mittelalter begonnen hatten, Aquavits zu destillieren. In einer kleinen Grotte in der Nähe von Craighouse, wo heute die einzige Brennerei der Insel steht, wurde Whisky gebrannt.

Die Fabrik begann inoffiziell in der zweiten Hälfte des 17. Jh. in einer Hütte, in der nur eine einzige kupferne Brennblase untergebracht werden konnte, mit der Produktion. Das für die Herstellung verwendete Wasser war dunkel, torfig und kam aus einem nahe gelegenen See, dem Loch a'Bhaile-Mhargaidh.

1810 bekam die Familie Campbell, die Eigentümerin der Brennerei, von der britischen Regierung die Erlaubnis, mit den Ausbauarbeiten der Gebäude zu beginnen. Es sollte auch ein spezieller Bereich für die Mälzarbeiten hinzukommen. 1875 wurde die Firma an James Ferguson verkauft, der einen großen Teil seines Eigenkapitals investierte, um die Produktion zu erhöhen. Da Ferguson keinen Nachfolger hatte, entschloss er sich im Jahr 1901, sich aus dem Whiskygeschäft zurückzuziehen und verkaufte die Anlagen und Maschinen. Da man es vermeiden wollte, Steuern zu zahlen, entfernte man, den damaligen Gesetzen entsprechend, alle Gebäudedächer und ließ die Fabrik verfallen. 1913 wurde das Lager geschlossen, nachdem vorher die restlichen Whiskykisten an einen Londoner Großhändler verschickt worden waren. Jene Zeit brachte eine schwere wirtschaftliche Krise für ganz Jura mit sich. Die Bevölkerungszahl sank von 1000 auf weniger als 200 Einwohner.

1958, nachdem die Fabrik über 40 Jahre stillgelegt war, beschlossen die Landbesitzer Riley-Smith und Fletscher in Zusammenarbeit mit der Scottish Brewery Distillers Ltd., mit dem Bau der heutigen Fabrik zu beginnen. Zwischen 1960 und 1963 wurde die Firma noch einmal von der Mackinlay McPherson Ltd. (einer Tochtergesellschaft der Scottish & Newcastle Breweries) umstrukturiert. Der Anlagenbau wurde dem Ingenieur Delmé Evans übertragen, der für seine große Erfahrung auf diesem Gebiet bekannt war. Von nun an stieg die Produktion beachtlich an und 1978 erhöhte man die Anzahl der Brennblasen von zwei auf vier. Der erste Isle of Jura Pure Malt 10 Years Old kam offiziell am 27. Mai 1974 in den Handel.

Eigenschaften: Dieser exzellente Single Malt hat eine intensiv goldene, zu Orange tendierende **Farbe**. Sein **Aroma** ist harmonisch, vollmundig und enthüllt bei der Verkostung leichte Mandelnoten. Der **Geschmack** ist entschlossen und lang anhaltend und bietet feine Torfnuancen (Angaben beziehen sich auf den 10-Jährigen).

Wegen ihrer besonderen Geruchs- und Geschmackseigenschaften werden die auf Jura gebrannten Single Malts oft mit den besten Erzeugnissen der Highlands verglichen, da sie beachtliche torfige Nuancen aufweisen. Allerdings sind sie weniger ausgeprägt als in den anderen auf den Inseln erzeugten Whiskys.

Weitere Sorten: Die Brennerei auf Jura hat viele verschiedene Versionen ihrer ausgezeichneten Whiskys im Programm. Erwähnt sei ein sehr guter 21-Jähriger mit vollem und gut strukturiertem Aroma und einem sehr komplexen Geschmack mit auffälligen, angenehm torfigen und malzigen Noten. Weiterhin wird ein beachtlicher 16-Jähriger verkauft. Beide haben eine charakteristische, recht sympathische Verpackung, die 1999 entworfen wurde. Auf jede Flasche ist eine Karte der Insel gedruckt und auf dem Etikett ist die Silhouette einer Bergkette abgebildet, die sich aus dem Meer erhebt.

Aus dem **Cask Strength** lassen sich unter anderem Nuancen herausschmecken, die an das Meer erinnern.

Isle of Skye

Hersteller
Ian Macleod
& Co. Ltd.

Herstellungsort
Skye

Kategorie
Skye

Alter
8, 12, 18 und
21 Jahre

Alkoholgehalt
40 Vol.-%

Sorte
Blended

Diejenigen, die sich für die Geschichte Großbritanniens interessieren, assoziieren die Isly of Skye sofort mit dem Prinzen Charles Edward (der von seinen Anhängern auch liebevoll Bonnie Prince Charlie genannt wurde) und seiner legendären Flucht aus England. Der Prinz war Truppenführer des jakobitischen Heers, das 1746 in der Schlacht bei Culloden geschlagen wurde. Er floh danach auf die Insel Skye.

Geschichte: Skye hatte schon im 16. Jh. seinen wirtschaftlichen und politischen Höhepunkt erreicht. In jenen Zeiten begann die einheimische Bevölkerung „Lebenwasser" herzustellen, die in kürzester Zeit auch auf dem Festland begehrt waren. Dieser berühmte Whisky wurde erstmals 1933 von der Familie Macleod gebrannt. Man wollte einen Blend kreieren, der vielfältige Eigenschaften in sich vereinen sollte und wählte dazu die besten Single Malts der Speyside aus.

Herstellung: Die salzige Meeresluft vor Ort beeinflusst in hohem Maße Duft und Geschmack dieses Whiskys. Vor allem während des Alterungsprozesses wird er mit Salz angereichert. Durch das Vermischen mit den Single Malts der Insel entsteht ein einzigartiger Blend von seltener Eleganz, der die anspruchsvollsten und feinsten Gaumen in Verzückung versetzen kann. Zwischen 1994 und 1998 wurde der Isle of Skye vom renommierten Isle Whisky Society Club (in dieser Organisation sind die wichtigsten Firmen der Islands in der Whiskybranche vereint) mehrfach ausgezeichnet.

Eigenschaften: Ein Whisky mit hellgoldener **Farbe**, der ein leichtes **Aroma** mit Noten von verbranntem Holz und Südfrüchten aufweist. Im **Geschmack** ist er weich und süß und lässt malzige und sanft rauchige Nuancen erkennen.

Weitere Sorten: Die Firma bringt auch 12-, 18- und 21-jährige Whiskys auf den Markt. Alle haben den gleichen Alkoholgehalt wie der 8-jährige.

Die Isle of Skye, eine Insel der Hebriden.

J&B

Die Geschichte dieses Whiskys ist mit dem Namen Giacomo Justerini eng verknüpft. Er war ein Italiener, den es nach London verschlagen hatte. Er rief eine Gesellschaft ins Leben, die sich einen Spitzenplatz im Reich der großen Whiskyproduzenten eroberte und so in kurzer Zeit einen außerordentlichen Erfolg erzielte.

Hersteller
Justerini & Brooks Ltd.

Herstellungsort
Strathleven

Kategorie
Highlands

Alter
mindestens 5 Jahre

Alkoholgehalt
40 bis 43 Vol.-%

Sorte
Blended

Geschichte: Die Liebe zu einer Opernsängerin und der Wille, „sein Glück zu machen", führten den jungen Giacomo Justerini, der aus Bologna stammte, 1749 nach London. Dort traf er auf George Johnson, den Sohn eines ehemaligen Theaterproduzenten, mit dem er sich zusammenschloss. Im Pall-Mall-Viertel, neben dem Opernhaus, eröffneten die beiden ein auf alkoholische Getränke spezialisiertes Geschäft. Man brannte die Spirituosen anhand der Rezepte, die Giacomo von einem Onkel, der Brennmeister war, geerbt hatte. Der Erfolg stellte sich sofort ein. Einige Jahre später, Giacomo wollte wieder in seine Heimat zurückkehren, übergab er seinem Geschäftspartner seinen Firmenanteil. Dennoch blieb sein Name in England bekannt und sollte zu Weltruhm gelangen.

1760 erhielt die Firma, die nun nur noch von Johnson geleitet wurde, von König George III. eine Auszeichnung, mit der dieser ausdrücken wollte, wie sehr er diesen Whisky schätzte (diese Ansicht teilten von nun an alle englischen Könige). Der letzte Nachfahre des Firmengründers, Augustus Johnson jr., beschloss 1831, die Fabrik an Alfred Brooks zu verkaufen (daher der Firmenname Justerini & Brooks). Dem neuen Eigentümer und cleveren Unternehmer gelang es, die Firma zu konsolidieren. Außerdem erkannte er das wirtschaftliche Potenzial der Blended Whiskys und kaufte zwischen 1860 und 1870 Whiskyposten aus Zolllagern auf, um daraus den überaus berühmten J&B zu mischen. In den 50er-Jahren des letzten Jahrhunderts wuchs die Firma, nachdem sie mit ihrem Whisky in den USA unglaublichen Erfolg verzeichnen konnte, zu einem Weltunternehmen heran. Bereits unter Eddie Tatham, der Ende des Ersten Weltkriegs zur Firma gestoßen war, wurde der amerikanische Markt erschlossen. Tatham sah das Ende der Prohibition und den darauf folgenden Alkoholboom voraus und schloss 1930 ein beachtliches Geschäft ab (auch wenn der erste offizielle Vertreter der englischen Firma den Atlantik erst 1936 überqueren sollte). Im folgenden Jahr wurde mit Charles Guttman von der Paddington Corporation ein Vertrag über die Alleinvertretung abgeschlossen und so gelangten die ersten Fässer mit schottischem Whisky nach New York.

Mitte des vergangenen Jahrhunderts war der J&B bereits eines der meistverkauften alkoholischen Getränke in Nordamerika. Inzwischen hatte die Firma den Beschluss gefasst, sich mit der Twiss & Browning & Hallowes zusammenzuschließen, woraus dann 1952 die United Wine Traders Ltd. hervorging.

Zwei Jahre später musste die Firma, infolge des Produktionsausbaus, ihren Sitz verlegen und ließ sich in der Bond Street nieder. Seit 1963 besitzt die Gesellschaft in Strathleven Magazine für die Lagerung und den Vertrieb ihrer Spirituosen. Aus dem darauf folgenden Zusammenschluss mit der W. & A. Gilbey ging 1962 die International Distillers and Vintners Ltd. hervor. Das neue Abkommen erleichterte den Absatz des J&B auf zuvor vernachlässigten Märkten, wie z. B. in Australien, Neuseeland und Südafrika.

Herstellung: Ihren außerordentlichen, weltweiten Erfolg haben die J&B-Erzeugnisse (sie werden in über 170 Länder exportiert) zweifellos ihrem vorzüglichen Geschmack zu verdanken. Dieses hohe Qualitätsniveau wird von den drei firmeneigenen Brennereien garantiert, die das „Rohmaterial" für die Blends liefern. Dies sind die Auchroisk (vor fast 30 Jahren gegründet), die Knockando (über 100 Jahre alt) und die Strathmill (die seit 170 Jahren besteht), alles berühmte Herstellerfirmen ausgezeichneter Single Malts für Kenner und Genießer.

Eigenschaften: Dieser ausgezeichnete und berühmte Blended Whisky hat eine hellgoldene **Farbe** mit leuchtend grünen Schattierungen und ein angenehmes **Aroma**, das an Geröstetes, an Himbeeren und Zitrone erinnert. Der **Geschmack** ist weich, leicht süß und lässt an Himbeermarmelade denken.

Weitere Sorten: Unter den zahlreichen Versionen, die diese Firma in den Handel bringt, verdient der **J&B Royal Ages** besondere Erwähnung. Er ist 21 Jahre in Eichenfässern gereift, wird aus über 30 seltenen Whiskys zusammengemischt und erreicht 43 Vol.-% Alkohol. Zu einem Aroma, das an geröstetes Malz erinnert und Himbeer- und Zitronennoten aufweist, gesellt sich ein weicher und ausgeglichener Geschmack mit einem Hauch von gelagertem Holz. In einer kostbaren Keramikflasche wird die Vorzüglichkeit dieses Destillats noch einmal unterstrichen.

Johnnie Walker

Hersteller	Johnnie Walker & Sons
Herstellungsort	Cardhu
Kategorie	Highlands
Alter	5, 12, 15 und 18 Jahre
Alkoholgehalt	40 Vol.-%
Sorte	Blended

Das weithin bekannte Etikett ist das Ergebnis eines Projekts, das George Walker dem Illustrator Tom Browne in Auftrag gab. Er entwarf auch den Slogan *Born 1820 – still going strong*, mit dem heute noch geworben wird.

Geschichte: Die ersten Destillate der Johnnie Walker kamen 1820 in den Handel. Damals wurden sie in einer Drogerie in Kilmarnoch den Kunden angeboten. Erst in der zweiten Hälfte des 19. Jh. stellte man die ersten Mischungen her, von denen die heutigen Destillate abstammen.

Von 1893 bis 1916 übernahm die Firma, die sich jeweils vom Vater auf den Sohn weitervererbte, zahlreiche Brennereien, darunter die Cardhu, die Glen Mhor, die Coleburn und die Clynelish. Man sicherte sich auf diese Weise die Zulieferung der für die eigenen Blends benötigten Single Malts.

Herstellung: Der **Red Label**, der aus über 35 Malts gemischt wird, ist zweifellos die berühmteste Sorte, die von der Firma Cardhu vermarktet wird. In über 120 Ländern, in die er mit großem Erfolg exportiert wird, steht er an der Verkaufsspitze. Für die Herstellung des **Black Label** werden 40 verschiedene Single Malts (darunter der Caol Ila und der Talisker) verwendet. Er reift mindestens 12 Jahre in Eichenfässern heran. Die Herkunftsregionen der zugesetzten Whiskys sind die Isle of Skye (woher die salzigen Nuancen kommen) und die Speyside (die Destillate aus dieser Region sind für den fruchtigen Malzgeschmack verantwortlich). Damit der *Blendmaster* eine solch komplexe Mischung in immer gleichbleibender Qualität erzeugen kann, hat er in seinem Arbeitsraum Hunderte von Stichproben, die er immer wieder vergleicht. Der Black Label, der 1909 kreiert wurde und damals unter dem Namen Extra Special Old Highland in den Handel kam, war der favorisierte Blended Whisky von Winston Churchill.

Eigenschaften: Ein Blend von hellgoldener **Farbe** mit bernsteinfarbenen Reflexen. Er hat ein intensives, fruchtiges **Aroma** mit Getreide- und Gewürznoten. Im **Geschmack** ist er weich. Man spürt Malz und Ingwer und Noten von Geräuchertem und Jod (Angaben beziehen sich auf den Red Label).

Weitere Sorten: Es gibt noch den **Gold Label** (18 Jahre), den **Blue Label**, eine Special Reserve in nummerierten Flaschen (er schmeckt nach schwarzen Trüffeln und bitterer Schokolade), und den Vatted Malt Johnnie Walker Pure, der **Green Label** genannt wird.

Knockando

Hersteller
Knockando Distillers Ltd.

Herstellungsort
Knockando

Kategorie
Highlands

Alter
12 Jahre

Alkoholgehalt
43 Vol.-%

Sorte
Single Malt/ Pure Malt

In der Grafschaft Morayshire, die für ihre exzellenten Whiskys berühmt ist, liegt eine der bedeutendsten schottischen Brennereien: die Knockando. Die in dieser Fabrik erzeugten Destillate zählen zu den Hauptbestandteilen des bekannten J&B Blended Whisky. Auf jedem Flaschenetikett ist das Datum der Destillation vermerkt.

Geschichte: Die Brennerei Knockando wurde 1898 von Jan Thomson gegründet und in einer abgelegenen Gegend im Morayshire erbaut. Die Fabrik liegt auf einer kleinen Anhöhe über dem Fluss Spey und diese Ortswahl war auch ausschlaggebend für die Namensgebung. Tatsächlich bedeutet das altgälische *cnoc-an-dhu* „die dunkle Anhöhe" (oder auch „der schwarze Hügel") und bezieht sich natürlich auf die erhöhte Lage der Brennereigebäude. Diese Malt-Whisky-Brennerei, die die erste in ganz Schottland war, die elektrisches Licht einführte, produzierte anfangs nur zwei Jahre lang. Vom 4. April 1900 bis 1904 blieb sie geschlossen. Erst als sie von der Gilbey & Co. aufgekauft wurde, einer Finanzgesellschaft, die ihren Umsatz erhöhen wollte und in den Spirituosenhandel investierte, wurde sie wieder eröffnet.

Nach den beiden Weltkriegen ging die Firma 1952 an die Justerini & Brooks (der Herstellerfirma des berühmten J&B) über. Man verwendete nun einen Großteil der erzeugten Destillate für die eigenen Blends. 1969 wurde die Anzahl der Brennblasen von zwei auf vier verdoppelt. 1975 kam die Destillerie zur IDV/Grand Metropolitan, die die Produktionskapazitäten noch erhöhte.

Wegen ihrer ausgezeichneten Whiskys hatte die Knockando 1985 die Ehre, die damalige Premierministerin Margaret Thatcher empfangen zu dürfen, die dabei war, als die Flasche mit der Nummer „Thousand Million" (also die milliardste Flasche) die Fabrik verließ.

Herstellung: Die Erzeugnisse dieser einsam gelegenen Fabrik (in früheren Zeiten waren die Arbeiter gezwungen, in einigen Cottagehäusern neben der Brennerei zu wohnen) weisen eine interessante Eigenschaft auf:

Die Reifezeit erfolgt nie nach einem festen, vorgegebenen Zeitplan, der z. B. vorsieht, dass nach dem 5., 10. oder 15. Jahr die Alterung beendet ist. Man prüft hier jeden einzelnen Fall und beendet den Alterungsprozess genau dann, wenn das Destillat im Fass eine perfekte Reife erlangt hat. Im Allgemeinen wird die beste Reife zwischen dem 12. und dem 15. Jahr erreicht. Aus diesem Grund steht auf dem Etikett sowohl das Datum der Destillation als auch das der Flaschenabfüllung.

Eigenschaften: Dieser ausgezeichnete Whisky hat eine blassgoldene **Farbe**. Bei der Verkostung offenbart sich ein **Aroma**, das an Gewürze, Haselnüsse, frische Blätter und Karamell erinnert. Der sehr ausgeglichene **Geschmack** weist rauchige Nuancen auf. Man kann auch bitteren Kaffee, holzige und fruchtige Töne herausschmecken.

Weitere Sorten: Die Knockando-Brennerei vermarktet auch einen Whisky namens **Extra Old Reserve** von 1977, der 21 Jahre gereift ist. Weiterhin gibt es den **Knockando 1986** mit 43 Vol.-% Alkohol und den **Slow Matured**, der in den Versionen 1982 und 1987 (auch diese mit 43 Vol.-% Alkohol) erzeugt wird. Erwähnenswert ist noch der **Knockando 1990**, 40 Vol.-%, und ein **Knockando 21 Years Old 1986**, ebenfalls mit 40 Vol.-%.

Lagavulin

Hersteller
Lagavulin Distillery

Herstellungsort
Port Ellen (Islay)

Kategorie
Islay

Alter
16 Jahre

Alkoholgehalt
43 Vol.-%

Sorte
Single Malt/ Pure Malt

Besucht man Schottland, dieses geschichtsträchtige, faszinierende Land, stößt man überall auf großartige Naturschauspiele. Typisch für diesen von einem stolzen und zähen Volk bewohnten Landstrich sind seine glasklaren Quellen und sauberen Seen.

Die Lagavulin-Brennerei steht in einer sehr eindrucksvollen Landschaft, in der das Meer die Hauptrolle spielt. Man kann von der Brennerei aus eine kleine Bucht einsehen, wo sich die Wellen an den Klippen brechen, die im Mondschein geheimnisvolle, ja gespenstische Formen annehmen. Ganz in der Nähe der Fabrik erblickt man die Ruine des Dun Naomhaig Castle, die sich auf den Granitfelsen einer schroffen Hügelkette erhebt. Diese isolierte Lage macht es sehr schwer, die Fabrik vom Meer aus zu erreichen.

Geschichte: Die Lagavulin-Brennerei, deren Name wörtlich etwa „Mühle im kleinen Tal" bedeutet, steht in der Nähe einer idyllischen Weidelandschaft, die sich entlang der Südküste der Isle of Islay, nahe dem Städtchen Port Ellen, erstreckt. Auch sollen in dieser Gegend in der Vergangenheit, möglicherweise seit 1742, illegale Whiskybrenner ansässig gewesen sein. Ein Jahr nach der Gründung der Fabrik wurde eine weitere Brennerei, die Kildalton, erbaut, mit der sich die Lagavulin 1837 zusammenschloss und so ein neues Unternehmen gründete.

1908 wurde bei Renovierungsarbeiten in der Fabrik Raum für eine weitere kleine Brennerei geschaffen, die Malt Mill genannt wurde. Diese produzierte einen Whisky mit einem intensiven Torfgeschmack, der kreiert wurde, um den klassischen Whiskys der Firma zur Seite zu stehen und den Destillaten der Laphroaig Konkurrenz zu machen.

Diese Anlage wurde jedoch 1960 geschlossen, da man die Destillationsräume, in denen die Lagavulin Single Malts gebrannt wurden, erweitern wollte.

Die heutigen Gebäude wurden von den Brüdern Graham, den Geschäftspartnern von James Logan Mackie, errichtet. Dieser – er war ein Nachkomme von Sir Peter Mackie, dem Gründer der White-Horse-Brennerei, der den Lagavulin Whisky als Zutat für seine Blends verwendete – kaufte die Fabrik 1924.

1927 wurde das Unternehmen der United Distillers (der heutigen Diageo) übertragen, die aus diesen Whiskys Spitzenprodukte gemacht hat.

Herstellung: Die Brennerei, die noch immer die traditionellen Herstellungsmethoden anwendet und quasi auf handwerklichem Niveau arbeitet, erzeugt Whiskys bester Qualität. Dass diese Destillate vortrefflich sind, beweisen auch die eindrucksvollen Preise, die der Brennerei auf den bedeutendsten internationalen Messen verliehen wurden. Die Aquavits der Lagavulin soll man ganz langsam verkosten, um so ihre komplexe Persönlichkeit, die sich vor allem durch einen torfigen Charakter auszeichnet, wahrnehmen zu können. Dieses torfige Geschmacks- und Geruchserlebnis verdankt man dem speziellen Destillationsverfahren, für das Wasser verwendet wird, das, bevor es in die Fabrik geleitet wird, über Torfboden geflossen ist.

Eigenschaften: Dieser exzellente Single Malt hat eine dunkle **Bernsteinfarbe** und ein entschiedenes **Torfaroma**, in dem sich Noten von Blumen und Jod wahrnehmen lassen. Der **Geschmack**, der malzige Noten aufweist, ist anfänglich süß, wird dann aber ziemlich trocken und offenbart torfige und salzige Nuancen.

Weitere Sorten: In den 70er-Jahren brachte die Firma auch einen 12-Jährigen in den Handel, der gegenüber dem 16 Jahre gereiften Malt noch mehr Persönlichkeit zeigte. Es gibt auch eine **Distillers Edition** von 1980 mit 43 Vol.-% Alkohol.

Langs Supreme

Hersteller
Lang Brothers Distillery Ltd.

Herstellungsort
Glasgow

Kategorie
Highlands

Alter
5 Jahre

Alkoholgehalt
40 Vol.-%

Sorte
Blended

Diesen guten Blended Whisky verdanken wir dem Können von Alexander und Gavin Lang.

Herstellung: Im Langs Supreme vereinigen sich zahlreiche Single Malts von bester Qualität. Beim Mischen wird sehr genau auf die Eigenschaften eines jeden einzelnen zugesetzten Single Malt geachtet. Noch immer wird nach einem alten Geheimrezept äußerst sorgfältig gemischt.

Unter anderem wird der Glengoyne in recht hoher Dosis diesem kostbaren Blend zugesetzt. Durch ihn bekommt der Langs Supreme das gute Aroma, während die anderen Malts hauptsächlich für den Geschmack zuständig sind. Das Destillat wird durch eine 5-jährige Fassreifung verfeinert. In dieser Zeit erhält es seine Ausgeglichenheit in Bezug auf Farbe, Aroma und Geschmack.

Auch die Flaschenabfüllung erfolgt in der Brennerei. Auf diese Weise ist eine perfekte Kontrolle aller Herstellungsschritte gewährleistet.

Eigenschaften: Dieser Blended Whisky hat eine intensiv goldene **Farbe** mit bernsteinfarbenen Schattierungen. Er hat ein feines, durchdringendes **Malzaroma** mit Noten von gelagertem Holz. Der **Geschmack** ist weich, gut strukturiert mit rauchigen Nuancen.

Weitere Sorte: Es gibt auch den 12 Jahre gereiften **Langs Select**, ein kostbarer goldener Blend mit delikatem, die Sinne einhüllendem Aroma und einem lang anhaltenden Finale.

Laphroaig

Nachdem man ein paar einzelne Bauernhöfe und ein kleines, weiß gekalktes Haus, das Zollhaus, passiert hat, erreicht man einen am Meer gelegenen Hang. Es ist der Mittelpunkt einer Gegend, die auf gälisch *Laphroaig* genannt wird, was „Gegend am Hang" bedeutet. Die gleichnamige Brennerei, eine der berühmtesten der wilden und windgepeitschten Isle of Islay, erhebt sich hier inmitten einer atemberaubenden Landschaft. Eine kleine Bucht öffnet sich nach Süden hin – von felsigen Inseln geschützt –, an der entlang die Straße von Port Ellen nach Ardbeg verläuft.

Geschichte: Die Fabrik wurde um 1820 von den Brüdern Donald und Alec Johnston, den Söhnen des Gründers der Lagavulin-Brennerei, erbaut. Die Lagavulin ist die zweite berühmte Destillerie dieser Region und liegt nur wenige hundert Meter von der Laphroaig entfernt. Ein Teil der Originalgebäude (einschließlich dem Mälzhaus) ist noch intakt und wird noch heute genutzt.

Im Vergleich zu anderen Brennereien, die traditionsbedingt immer eine Männerdomäne waren, hat die Laphroaig eine „rosa Zeit" erlebt. Tatsächlich hielt ab 1954 eine Frau die Zügel der Firma für etwa 20 Jahre in der Hand. Bessie Williamson war die einzige Whiskybrennerin ganz Schottlands. Sie war eine ehemalige Angestellte aus der Buchhaltung der Brennerei, die ausgesprochene Managerfähigkeiten besaß. Diese energische

Hersteller
Laphroaig Distillery

Herstellungsort
Port Ellen (Islay)

Kategorie
Islay

Alter
10, 15, 30 und 40 Jahre

Alkoholgehalt
40 bis 43 Vol.-%

Sorte
Single Malt/ Pure Malt

Dame verstand es, die Firma mit äußerster Gewandtheit und Willensstärke bis 1972 zu leiten. 10 Jahre vorher war die Laphroaig von der Long John Distillers Ltd. (gehört heute zur Diageogruppe) übernommen worden.

Herstellung: Für die Brennerei Laphroaig sind Tradition und Qualität noch unverzichtbare Werte. Deshalb wird jede Arbeitsphase vielfach noch in Handarbeit durchgeführt, was die hier erzeugten, außergewöhnlichen Whiskys einzigartig macht; auch wenn diese Vorgehensweise längere Arbeitszeiten und höhere Kosten mit sich bringt. Die Komplexität dieser Destillate wird auch vom Salzgehalt in der Luft und vom Rauch des Torfs, der in den Öfen unter den Brennblasen verbrannt wird, beeinflusst. Der Salzgehalt spielt eine große Rolle. Die weiß getünchten Fabrikgebäude stehen sozusagen am Strand der Bucht, und bei stürmischem Seegang spritzen die Wellen bis an die Fenster der Brennerei.

Was die traditionellen Herstellungsmethoden betrifft, muss hier die spezielle Behandlung der Gerste erwähnt werden. Nachdem sie drei Tage in reinem Wasser eingeweicht wurde, das aus einem nahe gelegenen Bach stammt, wird sie auf den Mälzböden ausgebreitet und alle acht Stunden mit langen Holzschaufeln gewendet.

Die acht Brennblasen, die in vier Paare unterteilt arbeiten, stehen in einem Raum mit Glaswänden. Ihre geringe Größe trägt dazu bei, den Geschmack der hier gebrannten Whiskys noch vollmundiger zu machen.

Als nächster Arbeitsschritt folgt die Reifung der Destillate in Eichenholzfässern. Dadurch wird der intensive Geschmack, der diese hervorragenden Single Malts auszeichnet, verfeinert.

Laut der Facharbeiter – oft wird dieser schwierige Beruf vom Vater auf den Sohn übertragen (manchmal bereits in der vierten Generation) – bekommen diese Single Malts ihre besonderen Eigenschaften durch das Moos, das auf den Felsklippen wächst und dem Torf während des Mälzprozesses in hohem Anteil zugegeben wird.

Eigenschaften: Dies ist ein wirklich exzellenter Whisky mit viel Persönlichkeit. Er hat eine kräftig goldene **Farbe** mit bernsteinfarbenen Nuancen. Zu einem intensiven, blumigen **Aroma** mit salzigen Noten von Jod und Meeresalgen gesellt sich ein außergewöhnlicher, süßer, angenehm rauchiger **Geschmack** mit salzigen und torfigen Nuancen (Angaben beziehen sich auf den 10-Jährigen).

Weitere Sorten: Die Firma verkauft auch einige Sonderversionen, darunter die Abfüllungen von 1960 und 1977 (der 77er ist wirklich einzigartig), zwei **Vintage** von 1967 und 1976 und eine starke 12-jährige Version mit 60 Vol.-% Alkohol. Außergewöhnlich ist auch der 15-Jährige, der einen weichen, rauchigen Geschmack mit den typisch salzigen Nuancen und ein intensives, salziges Aroma hat. Es gibt noch den **Laphroaig Quarter Cask**, der seinen Namen von den kleinen Fässern bekommen hat, die im 19. Jh. für den Transport des Whiskys verwendet wurden. Schließlich den **Laphroaig Cask Strength**, der 2005 von der Zeitschrift Whisky Magazine als bester Single Malt der Welt ausgezeichnet wurde.

Linkwood

In der Grafschaft Morayshire, in einem in der Nähe des Städtchens Elgin gelegenen Wald, steht eine kleine Brennerei mit großer Vergangenheit, durch die die Erzeugnisse des Livet-Tals berühmt geworden sind: die Linkwood Distillery.

Hersteller
Linkwood Distillery

Herstellungsort
Elgin

Kategorie
Highlands

Alter
12 und 15 Jahre

Alkoholgehalt
43 Vol.-%

Sorte
Single Malt/ Pure Malt

Geschichte: Die Linkwood wurde 1821 auf Initiative von Peter Brown hin erbaut und nach einer kleinen Burg benannt, die einst dort stand. Bereits 1835 wurden mit den beiden überdurchschnittlich großen Brennblasen in einem Jahr bis zu 91 000 Liter eines köstlichen Malzdestillats erzeugt, das von den Konsumenten jener Zeit besonders geschätzt wurde. Aus diesem Grund beschloss der Sohn des Firmengründers im Jahr 1873, die Brennerei zu vergrößern und sie mit neuen Maschinen auszustatten.

1897 nahm das Unternehmen den Namen Linkwood-Glenlivet Distillery Ltd. an. Wenige Jahre später stieg das Ansehen der Firma weiter an. Das hatte sie den herausragenden beruflichen Fähigkeiten zweier Männer zu verdanken. Der erste, Innes Cameron, war zwischen 1902 und 1932 Verwaltungsleiter der Fabrik. Nur kurze Zeit danach wurde die Gesellschaft liquidiert und schließlich von der DCL (Distillers Company Limited) aufgekauft. Im Zuge dieses Eigentümerwechsels trat Roderick Mackenzie ins Rampenlicht, der die Linkwood einige Jahre leitete und die Aufgabe innehatte, die Destillation zu überwachen. Man erzählt sich, dass er sich an das Prinzip hielt, niemals die Grundausstattung der Destillerie zu ersetzen, wenn es nicht absolut notwendig war. Denn er befürchtete, dass die kleinste Veränderung die Eigenschaften des erzeugten Whiskys verfälschen könnte. Der eigenwillige Mackenzie ging so weit, dass er auf jedes einzelne Destillat beschwörend einsprach. 1973 erweiterte man die Firma und baute eine neue Brennerei neben die alten Gebäude, die vier neue Brennblasen aufnehmen konnte. 1985 wurde die ältere Brennerei geschlossen und man wartete darauf, dass die Marktnachfrage eine Wiedereröffnung ermöglichen würde. Tatsächlich wurden 1990 die beiden ursprünglichen Brennblasen wieder in Betrieb genommen.

Eigenschaften: Dieser Single Malt hat eine goldene, zum Bernstein tendierende **Farbe**. Das **Aroma** bietet Nuancen von Äpfeln mit Spuren von Sherry und blumigen Noten. Der **Geschmack** erinnert an Karamell, zeigt aber gleichzeitig bittere Nuancen und Noten von grünem Apfel (Angaben beziehen sich auf den 12-Jährigen).

Weitere Sorte: Es kommt auch ein 15 Jahre gereifter Whisky in den Handel. Er ist intensiv rot und duftet nach Erdbeeren.

Littlemill

Hersteller
Littlemill Distillery

Herstellungsort
Bowling

Kategorie
Lowlands

Alter
8 und 12 Jahre

Alkoholgehalt
40 Vol.-%

Sorte
Single Malt/ Pure Malt

Die Brennerei Littlemill befindet sich in Bowling, im Dumbartonshire, im Herzen der Lowlands. Historisch gesehen ist diese Gegend wegen der unzähligen Schwarzbrennereien bekannt, die bereits im 14. Jh. die lokale Wirtschaft belebten. Die Fabrik erlebte im Laufe ihres Bestehens zahlreiche Besitzerwechsel und leider auch Zeiten des Produktionsstillstands, bis sie schließlich in den 90er-Jahren endgültig geschlossen wurde.

Geschichte: Auf dem Terrain, auf dem heute die Littlemill steht, befand sich seinerzeit auch eine Brauerei. 1750 kaufte George Buchanan, der aus Glasgow stammte und Fachexperte für die Malzzubereitung war, das Anwesen von Auchterlonie, dem heutigen Sitz der Brennerei. Im Folgenden wurden die Gebäude der Brauerei erbaut, allerdings ist nicht bekannt, wann die Bierproduktion zum Stillstand kam und man mit dem Destillieren von Malt Whiskys begann. Eventuell produzierte man beide Getränke eine Zeit lang gleichzeitig.

Im 19. Jh. kam es in kurzer Zeit zu mehreren Besitzerwechseln, darunter einige, die die Anlagen mit neuen Technologien ausrüsteten und den Betrieb modernisierten. Besonders sei hier der US-amerikanische Unternehmer Thomas Duncan erwähnt. Dank seiner beträchtlichen Dollarinvestitionen stieg die Produktion 1931 an und erreichte nach und nach einen immer beachtlicheren Marktanteil.

1988 wurde die Produktion gestoppt, um die Modernisierungsarbeiten abzuschließen, die von der Gibson International in Auftrag gegeben wurden. Nach Duncan war sie die neue Eigentümerin der Fabrik. Ein weiterer Führungswechsel brachte 1996 die Glen Catrine Bonded Warehouse Ltd. an die Spitze der Brennerei in Bowling. Während dieser Zeit wurde die Hälfte der Liegenschaften als Wohnsiedlung genutzt, die restlichen Bauten wurden abgerissen. Ein Großteil der damals von der Fabrik gelagerten Destillate wird heute, zusammen mit anderen Single Malts, zur Herstellung von Blended Whiskys verwendet. Allerdings ist es einigen unabhängigen Abfüllern gelungen, eine begrenzte Menge dieser Whiskyrarität zu ergattern, um ihn in den Regalen der Fachgeschäfte anbieten zu können. Im September 2004 hat ein Feuer alles zerstört, was von der alten Brennerei noch übrig war.

Eigenschaften: Dieser Whisky hat eine blassgoldene **Farbe** mit zartgrünen Schattierungen. Sein zartes **Aroma** erinnert an Gewürze, Getreide und Trockenfrüchte.
Im **Geschmack** nimmt man Noten von Malz und Vanille wahr, denen sich Nuancen von Karamell und Pfirsich gegenüberstellen.

Weitere Sorten: Unter anderem gibt es von diesem Single Malt aus der Serie Silent Stills den 31 Jahre gereiften **Signatory Vintage 1965**. Bedeutend sind auch der 17-jährige und der 32-jährige **Vintage 1964** sowie der **Scott's Selection 1984**, der 20 Jahre gereift ist, und der **Connoisseurs Choice 1985**, der von Gordon & MacPhail abgefüllt wurde.

Loch Lomond

Diese Brennerei steht am Südufer des gleichnamigen Sees in der Nähe des Leven River. Der Loch Lomond ist der größte See in ganz Großbritannien. Eine seiner Inseln, Inchcailloch, gilt als „Insel der Gräber", vielleicht weil es dort einen antiken Friedhof gibt, vielleicht weil ihre Umrisse an einen liegenden Körper erinnern.

Im aktuellen Firmenkatalog werden acht Single Malts vorgestellt, alle mit unterschiedlichem Charakter, je nachdem, in welcher der speziellen Brennblasen sie hergestellt wurden.

Hersteller
Loch Lomond Distillers Ltd.

Herstellungsort
Alexandria

Kategorie
Highlands

Alter
9 Jahre

Alkoholgehalt
60,5 Vol.-%

Sorte
Single Malt/ Pure Malt

Geschichte: Die Fabrik wurde 1965 auf den alten Mauern einer Destillerie des Dumbartonshire erbaut, die bereits seit Anfang des 19. Jh. bestand. 1971 kam es zu einem Besitzwechsel, der sich jedoch als katastrophal erwies. 1984 musste die Brennerei schließen. Wenige Jahre später, nach dem Umbau der Anlage, wurde die Produktion wieder aufgenommen.

Eigenschaften: Dieser Whisky hat eine intensiv goldene, mit orangen Reflexen durchzogene **Farbe**. Das **Aroma** erinnert an geröstetes Malz mit Spuren von Brandy und Minze. Im **Geschmack** ist er ziemlich trocken. Man spürt Pistazie, Banane und Nuancen von Kakao.

Weitere Sorten: Die Firma vertreibt auch zwei Versionen von 1966 und 1974, den **Inchmurrin 1966**, einen 10-Jährigen und einen 28-Jährigen, sowie den **Rhosdhu 1967**. Auch der **Loch Lomond Single Grain** ist erwähnenswert, ein aus Malt und Grain Whisky gemischter Blend.

Long John

Hersteller
Long John Distilleries Ltd.

Herstellungsort
Glasgow

Kategorie
Lowlands

Alter
3, 8 und 12 Jahre

Alkoholgehalt
40 Vol.-%

Sorte
Blended

Der Long John hat seinen Namen von seinem Schöpfer John MacDonald, der wegen seiner Körpergröße „Long" genannt wurde. MacDonald gründete 1825 in Fort William die Brennerei Ben Nevis. Es gelang ihm, einen Whisky zu kreieren, der sofort die Zustimmung der örtlichen Sachkundigen fand und der sich auf einem damals schon schwer umkämpften Markt etablieren konnte.

Der Ruf dieses vorzüglichen Whiskys, der einen ganz besonderen, an Gin erinnernden Nachklang hat, rührt daher, dass Königin Viktoria, nachdem sie ihn einst probiert hatte, sich höchst zufrieden über diesen Single Malt äußerte.

Geschichte: Die Gründer der Brennerei, Adam Seager und Peter Evans, schlossen sich 1805 zusammen, da sie gemeinsam in London Gin produzieren wollten, eine mit Wacholderbeeren aromatisierte Spirituose, die für mehr als 100 Jahre das Aushängeschild der Firma sein sollte. So kam die Firma zu wirtschaftlichem Wohlstand und man konnte neue Wege beschreiten. Unter anderem wollte man den Produktkatalog mit aus Malz gebrannten *aqua vitae* erweitern. Die Gelegenheit ergab sich 1927, als in Glasgow am Südufer des Clyde River eine Destillerie erbaut wurde, die vortreffliche Scotch Whiskys produzierte und die der Scottish Grain Distillery Co. Ltd. gehörte. Die Brennerei war sofort erfolgreich und so beschloss die Seager & Evans, einen Großteil ihres Kapitals und ihrer Energien in dieses Erzeugnis zu investieren. Man kaufte also 1936 die Londoner W. H. Chaplin & Co. Ltd. und erwarb von den Nachfolgern des legendären „Long" John MacDonald auch den Markennamen Long John. So konnte die Seager & Evans diesen Namen rechtmäßig nutzen.

Nun folgte die Übernahme der Glenugie Distillery, die 1875 im Aberdeenshire direkt an der Nordsee erbaut worden war. Dies war noch nicht die letzte Firmenübernahme. Man schuf im Laufe der Zeit ein Imperium, das heute mit seinen Lagern, Werkstätten für Produktion und Instandhaltung der Fässer, Mischanlagen usw. der größte Sekundärindustriezweig der Branche ist.

1954 kaufte man die Westthorn auf, die auch am Ufer des Clyde beheimatet ist. 1956 wurde die Seager & Evans von der amerikanischen Schenley Industries Inc. übernommen, die drei Jahre später auch eine neue Brennerei in Tormore erwarb sowie auch eine Firma aus Aberdeen namens Gordon Graham & Co., die Blended Whiskys herstellte. 1962 kam noch das Aktienpaket der Brennerei Laphroaig hinzu. 1975 kam die Long John zurück in britische Hände, als sie an die Whitbread & Co. Ltd. verkauft wurde, eine weltweit bekannte Bierbrauerei.

2001, nach etwa 150 Jahren, hat sich die Firma entschlossen, das Flaschenetikett zu verändern. Man wollte auf die Geschichtsträchtigkeit des Firmenzeichens aufmerksam machen und vergrößerte Wappen und Logo.

Dass der 3-jährige Long John in über 130 Ländern verkauft wird, bezeugt, welch außerordentliche Berühmtheit dieser Blended Whisky erlangt hat.

Herstellung: Der Long John wird aus einer Mischung von fünf erlesenen Whiskys kreiert, die aus fünf unterschiedlichen Brennereien stammen: der Strathclyde, der Kinclaith, der Tormore, der Glenugie und der Laphroaig. Die Eigenschaften der Whiskys, aus denen sich der Long John zusammensetzt, werden ständig vom *Blendmaster* kontrolliert. Dabei werden, abgesehen von persönlicher Fachkenntnis und Erfahrung, auch fortschrittliche Technologien eingesetzt, um so höchste Qualitätsstandards zu garantieren.

Eigenschaften: Die **Farbe** dieses Blended ist ein mit leuchtenden antikgoldenen Schattierungen durchzogenes Bernstein. Zu einem entschlossenen **Malzaroma** mit leicht rauchigen Noten gesellt sich ein intensiver **Geschmack** nach Getreide mit einem angenehmen Hauch von Torf (Angaben beziehen sich auf den 3-Jährigen).

Weitere Sorten: Es gibt auch eine 12-jährige Version, die in Eichenfässern gereift ist, die vormals Sherry enthielten. Dieser Whisky hat eine goldene Farbe, ein markantes Aroma mit entschlossenen, torfigen Noten und einen sehr ausgeglichenen Geschmack. Er wird nicht nur in den klassischen Flaschen verkauft, sondern auch, in limitierter Auflage, in eleganten Keramikkrügen.

Longmorn

Hersteller
Longmorn Distillery Co.

Herstellungsort
Elgin

Kategorie
Highlands

Alter
15 und 17 Jahre

Alkoholgehalt
45 Vol.-%

Sorte
Single Malt/ Pure Malt

Es scheint so, als ob die Brennerei nach Morgan Longmorn benannt worden ist, einem gottesfürchtigen, rechtschaffenen Mann, dem man wundertätige Fähigkeiten nachsagte und der auf dem Gelände begraben wurde, auf dem heute die Fabrik steht. Aber es gibt auch Stimmen, die behaupten, dass der Name vom altgälischen *Ihanmorgund* abstammt, was „heiliger Mann" bedeutet.

Geschichte: Die Fabrik wurde 1894 auf Veranlassung von John Duff hin erbaut, der bereits die Brennereien Glenlossie und Benriach gegründet hatte. 1898 wurde die Leitung der Longmorn von James Grant übernommen. Ihm folgten seine beiden Söhne nach, die unter dem Namen Longmorn Distillery Co. weiterproduzierten.

1972 wurde die Fabrik vergrößert und die Anzahl der Brennblasen von vier auf sechs erhöht. 1974 kamen noch einmal zwei weitere Destillierapparate hinzu. Nun schlossen sich die Grants der Longmorn-Brennerei mit den Grants der Glen Grant zu einer Gesellschaft zusammen und es entstand so 1979 das Unternehmen The Glenlivet Distillers, das später von der kanadischen Firma Seagram Co. übernommen wurde. Heute gehört das Unternehmen zum französischen Konzern Pernod-Ricard.

In der Destillerie befindet sich ein Besucherzentrum. Man kann hier ein Wasserrad und einen dampfbetriebenen Motor besichtigen, die heute noch funktionieren. Die Brennerei hat 1993 und 1994 die Goldmedaille auf der *International Wine and Spirit Competition* (IWSC) gewonnen.

Herstellung: Die Brennerei steht in einer für die Herstellung von Whisky idealen Gegend. Es gibt hier große Torflagerstätten und glasklare Bäche, die von den nahe gelegenen Mannoch Hills herabfließen. Außerdem gibt es in der Nähe einen alten Bahnhof, der die Fabrik noch immer mit den notwendigen Rohstoffen versorgt und das Endprodukt abtransportiert.

Ein besonderes Mälzverfahren verleiht den Longmorn Single Malts ihr charakteristisches Aroma. Sie werden deshalb gern als Zutat für berühmte Blended Whiskys verwendet, unter anderem für den Chivas Regal.

Eigenschaften: Dieser Whisky hat eine intensiv goldene, sehr leuchtende **Farbe**. Ein volles und harmonisches **Aroma** mit einem Hauch von Sherry sowie Butter- und Getreidenoten verbindet sich mit einem süßen, samtigen **Geschmack**, in dem sich angenehme Nuss- und Torfnuancen wahrnehmen lassen.

Weitere Sorten: Das Unternehmen bringt zahlreiche Versionen ihrer Single Malts in den Handel. Erwähnenswert ist ein 17-jähriger goldfarbener Whisky mit angenehm blumigem Aroma und einem trockenen, nachklingenden Geschmack. Außerdem gibt es eine Longmorn-Jahrgangsabfüllung von 1969 mit einem entschlossenen Geschmack nach rauchigem Holz und Malz. Auch der kostbare 12-jährige **Longmorn-Glenlivet**, der **Blackadder Longmorn** von 1973 mit 57 Vol.-% und schließlich der **Wilson & Morgan Longmorn Marsala Finish** von 1990, dessen Reifung in Fässern abgeschlossen wird, die vormals einen Dessertwein enthielten, sollen hier genannt werden.

Longrow

Hersteller
Springbank Distillery

Herstellungsort
Campbeltown

Kategorie
Highlands

Alter
10 Jahre

Alkoholgehalt
46 Vol.-%

Sorte
Single Malt/ Pure Malt

Dieser Single Malt hat seinen Namen von einer der fünf alten Brennereien, auf deren Grundmauern die Springbank Distillery erbaut wurde. Sie ist die einzige Brennerei in Schottland, die mit den gleichen Brennblasen zwei verschiedene Whiskymarken produziert: den Longrow und den Springbank. Die Destillerie steht auf der Halbinsel Campbeltown, einer Landzunge, die in den Ozean ragt und den südwestlichsten Teil der Highlands bildet.

Geschichte: Die Springbank wurde 1828 von John und William Mitchell gegründet und wird noch heute von dieser Familie geleitet.

Es ist die einzige Brennerei, der es gelungen ist, nach der Krise, die die Whiskyerzeuger von Campbeltown gegen Ende des 19. Jh. erfasst hatte, weiterzuproduzieren.

Herstellung: Der Longrow unterscheidet sich von anderen Whiskys dadurch, dass bei seiner Herstellung stark getorftes Malz verwendet wird. Dies verleiht den Destillaten ganz besondere Eigenschaften und man fühlt sich sehr an die Islay Whiskys erinnert, die für ihren entschlossenen und scharfen Charakter bekannt sind.

Eigenschaften: Der Longrow ist **bernsteinfarben** mit einer tiefgoldenen Schattierung. Er hat ein entschlossenes, rauchiges **Aroma** mit Noten von frischem Gras und Sahne. Der **Geschmack** ist stark, angenehm trocken und scharf mit torfigen Nuancen.

Weitere Sorten: Im Handel lassen sich auch weitere Versionen finden, unter anderem eine 18-jährige mit 52 Vol.-% Alkohol, zwei **Vintage** von 1973 und 1974 und den **Longrow Sherrywood**, einen feinen, süßen und abgerundeten, 10 Jahre in Sherryfässern gereiften Whisky.

The Macallan

Hersteller
The Macallan Distillers Ltd.

Herstellungsort
Craigellachie

Kategorie
Highlands

Alter
7, 10, 12, 18, 25 und 30 Jahre

Alkoholgehalt
40 bis 43 Vol.-%

Sorte
Single Malt/ Pure Malt

Die Macallan Distillery steht in der gleichnamigen alten Pfarrgemeinde, die heute zur Region Knockando gehört. Sie ist direkt am Ufer des Spey erbaut worden, mitten in der Region Glenlivet, die einst von Schwarzbrennereien übersät war. Der Landstrich nennt sich Elchies Reach und das Flussufer steigt hier steil hinauf zu den mit Heidekraut bewachsenen Hängen.

Geschichte: Die erste Brennlizenz, die die Fabrik auf den Boden des Gesetzes zurückbrachte, wurde von Alexander Reid 1824 (dem offiziellen Gründungsjahr) erworben. Bis 1886 kamen und gingen mehrere Eigentümer, dann wurde die Brennerei von James Stuart von der Glen Spey Distillery übernommen, der die alten, in Holz konstruierten Gebäude komplett in Stein wiederaufbauen ließ. 1892 ging die Fabrik an Roderick Kemp über, der bereits die Talisker auf der Isle of Skye besaß. Dank der unternehmerischen Fähigkeiten dieses Mannes expandierte die Firma mit beneidenswerter Kontinuität. Sein Einsatz erwies sich als erfolgreich und erzielte auch im Nachhinein ausgezeichnete Resultate. Nach seinem Tod im Jahr 1909 führten seine Nachkommen die Firma in seinem Stil, mit viel Einsatz und Energie, weiter und konnten sie so auch während des Ersten Weltkriegs und der Wirtschaftkrise in den 30er-Jahren über Wasser halten.

1950 begann man mit einem Umbau- und Modernisierungsprogramm, das sechs Jahre in Anspruch nehmen sollte. 1959 wurde noch einmal renoviert und im Anschluss gelang es, den Umsatz zu verdreifachen. Die Marktnachfrage wuchs und man beschloss 1964, eine neue Brennerei direkt neben der alten zu errichten, die 1966 in Betrieb genommen wurde.

Anfangs arbeitete die Fabrik mit 12 Brennblasen, 1974 waren es 18 und 1975 bereits 21. Die Produktion hat seit den 70er-Jahren bis heute stetig und unaufhaltsam zugenommen. Mittlerweile ist die Macallan Distillery an der Spitze der Branche angelangt und ihre Erzeugnisse sind in aller Welt bekannt.

Herstellung: Was das Herstellungsverfahren betrifft, ist die qualitativ äußert hochwertige Gerste „Golden Promise" besonders hervorzuheben. Außerdem werden in dieser Destillerie Kupferbrennblasen mit kompakter und gedrungener Form verwendet. Die in diesen Destillierapparaten gebrannten Aquavits sind besonders samtig und umschmeicheln den Gaumen. Bei der Standardproduktion kommen zwei Brennkessel für jeweils eine Partie des Rohprodukts zum Einsatz. Erhitzt werden die Kessel unter direktem Feuer, also nicht durch Strahlungswärme. Das Feuer soll mit dem Metall in Kontakt kommen. Diese Vorgehensweise scheint antiquiert zu sein, aber auf diese Weise lassen sich höchste Qualitätsstandards garantieren. Das Unternehmen hat es sich zur Regel gemacht, nur 16 % des Destillats (das Herzstück) sofort für eine weitere Reifung zu verwenden. Der Rest wird in den Brennkesseln noch verfeinert. Schließlich wird beim Gärungsprozess eine sehr reichhaltige Hefebrühe angesetzt, wodurch das Endprodukt wiederum stark beeinflusst wird.

Eigenschaften: Dieser außergewöhnliche Whisky hat eine intensiv goldene **Bernsteinfarbe**. Sein fruchtiges **Apfelaroma** enthüllt Noten von Gewürzen und Malz. Der **Geschmack** ist malzig und fruchtig und offenbart Nuancen von Sherry und Eichenholz. (Die Angaben beziehen sich auf den 7-jährigen Macallan Fine Oak.)

Weitere Sorten: Die Macallan Distillery produziert zahlreiche Versionen, darunter ein hervorragender 10-Jähriger, der in Fässern aus spanischer Eiche gereift ist. Von ihm wird auch eine **Cask-Strength**-Sonderabfüllung mit 57 Vol.-% angeboten. Weiterhin gibt es eine Sonderabfüllung von 1979 mit einem Aroma, das neben rosaroter Pampelmuse und Gewürznelken auch Spuren von Lakritze, Pflaumen und Tee enthüllt. Erwähnenswert sind auch diese drei ausgezeichneten Versionen: ein 25-Jähriger, der 1999 den Preis „Best Whisky" gewann, ein 30-Jähriger, der von der Dagens Industries als „Best Whisky in the World" ausgezeichnet wurde, und der **Private Eye**, von dem nur 5000 Flaschen abgefüllt worden sind. Von der Firma werden auch sehr seltene Abfüllungen angeboten, wie der **Select Reserve 1948** und der **Millennium Decanter 50 Years Old**, außerdem verschiedene Vintage und Jahrgänge, die von Sammlern sehr begehrt sind. Die Flaschen mit sehr hohen Verkaufsquoten stammen aus den Jahren 1937, 1945, 1949, 1964 und 1967.

1997 ließ das Unternehmen die genaue Nachbildung einer Flasche anfertigen, die aus dem Jahr 1874 stammte. Sie war im Wrack eines Schiffes Ihrer Majestät gefunden worden, das Ende des 19. Jh. in der Karibik gesunken war, und gelangte schließlich wieder in den Besitz der Brennerei.

Mackenzie

Hersteller
P. Mackenzie & Co. Distillers Ltd.

Herstellungsort
Perth

Kategorie
Highlands

Alter
5, 8, 12 und 21 Jahre

Alkoholgehalt
40 Vol.-%

Sorte
Blended

Hier handelt es sich um einen bekannten Blended Whisky, der die besten Charaktereigenschaften einiger der kostbarsten schottischen Single Malts in sich vereint und sie besonders betont.

Herstellung: Für die Herstellung dieses ausgezeichneten Whiskys werden Destillate aus den Brennereien Inchgower, Dufftown-Glenlivet und Blair Athol verwendet, die in East Mains, in der Nähe von Edinburgh, abgefüllt werden.

Die Fabrik arbeitet mit komplizierten Mischverfahren, die die Techniken einer jahrhundertealten, erfolgreichen Tradition mit den modernen Technologien der Qualitätskontrolle vereinen.

Durch die sorgfältige und bedachte Vorgehensweise bei allen Arbeitsprozessen erreicht die Brennerei höchste Qualitätsniveaus und sichert sich so das wohlwollende Urteil der Experten weltweit.

Eigenschaften: Dieser Blend hat eine blassgoldene **Farbe**. Zu einem reichhaltigen und zart blumigen **Aroma** gesellt sich ein harmonischer und lang anhaltender **Geschmack**, in dem sich auch torfige Noten wahrnehmen lassen (Angaben beziehen sich auf den 5-Jährigen).

Weitere Sorte: Der 21-Jährige gilt als das Spitzenerzeugnis der Firma. Für diese Sorte wurde eine interessante Verpackung gewählt. Am Hals jeder Flasche ist ein Stoffband mit den Farben des Clans befestigt.

Mackinlay

Anfang des 20. Jh. führte der irische Forscher Ernest Henry Shackleton eine Expedition zur Erforschung des Südpols durch. Er beschloss, auch einige Flaschen eines stärkenden Getränks als Proviant mit auf die *Endurance* zu nehmen. Seine Wahl fiel auf den Blended Whisky der Firma in Leith.

Hersteller
Mackinlay-McPherson Ltd.

Herstellungsort
Leith

Kategorie
Highlands

Alter
mindestens 5 Jahre

Alkoholgehalt
40 bis 43 Vol.-%

Sorte
Blended

Geschichte: Das Unternehmen ist seit 1815 ein Familienbetrieb. Damals begann Charles Mackinlay in Leith mit Wein zu handeln. Später wechselte er in die Spirituosenbranche und arbeitete zunächst als Handelsvertreter für die Whiskys der Firma Macfarlane. Irgendwann beschloss er, Whiskys selbst herzustellen und zu verkaufen. Zu den ersten Erzeugnissen der Brennerei gehört der sehr seltene **Mackinlay Vatted Old Ben Vorlich**, der Anfang des 20. Jh. in Flaschen abgefüllt wurde. Es ist vor allem auch dem unternehmerischen Verstand des Neffen des Firmengründers zu verdanken, dass die Aquavits aus Leith in den darauf folgenden Jahren sehr schnell die Gunst der Konsumenten und das Wohlwollen der Experten gewannen. Die derzeitigen Eigentümer haben den Erfolg noch ausgeweitet, indem sie zwei weitere Gesellschaften des Konzerns, die Glenallachie Distillery und die Isle of Jura Distillery, involvierten, die nun ihre Single Malts für die Mischung des Mackinlay liefern.

Eigenschaften: Dieser Blend hat eine goldene **Farbe** mit bernsteinfarbenen Schattierungen. Das **Aroma** ist zart, enthüllt angenehme Noten von Heidekraut und erinnert an Gewürze und Malz. Der **Geschmack** ist fein, gut strukturiert und das Malz lässt sich sehr gut wahrnehmen. Man spürt in der Mischung die Single Malts der Isle of Jura, die diesem Blend erlesene und den Gaumen umschmeichelnde Noten verleihen.

Weitere Sorten: Die Mackinlay destilliert auch einen hervorragenden 21-Jährigen. Er hat ein intensives Aroma mit Noten von Fassholz. Der Geschmack ist perfekt strukturiert und offenbart Nuancen von Karamell und Malz. Im Katalog stechen außerdem der elegante **Royal Worchester Porcelain** Decanter sowie andere Etiketten, darunter der **Cameron Highlander**, der **Legacy 12 Years Old De Luxe** und der seltene **Legacy Spode Imperial Flagon** ins Auge.

Mannochmore

Hersteller
Mannochmore Distillery

Herstellungsort
Elgin

Kategorie
Highlands

Alter
12 und 16 Jahre

Alkoholgehalt
43 Vol.-%

Sorte
Single Malt/ Pure Malt

Die Brennerei Mannochmore blickt in eine noch ungewisse Zukunft, hat es aber geschafft, die Aufmerksamkeit auf sich zu lenken. Nachdem sie von 1985 bis 1989 geschlossen blieb, begann sie 1992 einen Whisky zu vermarkten, der die Neugierde der Konsumenten weckte und sofort deren Achtung gewann. Heute wird er wegen seiner sehr dunklen Farbe unter dem gälischen Namen *Loch Dhu*, „Schwarzer See", verkauft. Da er in innen ausgekohlten Fässern heranreifte, hat er diese Farbe angenommen. Das Wasser stammt von der Bardon-Burn-Quelle.

Trotz seines Erfolgs besitzt dieser Whisky keine besonders hervorstechenden Eigenschaften.

Geschichte: Die Mannochmore wurde 1971 in Elgin, im Morayshire, von der John Haig & Co. Ltd. gegründet. Man wollte einen Whisky produzieren, der hauptsächlich für die Herstellung der Blends der Firma Haig Verwendung finden sollte.

Eigenschaften: Ein dunkelbernsteinfarbener Whisky mit rötlichen Reflexen, der ein süßes, blumiges Aroma mit Noten von Trockenfrüchten, Zitrone und Minze verströmt. Der komplexe Geschmack mit Lakritz- und Vanillenoten weist auch würzige und rauchige Nuancen auf.

Weitere Sorten: Neben dem 12- und 16-Jährigen gibt es auch drei Jahrgangsabfüllungen Vintage von 1974, 1978 und 1984.

Miltonduff

Die Brennerei Miltonduff steht im Morayshire, in der fruchtbaren Pluscarden-Ebene, die auch der „Garten Schottlands" genannt wird. Nicht weit von diesem Gerstenanbaugebiet entfernt, stößt man auf die Ruinen einer alten Abtei aus dem Jahr 1230. Hier brauten einst Benediktinermönche ein helles Bier, von dem es heißt, es sei unvergleichlich gut gewesen. Das Wasser, das heute für die Produktion des Miltonduff verwendet wird, ist das gleiche, mit dem einst die Mönche ihr berühmtes helles Bier brauten. Es stammt vom Black Burn, einem Wildbach, der von den moosbedeckten Hochebenen der Black Hills herunterkommt und durch die Ebene fließt. Man erzählt, dass ein alter, im Geruch der Heiligkeit stehender Abt nach seiner Rückkehr aus dem Heiligen Land diese Quelle und ihr gutes, kristallklares Wasser gesegnet haben soll.

Hersteller	Miltonduff Distillery
Herstellungsort	Elgin
Kategorie	Highlands
Alter	12 Jahre
Alkoholgehalt	43 Vol.-%
Sorte	Single Malt/ Pure Malt

Geschichte: Die Fabrik wurde offiziell von Andrew Peary und Robert Bain 1824 gegründet. Sehr wahrscheinlich wurde sie auf den Mauern einer früheren Schwarzbrennerei erbaut. Die Firma wechselte den Besitzer und ging an William Stuart und Thomas Yool über, denen es gegen Ende des Jahrhunderts gelang, die Produktion erheblich zu steigern.

So wie viele andere Brennereien in den Highlands litt auch diese Firma seit etwa 1898 schwer unter der nachlassenden Nachfrage am Whiskymarkt. Seit damals kam der Betrieb des Öfteren zum Erliegen. Erst seit 1936, als die Destillerie von der Hiram Walker-Gooderham & Worts übernommen wurde, konnte wieder durchgängig produziert werden. Später kam sie zur Ballantine, die den Miltonduff als Zutat für ihre Blends verwendete.

Die Produktionskapazitäten wuchsen mehr und mehr, sodass man 1964 beschloss, die Räume umzustrukturieren und die Anlagen zu modernisieren. Schließlich wurden noch zwei neue Lomond-Brennblasen installiert. In diesen Destillationsapparaten wurde ein anderer Single Malt, der Mosstowie, gebrannt, der heute ziemlich selten ist, da 1981 seine Produktion eingestellt wurde. In den 70er- und 80er-Jahren wurde der gesamte Lagerbestand der Brennerei in Flaschen abgefüllt. Derzeit kann der Miltonduff nur bei unabhängigen Großhändlern bezogen werden.

Eigenschaften: Der Miltonduff ist ein Whisky mit tiefgoldener **Farbe** und orangegelben Reflexen. Das feine und intensive **Aroma** bietet fruchtige und malzige Noten, während der blumige **Geschmack** Spuren von Vanille und Torf erkennen lässt. Im Abgang ist er kräftig und leicht nussig.

Mortlach

Hersteller
Mortlach-Glenlivet Distillery

Herstellungsort
Dufftown

Kategorie
Highlands

Alter
15 und 16 Jahre

Alkoholgehalt
40 bis 43 Vol.-%

Sorte
Single Malt/
Pure Malt

Die historische Brennerei Mortlach, deren gälischer Name etwa „Mulde in den Bergen“ bedeutet, steht in Dufftown im Banffshire. Ganz in der Nähe befand sich früher ein Schmugglerschlupfwinkel. Vor allem aber steht sie ganz in der Nähe der Highland John's Well, einer Quelle mit reinstem Wasser, das bekanntlich für die Herstellung guter Whiskys unbedingt erforderlich ist.

Geschichte: Die Brennerei wurde 1823 von John Gordon gegründet. Kurzzeitig wurde sie zu einer Brauerei umfunktioniert, bald danach aber wieder zu einer Destillerie umgebaut. Der Malt, **The Real John Gordon**, der hier produziert wurde, wurde hauptsächlich in Glasgow verkauft.

1867 wurde die Fabrik von George Cowie, einem ehemaligen Angestellten, übernommen, der ihr den Namen George Cowie & Sons gab. Der neue Eigentümer erhöhte die Anzahl der Brennblasen von drei auf sechs und baute die Produktionsgebäude komplett um. Es gelang ihm, seine Single Malts auch in London bekannt zu machen.

Bis 1887 war die Mortlach der einzige Betrieb dieser Art in Dufftown, danach schossen weitere Konkurrenten aus dem Boden. Der Erfolg, den die Brennerei durch die vorgenommenen Verbesserungen erlangt hatte, weckte die Aufmerksamkeit der Johnnie Walker & Sons, die 1923 das Unternehmen und den gesamten Whisky aus den Lagerhäusern aufkaufte.

1964 wurden die Gebäude abgerissen und zweckmäßiger wieder aufgebaut. Die alten Brennblasen wurden allerdings wieder installiert.

Eigenschaften: Dieser exzellente Whisky hat eine tiefe **Bernsteinfarbe**. Sein **Aroma** ist fein, fruchtig und schenkt leicht rauchige Noten. Der harmonische **Geschmack** bietet Noten von gelagertem Holz und Nuancen von Sherry und feinen Gewürzen (Angaben beziehen sich auf den 15-Jährigen).

Weitere Sorten: Die Brennerei in Dufftown verkauft auch andere Versionen ihres ausgezeichneten Single Malt. Es gibt einen mahagonifarbenen 16-Jährigen mit einem wohlriechenden Aroma, das an Früchte und Gewürze erinnert. Der Geschmack ist süß und nussig. Der Hauptanteil der Produktion ist für die Blended-Whisky-Industrie bestimmt und wird auf Bestellung an diese Fabriken geliefert. Nur ein kleiner Teil des verbleibenden Destillats wird in Flaschen abgefüllt, der Rest wird pauschal von unabhängigen Großhändlern aufgekauft, wie z. B. dem berühmten Abfüller Gordon & MacPhail.

Im Produktkatalog der Firma sind noch weitere Malzdestillate aufgeführt. Man findet 21 und 22 Jahre gereifte Versionen mit 46 bzw. 65 Vol.-% Alkohol und diverse Jahrgangsabfüllungen (1960, 1962, 1966, 1984) sowie auch den **1987 Cask Strength.** Schließlich sei noch eine seltene und kostbare Reserve von 1942 erwähnt, die allein den Sammlern gewidmet ist.

Oban

Hersteller
The Oban Distillery

Herstellungsort
Oban

Kategorie
Highlands

Alter
14 Jahre

Alkoholgehalt
43 Vol.-%

Sorte
Single Malt/ Pure Malt

Das Örtchen Oban ist nicht weit von der Isle of Jura entfernt, es liegt nur etwas nördlicher. Wegen der vielen Fähren, die im Hafen an- und ablegen und alle Inseln des Archipels miteinander verbinden, ist dieser malerische Ort auch als das „Tor zu den Hebriden" bekannt.

Geschichte: Die Brüder Stevenson, die zuvor auf dem Bau, in Schiefersteinbrüchen und auf Schiffswerften gearbeitet hatten, eröffneten 1794 eine Brennerei in Oban. Diese Fabrik, eine der ältesten in Schottland, spielte für die örtliche Wirtschaft in kürzester Zeit eine wesentliche Rolle. Das einfache Fischerdorf machte eine erstaunliche Entwicklung durch und die Brennerei wurde, sowohl wirtschaftlich als auch städtebaulich gesehen, zum Mittelpunkt des Dorfes, denn das Unternehmen befindet sich heute ungewöhnlicherweise direkt an der Hauptstraße der Stadt.

1883 wurde die Firma von Walter Higgin aufgekauft, der sofort die Möglichkeiten nutzte, die sich durch die Eröffnung der Eisenbahnlinie boten, die drei Jahre zuvor erbaut worden war und Oban mit Glasgow verband. Da man eine Belebung des Handels (auch auf internationaler Ebene in Richtung Überseemärkte) voraussah, begann man mit der Modernisierung und Erweiterung der Fabrik. Bei diesen Arbeiten wurde auch eine Steinmauer auf der Rückseite der Brennerei abgerissen. Dabei wurden menschliche Überreste gefunden, die in etwa von 4500 v. Chr. stammten.

1898 wurde die Fabrik von Alexander Edward übernommen, der bereits Eigentümer der Aultmore-Brennerei war und außerdem einer der Hauptlieferanten der Pattison Ltd. in Leith. Als diese letztgenannte Firma in Konkurs ging, wurde auch die Oban schwer in Mitleidenschaft gezogen, die sich allerdings 1923, nachdem sie von einigen Unternehmern aufgekauft und als Oban Distillery neu gegründet worden war, endgültig von dieser Krise erholen konnte.

Nun folgte eine Zeit des Erfolges (trotz zweier Firmenschließungen von 1931 bis 1937 und 1969 bis 1972), die dank des Beitritts zum Diageo-Konzern bis heute anhält.

Um die unablässigen Aktivitäten des Unternehmens unter Beweis zu stellen, die mit besonderem Elan in den letzten 20 Jahren des vergangenen Jahrhunderts fortgeführt wurden, eröffnete man 1989 ein Besucherzentrum.

Die von der Oban Distillery erzeugten Whiskys sind, was Duft und Geschmack anbelangt, das Verbindungsglied zwischen den Speyside Whiskys und den Destillaten der Inseln.

Herstellung: Die Fabrik produziert derzeit auf begrenztem Raum mit nur zwei Brennblasen, wobei sie das Wasser des Loch Gleann a'Bherraidh verwendet.

Eigenschaften: Dieser exzellente Single Malt zeichnet sich durch eine tiefgoldene **Farbe** aus. Sein **Aroma** ist süß, enthüllt Noten von Vanille und Honig sowie salzige Nuancen und lässt an Rauch denken. Der **Geschmack** ist anfangs süß, zeigt würzige und fruchtige Noten und schenkt im Finale überraschend torfige Nuancen (Angaben beziehen sich auf den 14-Jährigen).

Weitere Sorte: Das Unternehmen bringt auch den **Distillers Edition** mit sehr komplexen Charaktereigenschaften in den Handel.

Old Fettercairn

Hersteller
Fettercairn Distillery

Herstellungsort
Fettercairn

Kategorie
Highlands

Alter
12 Jahre

Alkoholgehalt
40 Vol.-%

Sorte
Single Malt/ Pure Malt

Die Destillerie steht in der Nähe der schottischen Ostküste, nicht weit von den berühmten Küstenorten Stonehaven und Montrose entfernt. Die Gebäude wurden unmittelbar neben dem Ort Fettercairn errichtet, in einer der fruchtbarsten Regionen des Landes, der Howe O'the Mearns. Dank der vielen Bäche, die von den Grampian Mountains herabfließen, gibt es hier Wasser im Überfluss.

Geschichte: Die Fettercairn Distillery ist eine der ältesten schottischen Brennereien. Auch wenn keine genauen Angaben zum Gründungsjahr vorliegen, scheinen ihre Ursprünge auf 1824 zurückzugehen. Die Eigentümer der Brennerei wechselten ständig, bis sie 1887 durch ein Feuer schwer beschädigt wurde. Sie wurde danach wieder aufgebaut und erhielt unter dem Vorsitz von Sir John Gladstone ihren heutigen Namen.

Nach einer Zeit der Krise (1926) folgte die Schließung. Erst 1939 gelangte die Fabrik, durch die Vermittlung von Train & McIntyre, in den Besitz der Associated Scottish Distillers. Der nachfolgende Eigentümer war Tom Scott Sutherland, in dessen Händen sich das Unternehmen bis 1971 befand. In jener Zeit wurde die Produktion gesteigert und die Zahl der Brennblasen von zwei auf vier verdoppelt. Danach wurde die Brennerei von der Tomintoul-Glenlivet Distillery übernommen, die sie bis 1973 leitete. In jenem Jahr ging sie an die Whyte & Mackay Distillers und 2001 an die Kyndal Spirits. Ein Großteil des produzierten Whiskys wird für die Herstellung von Blends verwendet, aber der Fettercairn ist auch als Single Malt erhältlich.

Eigenschaften: Dieser Whisky hat eine strohgelbe **Farbe** mit goldenen Schattierungen. Das **Aroma** ist süß und enthüllt Noten von Karamell und Schokolade. Der entschlossene und harmonische **Geschmack** bietet Kaffee-, Honig- und Bananennuancen sowie erdige Noten.

Old Pulteney

Hersteller
Pulteney Distillery Co. Ltd.

Herstellungsort
Wick

Kategorie
Highlands

Alter
8, 12, 17 und 21 Jahre

Alkoholgehalt
40 Vol.-%

Sorte
Single Malt/ Pure Malt

Die Ruine von Castle Sinclair in der Nähe von Wick.

Die Pulteney Distillery steht in der Speyside, in der Nähe der Ruinen von Castle Oliphant (14. Jh.). Nicht weit entfernt liegt die Stadt Wick, Ausgangspunkt für interessante Ausflüge in die herrliche Natur. Die Fabrik produziert einen Single Malt, der auch „der Manzanilla des Nordens" genannt wird, weil er bei der Verkostung ganz besondere Düfte verströmt, die an diesen trockenen und aromatischen Sherry denken lassen.

Geschichte: Die Old Pulteney ist, abgesehen von den Inseln, die am nördlichsten gelegene Brennerei Schottlands und wurde 1826 in der Nähe von Wick gegründet. Man glaubt aber, dass der erste Besitzer James Henderson schon vorher Whisky schwarz gebrannt hatte, wobei er die Brennblasen in einem Heidegebiet im Hinterland aufstellte.

Die Gegend, in der die Fabrik stand, war nur vom Meer aus zugänglich. Die Angestellten waren zum Großteil Fischer, und die für die Whiskyproduktion benötigte Gerste wurde übers Meer herantransportiert. Dieser Whisky ist im Übrigen sehr stark von salzigen Nuancen geprägt.

Wick war die Metropole der Salzheringe und in den Pubs der Stadt fanden sich die Saisonarbeiter ein, die ungeheure Whiskymengen in sich hineinschütteten, sodass die legalen Whiskylieferungen, zur großen Freude der Schmuggler, nicht ausreichend waren. Es wurde schließlich eine Art Prohibition verhängt, die allerdings den wirtschaftlichen Erfolg der Pulteney nicht gefährden konnte. Das Unternehmen blieb bis 1920 unter Hendersons Leitung. Dann wurde die Fabrik von der James Watson & Co. Ltd. aufgekauft, kam aber schon 1923 zur John Dewar & Sons Ltd.

Wie viele andere Brennereien jener Epoche, blieb auch die Pulteney lange Zeit, von 1930 bis 1951, geschlossen. Danach wurde sie von Roland Cumming erworben. Nur wenig später übernahm sie die Hiram Walker, die sie an die J. & G. Stodart Ltd. weiterverpachtete. Aber es war die Hiram Walker, die die Brennerei modernisieren und die Anlagen renovieren ließ. Es wurden Brennblasen installiert, die eine größere Kapazität als die vorhergehenden aufwiesen und die anstelle von Kohle mit Dieselöl beheizt werden konnten. Dies beeinflusste allerdings nicht den torfigen Geschmack, für den dieser ausgezeichnete Whisky bekannt ist.

1995 kam die Fabrik zur Inver House Distillers Ltd., die zwei Jahre später damit begann, einen 12 Jahre gereiften Whisky in Flaschen abzufüllen.

Fast die gesamte Produktion der Old Pulteney geht in die Blendherstellung und wird vor allem für den Ballantine's verwendet.

Eigenschaften: Der 12 Jahre gereifte Whisky weist eine sehr leuchtende **Bernsteinfarbe** auf. Das süße, leicht würzige **Aroma** bietet Noten von Früchten und Ginster. Der **Geschmack** hingegen ist sehr torfig, leicht rauchig mit salzigen Nuancen.

Der 21-Jährige enthüllt markante Fruchtaromen, vor allem Apfel und Birne kann man erkennen. Dem Gaumen bietet er einen Hauch von Honig und Vanille. Im Finale präsentiert er sich sehr trocken.

Pinwinnie

Hersteller
Inver House Distillery

Herstellungsort
Airdire

Kategorie
Highlands

Alter
12 Jahre

Alkoholgehalt
40 Vol.-%

Sorte
Blended

Die Ursprünge des Pinwinnie verlieren sich zwischen Mythos und Realität. Dieser Whisky hat einen besonderen Charme, mit dem auch die Flasche bezaubert, in der er verkauft wird. Bei der Gestaltung der sehr originellen Verpackung und Aufschrift hat man sich vom Mittelalter inspirieren lassen.

Geschichte: Die Traditionsbrennerei, die den Pinwinnie produziert, steht im historisch bedeutsamen Distrikt Monklands im Lanarkshire, mitten in Zentralschottland.

Vor vielen Jahrhunderten gehörte das Land, auf dem die heutige Fabrik steht, den Zisterziensermönchen des 1141 von König David I. von Schottland am Fluss Esk gegründeten Klosters Newbattle. Diese Mönche wurden sehr bald berühmt, da sie ausgezeichnete *Aqua vitae* destillierten. Einer Legende zufolge auch deshalb, weil sie einen „Zaubertrank“ herstellen konnten, der offenbar den Soldaten des Königs Mut und Kraft für die Schlacht verlieh.

1964 wurde sie unter dem Namen Moffat Distillery von der Publicker Industries gegründet. 1981 bekam sie ihren heutigen Namen Inver House Distillery.

Eigenschaften: Der Pinwinnie ist ein Blended Whisky mit intensiv goldener, zu einem dunklen Orange tendierender **Farbe**. Sein leicht fruchtiges **Aroma** mit torfiger Note vereinigt sich mit einem trockenen, körperreichen und würzigen **Geschmack** mit öligen Nuancen. Im Abgang ziemlich süß.

Gekeimte Gerste. Blended Whiskys werden immer aus mehreren unterschiedlichen Malzdestillaten zusammengemischt.

Weitere Sorte: Im Katalog des Unternehmens wird auch eine De-Luxe-Version angeboten, der Pinwinnie Royale.

Rosebank

Der Rosebank ist ein Whisky von außergewöhnlicher Eleganz. Die Experten zählen ihn zu den besten Whiskys seines Typs.

Hersteller
Rosebank Distillery

Herstellungsort
Falkirk

Kategorie
Lowlands

Alter
12 Jahre

Alkoholgehalt
43 Vol.-%

Sorte
Single Malt/ Pure Malt

Geschichte: Die Geschichte des Rosebank beginnt 1840. Damals kaufte James Rankine, der bereits Besitzer einer großen Drogerie war, die gesamte Gerstenernte, die eigentlich für die Camelon Brennerei in Falkirk im Midlothian bestimmt war, auf, um damit selbst Whiskys zu produzieren.

Herstellung: Seine außergewöhnliche Feinheit verdankt dieser Single Malt dem Dreifachdestillationsverfahren, mit dem er gebrannt wird. Es gibt noch viele weitere Besonderheiten im Herstellungsprozess dieses Whiskys. Unter anderem wird der kondensierte Dampf der ersten Destillation in Bottichen aufgefangen (die Brennerei ist eine der wenigen, die diese Methode heute noch anwendet). So soll das Wasser, das für die nachfolgenden Arbeitsprozesse benötigt wird, mit Aromen angereichert werden.

Eigenschaften: Dieser Whisky hat eine zarte strohgelbe **Farbe** und ein frisches, angenehm grasiges **Aroma**. Der charakterstarke **Geschmack** offenbart Nuancen von Torf und Malz und lässt an Gewürze denken.

Weitere Sorten: Es existiert ein seltener Rosebank, der 1990 abgefüllt wurde. Er hat eine beachtliche Struktur und 46 Vol.-% Alkohol. Ein extraerlesener Whisky mit großer Persönlichkeit. Der feine Gaumen kann auch Spuren des Holzes der Bourbon-Whiskey-Fässer, in denen er gealtert ist, wahrnehmen.

Royal Lochnagar

Hersteller
Royal Lochnagar Distillery

Herstellungsort
Ballater

Kategorie
Highlands

Alter
12 Jahre

Alkoholgehalt
40 Vol.-%

Sorte
Single Malt/ Pure Malt

Es wird erzählt, dass Königin Viktoria 1848 das Schloss in der Nähe des königlichen Landgutes Balmoral bezog, genau dort, wo wenige Jahre zuvor die Brennerei New Lochnagar erbaut worden war. Ein paar Tage später besuchte sie, in Begleitung einiger Würdenträger, die Fabrik und gewann einen derart positiven Eindruck, dass sie die Destillerie sofort zum offiziellen Lieferanten des britischen Königshauses erhob und ihr den Titel „Royal“ verlieh.

Geschichte: Die Fabrik hat eine ziemlich turbulente Vergangenheit hinter sich. Es gab mehrere Brände (das Feuer 1841 war verheerend), Um- und Wiederaufbauten und diverse Besitzerwechsel. Gegründet wurde die Brennerei 1826 von James Robertson, allerdings wurden die heutigen Firmengebäude 1845 von John Begg erbaut. Auf Begg, der 1880 starb, folgte sein Sohn, der bis 1896 Eigentümer des Unternehmens blieb. Anfang des 20. Jh. übernahm die John Dewar's & Sons Ltd. die Brennerei, überließ sie aber 1925 der Distillers Company Ltd. Dieser köstliche Whisky wird heute auch für die Herstellung berühmter Blends, wie den Vat 69, verwendet.

Eigenschaften: Dieser Whisky hat eine leuchtend goldene **Farbe** mit orangegelben Schattierungen. Das säuerlich-fruchtige **Aroma** schenkt Noten von Sherry. Der **Geschmack** ist süß, fruchtig, mit Gewürznoten durchzogen.

Weitere Sorte: Es gibt einen weiteren Whisky mit 43 Vol.-% Alkohol, dessen Alter nicht angegeben ist. Wegen seines vorzüglichen Geschmacks wird er auch der „Sinnliche“ genannt. Bei der Verkostung verwöhnt er den Gaumen mit erlesenen Noten von Kaffee, Gewürzen und Trockenfrüchten.

Scapa

Die Brennerei Scapa steht wenige Kilometer von der Stadt Kirkwall entfernt, am Ufer der Reede von Scapa Flow.

Die Geschichte der Destillerie hängt eng zusammen mit der strategischen Funktion, die diese Gegend während des Ersten Weltkriegs innehatte. Gerade hier in Scapa Flow hatte sich am Ende des Krieges die deutsche Hochseeflotte selbst versenkt. Solange die gefährlichsten Kriegsrelikte, die direkt vor der Fabrik auf Grund lagen, nicht beseitigt worden waren, konnte man leicht bei Ebbe die abgebrochenen Schornsteine und die Wachtürme der Kriegsschiffe *Hindenburg* und *Seidlitz* ausmachen.

Hersteller
Scapa Distillery

Herstellungsort
St. Ola (Orkney)

Kategorie
Orkney

Alter
10 und 12 Jahre

Alkoholgehalt
43 Vol.-%

Sorte
Single Malt/
Pure Malt

Geschichte: Die Fabrik wurde 1885 von John Townsend gegründet. Er war ein *Blendmaster* aus der Speyside. Die Gebäude wurden nach modernen Standards konzipiert und mit fortschrittlichen Maschinen und Technologien ausgerüstet. Ein Chronist jener Zeit beschrieb die Scapa als „eine der kleinsten, aber bestausgerüsteten Brennereien des Königreichs".

Noch heute befindet sich in einem Raum der Fabrik eine Holzskulptur, die von englischen Offizieren, die während des Krieges hier stationiert waren, angefertigt worden war. Sie ist ein Beweis für die engen Beziehungen, die zwischen der Scapa und der britischen Royal Navy bestanden. Vor allem aber ruft es eine Geschichte in Erinnerung, in der die englischen Matrosen die Hauptdarsteller waren: Als ein Feuer in der Fabrik ausbrach, kamen die Soldaten den Feuerwehrmännern zur Hilfe geeilt und schöpften Wasser aus dem nahe gelegenen Lingro Burn. Durch ihre Unterstützung konnte das Feuer eingedämmt und die Katastrophe abgewendet werden.

Nach Ende des Krieges wurde die Firma an die Bloch Brothers Distillers verkauft, die sie später an die Hiram Walker weiterveräußerte. Die neuen Eigentümer modernisierten die Anlagen und bauten die Gebäude 1959 vollständig um. Die Produktion ging in den Jahren danach mehr und mehr zurück, sodass der Betrieb 1994 schließen musste.

Die Produktion wurde Ende 2004 wieder aufgenommen.

Herstellung: Das für die Produktion benötigte Wasser kommt vom nahe gelegenen Lingro Burn, damit wurden auch über eine Mühle die Maschinen der Fabrik angetrieben. Für den Reifeprozess wurden kleine Holzfässer aus Weißeiche verwendet, in denen bereits Bourbon Whiskey abgefüllt war. Obwohl die Brennerei an der Scapabucht steht, wo die Nordsee und der Atlantische Ozean aufeinandertreffen, weisen die hier erzeugten Destillate andere Eigenschaften auf als andere Whiskys, die in Meeresnähe gebrannt werden. Es fehlen die salzigen Nuancen, die Algenaromen und alles was den „Meeresgeschmack" ausmacht. Dieser Whisky zeichnet sich hingegen durch seine sehr weichen und angenehmen Schokoladennoten aus, die ihn zu einem idealen Aperitif machen.

Eigenschaften: Ein Whisky mit tiefgoldener **Farbe** und orangegelben Reflexen. Er hat ein zartes, ziemlich süßes **Aroma** mit Noten von Schokolade und Vanille. Der **Geschmack** präsentiert sich entschlossen, rauchig, zeigt Noten von Lakritze und Schokolade und feine Trockenfruchtnuancen.

Weitere Sorten: Im umfangreichen Sortiment gibt es den 16 Jahre gereiften **Chieftain's Choice**, den 13-jährigen **Dun Bheagan** und einige Sonderauflagen, die von Gordon & MacPhail abgefüllt werden, darunter die Jahrgänge 1987 und 1988.

The Singleton

Die Auchroisk Distillery wurde auf Betreiben der International Distillers and Vintners ins Leben gerufen und sollte hauptsächlich Blended Whiskys produzieren.

Geschichte: Die Brennerei, 1974 im Banffshire gegründet, fand in kürzester Zeit so großen Zuspruch, vor allem bei den Liebhabern erlesener Whiskys, dass die Firmenverwaltung beschloss, auch kostbare Single Malts zu kreieren.

Herstellung: Seinen Geschmack verdankt dieser Whisky dem Quellwasser des Dorie's Well. Es kommt äußerst rein an die Oberfläche, nachdem es von Sandstein- und Granitschichten gefiltert worden ist.

Der Reifeprozess dauert sieben Jahre und erfolgt in Fässern, in denen zuvor Bourbon Whiskey abgefüllt war. Danach lagert das Destillat weitere drei Jahre in ehemaligen Sherryfässern: daher die Farbintensität und der abgerundete Geschmack, der diesen Whisky auszeichnet.

Eigenschaften: Der Singleton bietet eine leuchtende **Bernsteinfarbe** und ein fruchtiges, süßes **Aroma** mit nussigen und rauchigen Noten. Der **Geschmack** ist süß und cremig mit zarten Kaffeenuancen.

Hersteller
Auchroisk Distillery

Herstellungsort
Auchroisk

Kategorie
Highlands

Alter
10 Jahre

Alkoholgehalt
40 Vol.-%

Sorte
Single Malt/ Pure Malt

Speyburn

Diese Brennerei wurde nach den Plänen eines Architekten errichtet, dessen Entwurf einen mehrstöckigen Bau vorsah. Aufgrund der Abschüssigkeit des Geländes, auf dem die Gebäude errichtet werden sollten, entschied man sich, in die Höhe und nicht in die Breite zu bauen.

Geschichte: Die Fabrik wurde 1897 im Morayshire auf Betreiben der John Hopkins & Co. hin erbaut. Es war auch in jenem Jahr, als man anlässlich des 60. Jahrestags der Regierungszeit von Königin Viktoria einen Wettbewerb unter allen Brennereien des Vereinigten Königreichs ausrief, um so ein geeignetes Produkt für die Feier dieses Gedenktags auswählen zu können. Die Speyburn entschloss sich, teilzunehmen, und obwohl die Angestellten unter beschwerlichen Bedingungen arbeiteten, gelang es ihnen, ein Destillat in ausreichender Menge zu kreieren, um damit das Fass zu füllen, das zum Wettbewerb geschickt werden sollte. 1968 wurde die Brennerei geschlossen und erst 1990 wiedereröffnet.

Hersteller
Speyburn-Glenlivet Distillery & Co.

Herstellungsort
Rothes

Kategorie
Highlands

Alter
10 Jahre

Alkoholgehalt
40 Vol.-%

Sorte
Single Malt/ Pure Malt

Eigenschaften: Der Speyside ist ein Whisky, der sich durch eine blassgoldene **Farbe** und leuchtende Reflexe auszeichnet. Zu einem ziemlich trockenen **Aroma**, das an blühende Erika erinnert, gesellt sich ein recht süßer **Geschmack** von mittlerem Körper, der Nuancen von Torf, Hopfen und Honig offenbart.

Springbank

Hersteller
Springbank Distillery

Herstellungsort
Campbeltown

Kategorie
Highlands

Alter
10, 12, 21, 25, 30 und 40 Jahre

Alkoholgehalt
46 Vol.-%

Sorte
Single Malt/ Pure Malt

Die Springbank Distillery steht in Campbeltown. Dieses Städtchen ist sozusagen an der äußersten Spitze des Kintyre, auf einer schmalen Halbinsel, die sich in den Atlantischen Ozean erstreckt, erbaut worden. Der Fabrik, eine von 32 Brennereien, die es in dieser Region gibt, ist es gelungen, die vielen Krisen, die sich Anfang des 20. Jh. abwechselten, zu überleben.

Geschichte: Die heutigen Gebäude der Springbank, die um einen großen Hof herum angeordnet sind, stammen von 1828. Die Brüder Archibald und John Mitchell, die zu einer der ältesten schottischen Brennereifamilien gehörten, hatten die Idee, die Fabrik auf den Überresten einer ehemaligen Schwarzbrennerei zu erbauen. Es ist heute das einzige Unternehmen in Campbeltown, das noch als Familienbetrieb geführt wird.

Herstellung: Der Betrieb besitzt eine eigene Mälzanlage. Die für die Destillation verwendete Gerste kommt ausschließlich aus firmeneigenem Anbau.
Bei der relativ komplizierten Herstellungsmethode dieser Single Malts wird der Alkohol dreifach destilliert. Die Firma produziert mit drei Brennblasen, von denen eine besonders wichtig und charakteristisch ist, da sie sowohl mit Dampfspiralen beheizt wird als auch durch ein Feuer, das unter der Blase entfacht wird. Im Inneren dieses Destillierapparats sind rotierende Flügel installiert, die ein Anlegen der Hefe auf dem Blasenboden verhindern sollen. In unregelmäßigen Abständen werden kleine Teile der Brennblase dem Feuer ausgesetzt. Durch das Sieden über direktem Feuer wird das Destillat wesentlich beeinflusst und bekommt einen angenehmen Röstgeschmack.

Eigenschaften: Ein ausgezeichneter Whisky mit strohgelber, zu Blassgold tendierender **Farbe**. Das intensive **Aroma** erinnert an Südfrüchte und Obst und enthüllt leicht salzige Noten. Der **Geschmack** umspielt den Gaumen, ist weich und zeigt Nuancen von Vanille und Lakritze (Angaben beziehen sich auf den 10-Jährigen).

Weitere Sorten: Im Katalog der Springbank werden sehr viele unterschiedliche Whiskysorten angeboten. Der 21-Jährige präsentiert sich mit einem weichen, körperreichen Geschmack und einem Aroma, in dem man leicht salzige Noten wahrnehmen kann.

Unter den Versionen, die den Sammlern gewidmet sind, seien besonders die 25, 30 und 40 Jahre gereiften Whiskys hervorgehoben, alle mit 46 Vol.-% Alkohol. Weiterhin werden sehr seltene und kostbare Flaschen angeboten, wie der **Da Mhile Organic Springbank** 1992 und 1991. Schließlich kommt man zu den Destillaten, die in Spezialfässern gereift sind und unter allen Whiskys einen absoluten Spitzenplatz einnehmen (z. B. der **Springbank 12 Years Old Rum Cask** mit 54,6 Vol.-%). Außerdem ein einmaliger 13-Jähriger, der 2003 in den Handel kam.

Das Unternehmen produziert auch einen Single Malt der Marke Longrow (siehe S. 131). Longrow ist der Name einer alten Brennerei der Region, die es seit Jahren nicht mehr gibt.

Stewart's Cream of The Barley

Dieser Blend vereint in sich nicht weniger als 50 verschiedene Malt Whiskys, die aus renommierten Brennereien wie Macallan, Glenlivet, Glen Grant, Glenrothes und Glenfiddich stammen. Die Mischung wird vom Blendmaster des Hauses peinlichst genau vorgenommen und von professionellen Verkostern streng kontrolliert. In diesem Blend finden sich also die besonderen Eigenschaften der Destillate wieder, die in den unterschiedlichsten Regionen Schottlands gebrannt wurden. Und jedes dieser Destillate schenkt dem Stewart's Cream einen Teil von sich selbst.

Geschichte: Die Destillerie wurde 1831 von Alexander Stewart in Glengarry Inn in Dundee gegründet. Sie ist bis heute Wahrerin einer ruhmreichen Tradition, die vom Vater an den Sohn weitergegeben wurde und noch immer sorgsam behütet wird.

Eigenschaften: Dieser Whisky zeichnet sich durch eine mit leuchtenden Schattierungen durchzogene **Bernsteinfarbe** aus. Sein reiches, blumiges **Aroma** verströmt Noten von Holz und einen Hauch von Malz. Der **Geschmack** ist harmonisch, ausgeglichen, malzig und von rauchigen und fruchtigen Nuancen geprägt.

Weitere Sorte: Es gibt eine Special Reserve, den Royal Stewart's, der in einer mit einem Tartan umwickelten Flasche verkauft wird. Dieser typische schottische Stoff ist in den Farben des Stewart Clans gewebt.

Hersteller
Stewart & Sons of Dundee Ltd.

Herstellungsort
Dundee

Kategorie
Lowlands

Alter
8 Jahre

Alkoholgehalt
40 bis 43 Vol.-%

Sorte
Blended

Strathisla

Es wird erzählt, dass die Quelle, aus der das Wasser zum Destillieren des Strathisla (Fons Bulliens) entnommen wird, in der Vergangenheit von unheilbringenden Pferden verteidigt wurde, die um einen magischen, in den Boden vertieften Kreis herumgaloppierten.

Geschichte: Die Strathisla, die zur Chivas Brothers Ltd. gehört, wurde 1786 unter dem Namen Milltown gegründet. Sie steht im Banffshire, wo im 17. Jh. bedeutende Schlachten stattfanden. Schottland kämpfte für seine Freiheit gegen die englische Krone. Den örtlichen Geschichtschroniken kann man entnehmen, dass an der Stelle, an der später die Brennerei errichtet werden sollte, ab dem 12. Jh. Dominikanermönche eine alte Brauerei betrieben hatten, die durch ein Feuer zerstört worden war. Heute wird der Hauptanteil der Produktion für die Mischung des Chivas Regal verwendet.

Eigenschaften: Ein Whisky mit einer kräftigen **Bernsteinfarbe**, der ein **Vanille-** und **Schokoladenaroma** mit Noten von Honig, Haselnuss, Sherry und Trockenfrüchten enthüllt. Der harmonische **Geschmack** bietet Nuancen von Cognac und Likörwein sowie Früchte- und Getreidenoten.

Hersteller
Strathisla Distillery

Herstellungsort
Keith

Kategorie
Highlands

Alter
12 Jahre

Alkoholgehalt
43 Vol.-%

Sorte
Single Malt/ Pure Malt

Talisker

Hersteller
Talisker Distillery

Herstellungsort
Carbost (Skye)

Kategorie
Skye

Alter
10 Jahre

Alkoholgehalt
45,8 Vol.-%

Sorte
Single Malt/ Pure Malt

Die Isle of Skye ist anthropologisch gesehen eine sehr interessante Insel, denn deren Ureinwohner, die Pikten, vermischten sich zuerst mit den Kelten und später mit den Skoten. Daraus entstanden einzelne Stammesverbände, die sogenannten Clans. Aber die Insel ist auch berühmt wegen ihrer ausgezeichneten Whiskys und besonders wegen der exzellenten Destillate der Brennerei Talisker, die von einem Händler des 16. Jh. als der „Champagner aus Skye“ bezeichnet wurden.

Geschichte: Auch wenn man bereits im 16. Jh. Whiskys destilliert hatte, so entstand doch erst 300 Jahre später, auf Betreiben der örtlichen Landbesitzer hin, eine regelrechte Whiskyindustrie. Allerdings wurde nur einer einzigen Destillerie eine offizielle Brennlizenz gewährt.

Die Fabrik wurde 1830 am Ufer des Harport-Sees erbaut. Dieser für seine Naturschönheiten berühmte Ort liegt in der Nähe des Städtchens Carbost. Jedoch wurde erst 1843 unter der Leitung der Brüder Hugh und Kenneth MacAskill unter Hochdruck produziert.

Nach dem Tod der Brüder wurde die Firma von Grigor Allan, dem Steuerbeauftragten des Morayshire, und Roderick Kemp, einem Wein- und Spirituosenhändler, übernommen. Die beiden investierten stattliche Summen in den Umbau und die Modernisierung der Gebäude und Anlagen.

1892 gab Roderick Kemp seinen Anteil ab und erwarb die in der Speyside gelegene Brennerei Macallan. Der Geschäftspartner übernahm nun gemeinsam mit dem Miteigentümer Sir Dailuaine die Gesamtleitung des Unternehmens in Carbost. So wurde die Dailuaine-Talisker Distilleries Ltd. ins Leben gerufen.

Gleichzeitig wurden auch die Originalgebäude erweitert und eine neue Mole gebaut, von wo aus die Destillate auf Schiffe verladen und ans andere Ufer des Sees transportiert wurden. Außerdem wurden auch kleine Häuser für die Belegschaft errichtet. 1925 kam die Brennerei in den Besitz der United Distillers (der heutigen Diageo) und produzierte weiterhin sehr erfolgreich. 1960 gefährdete ein folgenschweres Unglück die Existenz der Brennerei: Aus Versehen wurde das Ventil einer Brennblase, die noch mit Kohle befeuert wurde, nicht geschlossen, und als das Destillat zu sieden begann, lief es über und tropfte in das Feuer, entzündete sich und verursachte so einen verheerenden Brand. Die Fabrik musste danach mehrere Jahre schließen. Erst 1972 konnte sie wieder aufgebaut und modernisiert werden.

Heute kommen jedes Jahr mehr als 40 000 Besucher in die Talisker-Brennerei. Sie werden von den köstlichen Whiskys und den landschaftlichen Schönheiten dieser Gegend angezogen.

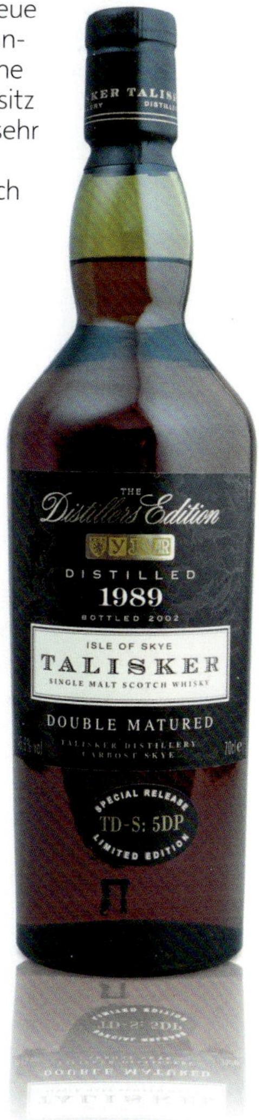

Herstellung: Das Wasser, das man für die Herstellung des süßen, nach Torf duftenden Talisker verwendet, stammt von 14 unterirdischen Quellen, die auf dem bewaldeten Hügel Hawk Hill entspringen. Diese Hochfläche heißt in Altgälisch *Cnoc nan Speirag* („Hügel des Falken"). Noch heute gibt es hier viele verschiedene Greifvogelarten. Die Single Malts werden in vier Brennblasen gebrannt, zwei davon für die erste Destillation, zwei für die zweite. Mittels dieser Technik gelangt ein Teil des Alkoholdampfs in den Brennkessel zurück, um noch einmal destilliert zu werden. Diese Methode verleiht dem Whisky einen typisch rauchigen und würzigen Geschmack.

Jede Stunde werden über 90 000 Liter Kühlwasser herangepumpt und in fünf Holzbottiche geleitet. Wo möglich, wird die entstehende Wärme aufgefangen und in Akkumulatoren geleitet, die daraus Strom für die Fabrik erzeugen.

Eigenschaften: Dieser ausgezeichnete Single Malt hat eine mit grünlichen Reflexen durchzogene **Bernsteinfarbe**. Sein eindringliches **Aroma** offenbart Noten von Torf, Früchten und Gewürzen. Der **Geschmack** ist reichhaltig, umschmeichelt den Gaumen und bietet malzige und salzige Noten.

Tamnavulin

Hersteller
Tamnavulin-Glenlivet Distillery Co. Ltd.

Herstellungsort
Tamnavulin

Kategorie
Speyside

Alter
10, 18, 22 und 24 Jahre

Alkoholgehalt
40 Vol.-%

Sorte
Single Malt/ Pure Malt

Wer magische Plätze und zauberhafte Atmosphären liebt, wo geheimnisvolle Traditionen von Generation zu Generation weitergetragen werden, der wird sicherlich einen Besuch bei der Brennerei Tamnavulin wenig interessant finden. Aber es wäre ein Fehler, die Destillerie nicht zu besuchen, da man hier die Techniken einsehen kann, mit denen der Whisky des 3. Jahrtausends gebrannt wird.

Geschichte: Die Tamnavulin (gälisch für „Mühle auf dem Hügel") steht da, wo sich einst, am Ufer des Flusses Livet, am Fuß der Cairngorm Mountains, eine alte Mühle befand. Diese Mühle ist heute auf dem Flaschenetikett der Whiskys abgebildet. Die Räume der alten Brennerei wurden zu einem Besucherzentrum umgestaltet. 1996 wurde der Betrieb geschlossen und erst seit 2007 wird wieder produziert. Die Tamnavulin Destillerie gehört heute zu der United Spirits Ltd.

Eigenschaften: Ein **hellbernsteinfarbener** Whisky mit zartgrünen Reflexen und einem süßen, wohlriechenden **Aroma** mit Noten von Torf, Heilkräutern und Wacholderbeeren. Der fruchtige **Geschmack** bietet Nuancen von Nüssen, Johannisbeeren und Zitrone (Angaben beziehen sich auf den 10-Jährigen).

Weitere Sorten: Es gibt noch weitere Versionen, einen 18-Jährigen (46 Vol.-%), einen 22-Jährigen, einen 24-Jährigen (jeweils 45 Vol.-%) sowie eine Sonderabfüllung von Gordon & MacPhail von 1988 (58,9 Vol.-%). Dieser Letztgenannte zeigt in Geschmack und Aroma ausgesprochen grasige Nuancen und bietet ein Finale mit Noten von Zitrone und gelagertem Fassholz.

Teacher's Highland Cream

Hersteller
William Teacher & Sons Ltd.

Herstellungsort
Kennethmont

Kategorie
Highlands

Alter
nicht angegeben

Alkoholgehalt
40 Vol.-%

Sorte
Blended

Der Teacher's Highland Cream schmeckt und duftet ausgezeichnet. Dies verdankt er vor allem dem exklusiv von der Ardmore-Brennerei hergestellten Whisky, der für diesen Blend verwendet wird. Es war allerdings nicht nur dieses köstliche Destillat, das die Fabrik aus Kennethmont weltweit berühmt gemacht hat. Ausschlaggebend waren auch die 1903 begonnenen Exporttätigkeiten in die Vereinigten Staaten.

Geschichte: Die Destillerie wurde 1830 von William Teacher gegründet. Er besaß zuerst ein Spirituosengeschäft und stieg sehr bald zum bedeutendsten Händler dieser Branche in ganz Glasgow auf. Irgendwann beschloss er, dank der Unterstützung seiner Söhne, sich nun hauptsächlich der Mischung von Single Malts zu widmen. Der Erfolg stellte sich so schnell ein, dass Teacher nun all seine Kräfte auf die Herstellung von Blends bester Qualität, für besonders anspruchsvolle Kunden, konzentrierte. Das Unternehmen wird noch heute von den Erben des Firmengründers geleitet.

Eigenschaften: Dieser Blend hat eine hellgoldene **Farbe** mit grünen Schattierungen. Das elegante **Schokoladenaroma** enthüllt süßsaure Noten. Der **Geschmack** ist harmonisch, erinnert an Sherry und Lakritze und bietet dem Gaumen blumige und rauchige Nuancen.

Teaninich

Hersteller
Teaninich Distillery

Herstellungsort
Alness

Kategorie
Highlands

Alter
10 Jahre

Alkoholgehalt
43 Vol.-%

Sorte
Single Malt/ Pure Malt

Die Teaninich Distillery war eine der ersten, die Stromleitungen in ihrem Werk verlegen ließ und es dadurch schaffte, die Produktion in kürzester Zeit zu verdoppeln. Dennoch musste die Fabrik aufgrund einer wirtschaftlichen Krise 1985 geschlossen werden. Das macht natürlich die Teaninich Single Malts zu äußerst seltenen und sehr schwer auffindbaren Whiskys.

Geschichte: Die Fabrik steht im Rosshire, in einer Region, in der seit jeher Whisky schwarz gebrannt wurde. 1817 von Hugh Munro gegründet, wurde sie 1898 von einem Zwischenhändler für Spirituosen, mit Firmensitz in Aberdeen, aufgekauft. Einige Jahre später übernahm Innes Cameron die Brennerei. Er war ein Unternehmer, der an mehreren Firmen der Branche, alle in den Highlands gelegen, beteiligt war. In den 30er-Jahren kam der Betrieb zur SMD, die 1973 einen neuen Flügel an die Brennerei anbauen ließ und so die Produktion vorantreiben wollte. Trotz der sechs weiteren Brennblasen, die zu den vorhandenen vier hinzukamen, gelang es jedoch nicht, die Firma wieder in Schwung zu bringen. Sie wurde bald darauf geschlossen.

Eigenschaften: Dieser Whisky hat eine goldene **Farbe** mit orangegelben Reflexen. Das vollmundige **Aroma** enthüllt Zitrusnoten (vor allem Bergamotte). Der süße **Geschmack** ist würzig und malzig zugleich.

Tobermory

Hersteller
Tobermory Distillery

Herstellungsort
Tobermory (Mull)

Kategorie
Mull

Alter
mindestens 10 Jahre

Alkoholgehalt
40 Vol.-%

Sorte
Single Malt/ Pure Malt

Die Brennerei Tobermory befindet sich auf der Insel Mull, der größten der Äußeren Hebriden. Dieses Fleckchen Erde ist berühmt für seine prachtvollen Naturlandschaften. Hier wechseln sich steile Berge und beschauliche, waldbewachsene Hügel mit stillen Seen ab, die von kristallklaren Wasserläufen gespeist werden. Besucht man die Fabrik, kann man die köstlichen Whiskys verkosten und hat gleichzeitig die Möglichkeit, neue, bezaubernde Gegenden Schottlands kennenzulernen.

Geschichte: Um die Tobermory zu besuchen, die 1798 von John Sinclair gegründet wurde, geht man in Oban an Bord der Fähre nach Mull. Diese Insel ist touristisch und landwirtschaftlich gesehen von großer Bedeutung.

Die Firma hat eine sehr bewegte Vergangenheit hinter sich. Unzählige Eigentümer und Geschäftsverwaltungen wechselten sich ab. Häufige Produktionsstillstände, vor allem auf Grund der Wirtschaftskrise ab der zweiten Hälfte des 19. Jh., die bis in die Mitte des 20. Jh. andauerte, haben das Unternehmen geschwächt. 1928 wurde die Whiskyproduktion, hauptsächlich wegen der Verhängung der Prohibition in den USA, völlig eingestellt, denn der Export nach Übersee war nicht mehr möglich.

Nach Umbau der Anlagen und Neuausstattung der Räume wurde 1972 der Betrieb wieder aufgenommen. Das dafür benötigte Kapital erbrachten einige Schifffahrtsgesellschaften aus Liverpool, die von Unternehmen aus Spanien und Panama unterstützt wurden. Man gründete die Ledaig Distillery Ltd., der allerdings weitere Misserfolge nicht erspart blieben. Das Unternehmen blieb von 1985 bis 1990 geschlossen, nahm danach die Produktion in bescheidenem Maße wieder auf, um sofort wieder zu scheitern. Seit 1993, nachdem die Brennerei von der Burn Stewart Distillers, der derzeitigen Eigentümerin, aufgekauft wurde, sieht es so aus, als ob die Tobermory endlich wieder auf dem Vormarsch sei und sich erneut unter die besten schottischen Produzenten einreihen werde.

Herstellung: Die beiden Flüsse, die in einem Staubecken zusammenfließen, aus dem das für die Herstellung nötige Wasser abgeleitet wird, fließen durch ein Torfmoorgebiet. Sie beeinflussen daher in starkem Maße die geschmacklichen Eigenschaften dieser Destillate. Der Whisky, der in vier langhalsigen Brennblasen destilliert wird, ist besonders leicht und schenkt dem Gaumen einen lang anhaltenden rauchigen Geschmack. Der Hauptteil der erzeugten Destillate wird für die Mischung von Blends verwendet (vor allem für den Long John), obwohl die Firma selbst einen eigenen Blend verkauft.

Eigenschaften: Dieser Whisky hat eine intensiv goldene **Farbe** mit kupfernen Schattierungen und ein ebenso intensives **Malzaroma**, das auch grasige Noten verströmt. Der trockene **Geschmack** bietet Nuancen von Minze und Nüssen sowie Noten von Karamell und Torf.

Weitere Sorten: Im Handel finden sich auch lange gelagerte Versionen (darunter die köstlichen 15 und 20 Jahre gereiften Sorten) sowie die Abfüllungen von 1974 und 1979. Im Katalog werden außerdem Flaschen mit dem Etikett **Ledaig** angeboten, die Seltenheitswert besitzen. Sie sind hauptsächlich für Sammler bestimmt.

Tomatin

Die Tomatin, eine der größten Brennereien des Landes, wurde 1985 von der Takara & Okura, einem großen japanischen Spirituosenkonzern, aufgekauft. Sie ist somit eine der ersten schottischen Firmen, die von einem asiatischen Unternehmen übernommen worden ist.

Hersteller
Tomatin Distillers Company Ltd.

Herstellungsort
Tomatin

Kategorie
Highlands

Alter
5, 10, 25 und 30 Jahre

Alkoholgehalt
40 Vol.-%

Sorte
Single Malt/ Pure Malt

Geschichte: Die 1887 gegründete Brennerei wurde eigentlich erst 1897 erbaut, in einer für die Whiskyproduktion besonders günstigen Zeit.

Abgesehen von den Produktionsstillständen während des Ersten und Zweiten Weltkriegs, waren die Brennblasen der Fabrik immer in vollem Einsatz. 1956 startete man ein umfangreiches Modernisierungsprogramm. Zwischen 1950 und 1960 wurde die Anzahl der Brennblasen auf 10 erhöht und 1974 stockte man auf 23 auf. Die Produktionskapazität lag damit bei ca. 12 Millionen Litern im Jahr.

Herstellung: Die Tomatin, in der nur 30 Arbeitskräfte beschäftigt sind, zeichnet sich dadurch aus, dass sie in hohem Maße mechanisiert ist. Dieses wenige Personal rechtfertigt die Summen, die man in Maschinen investierte, denn sie übersteigen den Wert einer Erdölraffinerie. Die Steuerungen für den automatischen Transport und für die Zerkleinerung des Malzes sind hoch technologisiert, ebenso wie auch die Mischkontrolle für die unterschiedlichen Malzqualitäten vollständig computergesteuert ist. Auch die ursprünglichen gusseisernen Kästen für den Einweicheprozess wurden modifiziert, indem man spezielle Filter installierte. Das Gebäude selbst ist so konzipiert, dass ein einziger Angestellter den Destillationsvorgang steuern könnte, ohne sich von seinem Platz im Erdgeschoss entfernen zu müssen. Bei aller Technik sind die Rohstoffe für die Whiskyherstellung noch immer die gleichen wie eh und je geblieben. Das verwendete Wasser stammt immer noch aus dem nahe gelegenen Bach Alt-na-Frith (was in etwa „freier Bach" bedeutet), der von den Monadhliath Mountains herabfließt. Dieses Wasser hat einen intensiven Torfgeschmack und gilt als eines der am besten geeigneten zur Herstellung von Malzdestillaten.

Eigenschaften: Dieser Whisky hat eine intensiv goldene **Farbe** mit Schattierungen, die ins Bernstein übergehen, und ein leichtes, süßes **Aroma** mit Noten von Karamell und Rauch. Der intensive **Torfgeschmack** schenkt im Finale unerwartete Pfeffernuancen (Angaben beziehen sich auf den 10-Jährigen).

Weitere Sorten: Die Tomatin hat zahlreiche Versionen in ihrem Angebot, darunter die wirklich beachtlichen 25 und 30 Jahre gereiften Sorten sowie einen 5-Jährigen mit zartem, weichem Geschmack und salzigen Nuancen. Außerdem sei noch eines der meistgeschätzten Destillate überhaupt erwähnt: die 11-jährige Version mit 60,8 Vol.-% Alkohol, die sich durch fast perfekte Charaktereigenschaften auszeichnet. Im Katalog der Firma findet man auch eine Reihe Blended Whiskys, die Big „T" genannt werden und in Edinburgh mit 5, 10 und 12 Jahre alten Whiskys hergestellt werden.

Tomintoul

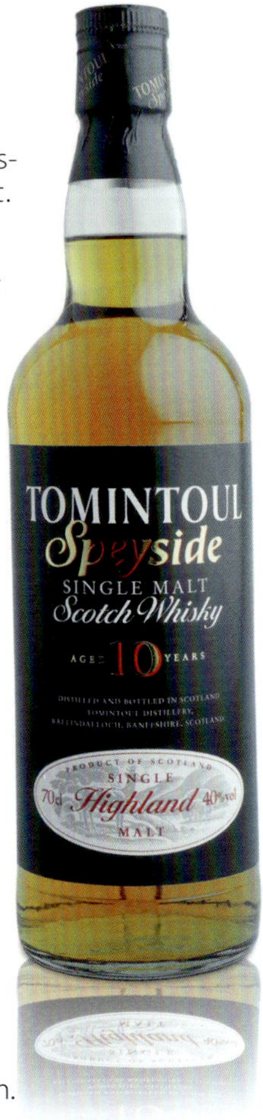

Hersteller
Tomintoul Distillery

Herstellungsort
Ballindalloch

Kategorie
Highlands

Alter
10, 12 und 14 Jahre

Alkoholgehalt
40 bis 43 Vol.-%

Sorte
Single Malt/ Pure Malt

Die Tomintoul ist die dritte nach dem Zweiten Weltkrieg neu eröffnete Brennerei und die erste des 20. Jh., die ausschließlich mit schottischem Kapital finanziert worden ist.

Geschichte: In den 60er-Jahren stieg die Nachfrage nach Whisky sowohl am angelsächsischen als auch auf den internationalen Märkten stark an. Aus diesem Grund investierten einige Unternehmer ihr Eigenkapital in dieser Branche. Die Tomintoul wurde von zwei Glasgower Firmen ins Leben gerufen, die Hay & Macleod & Co. und die W. & S. Strong & Co. Beide Parteien brachten ihre Geldmittel ein, um damit eine Malt-Whisky-Brennerei zu errichten.

Romantische Tradition und industrielle Logik veranlassten die Techniker, den Baugrund in einer Gegend zu wählen, die als das „Mekka" des Whiskys gilt: die Region Glenlivet. Die Fabrik wurde auf einer Anhöhe in einer faszinierenden Naturlandschaft erbaut, die oft von Touristen durchwandert wird. Diese Lage ermöglichte einen leichten Zugriff auf die Quelle von Ballantruan, die, nur wenige Kilometer vom Dorf Tomintoul entfernt, in der Nähe von Ballindalloch entspringt. Im November 1964 begannen die Arbeiter, die Fundamente der Brennerei auszuheben. Ausrüstungen und Maschinen trafen ab dem darauf folgenden März in der Fabrik ein. Im Juli 1965 wurde der Betrieb mit zwei Brennblasen aufgenommen. Acht Jahre später wurde das Unternehmen von der Whyte & Mackay aufgekauft, die die Anzahl der Brennblasen verdoppelte, um die Produktion zu steigern.

1990 folgte die American Brand Inc., ein US-amerikanischer Spirituosenkonzern, der die ausgezeichneten Single Malts der Tomintoul, deren Produktion anfänglich größtenteils für den Blended-Whisky-Markt bestimmt war, auf den großen Weltmärkten vertreiben konnte. Es waren die Whiskyliebhaber, die die Firmenleitung davon überzeugten, eine ganze Reihe von Single Malts zu kreieren, die sich im Nachhinein als sehr erfolgreich erwiesen.

Eigenschaften: Dieser Whisky hat eine strohgelbe **Farbe** und ein intensives **Getreidearoma** mit gut wahrnehmbaren Noten von Kirsche, gekochten Früchten und einem leichten Pfefferton. Im **Geschmack** ist er malzig, süßlich und angenehm weich, bietet aber auch Nuancen von Heidekraut (Angaben beziehen sich auf den 10-Jährigen).

Weitere Sorten: Von den zahlreichen Versionen, die derzeit von der Tomintoul angeboten werden, ist der 12-Jährige mittlerweile zu einem Klassiker geworden. Er kommt in einer besonders raffinierten Aufmachung auf den Markt. Zu seinem leichten und süßen Vanillearoma gesellt sich ein lang anhaltender Malzgeschmack mit feinen, würzigen Nuancen.

Im Handel findet man auch 14 und 16 Jahre gereifte Versionen, die Letztere mit 43 Vol.-% Alkohol. Erwähnenswert ist eine Sammleredition (mit 53 Vol.-% von 1966) in limitierter Auflage. Dieser Whisky bekommt durch die Reifung in ehemaligen Sherryfässern eine schöne Mahagonifarbe. Er verströmt ein delikates Aroma, das an Pflaumen und Trockenfrüchte erinnert und schmeckt ausgesprochen würzig.

The Tormore

Hersteller
The Tormore-Glenlivet Distillery

Herstellungsort
Advie

Kategorie
Highlands

Alter
5, 10 und 12 Jahre

Alkoholgehalt
40 bis 43 Vol.-%

Sorte
Single Malt/ Pure Malt

Die Brennerei Tormore wurde, wie auch andere bedeutende Firmen der Branche, in der zweiten Hälfte des 20. Jh. gegründet, als sich Whisky unglaublich erfolgreich verkaufen ließ.

Geschichte: Die Tormore wurde auf Initiative der Long John Distillers Ltd. hin im Frühjahr 1958 in der Nähe des Städtchens Advie, nicht weit von Grantown-on-Spey, im Herzen der Speyside, erbaut. Die Arbeiten wurden allerdings erst im Oktober 1960 abgeschlossen.

Der Gebäudekomplex wurde in einem für jene Zeit absolut neuen Stil erbaut. Der Gründer des Unternehmens, Sir Albert Richardson, Ritter des Viktorianischen Ordens und ehemaliger Präsident der Royal Academy, entwarf eine Modellfabrik mit kleinem See und verzierten Brunnen. Die Brennerei hatte keinen leichten Start, vor allem wegen der Streitigkeiten, was die Wahl des Malzes betraf. Das Endergebnis war dennoch ausgezeichnet.

Herstellung: Das benötigte Wasser wird aus einem Bach entnommen, der in den Loch-an-Oir („Goldsee") mündet. Dieser Wildbach schlängelt sich durch eine torfreiche Gegend und fließt dann um den Torr Morr („Großer Hügel"), der aus Granit und Basalt besteht. Das Wasser des Baches wird durch diese Gesteinsschichten gefiltert und geklärt und ist so für die Whiskyherstellung bestens geeignet.

Eigenschaften: Ein Whisky mit strohgelber **Farbe**, der ein raffiniertes und weiches **Aroma** mit angenehm grasigen Noten und malziger Süße enthüllt. Der **Geschmack** ist vollmundig, ausgeglichen, malzig, nussig, mit leicht fruchtigen Nuancen (Angaben beziehen sich auf den 5-Jährigen).

Weitere Sorten: Das Unternehmen verkauft auch eine 10 Jahre alte Version mit Malz- und Sherryaroma und einem starken, eleganten, ausgeglichenen und ziemlich süßen Geschmack. Außerdem gibt es noch einen 12-Jährigen mit markantem Malzaroma.

Tullibardine

Hersteller
Tullibardine Distillery Ltd.

Herstellungsort
Blackford

Kategorie
Highlands

Alter
10 Jahre

Alkoholgehalt
40 Vol.-%

Sorte
Single Malt/ Pure Malt

Wahrscheinlich hat die Bierbrauerei im Perthshire, auf deren Ruinen die Tullibardine-Brennerei erbaut worden ist, die Vorratskeller von König Jakob IV. mit dem schäumenden Getränk beliefert, und es war eben dieser König, der später die Herstellung der Malzdestillate in Schottland vorantrieb.

Geschichte: Die heutigen Gebäude wurden 1949 von Delmé Evans erbaut, dem berühmten Architekten, der bereits die Pläne für die Brennereien Jura und Glenallachie entworfen hatte. 1974 konnte die Brennerei ihre Produktionskapazität verdoppeln, musste aber 1995 geschlossen werden.

Herstellung: Für die Arbeitsprozesse wird das Wasser aus dem Danny Burn verwendet, aus dem auch die Highland Spring, ein großes britisches Unternehmen, das Mineralwasser vertreibt, ihr Wasser entnimmt.

Eigenschaften: Dieser Whisky hat eine leuchtend hellgoldene **Farbe** und ein intensives **Malzaroma**, das Noten von Sherry, Blumen und Zitronen verströmt. Der **Geschmack** zeigt sich vollmundig, rauchig mit pfeffrigen Noten und einem langen Abgang.

Weitere Sorten: Mit etwas Glück lassen sich die sehr seltenen, 25 und 30 Jahre gereiften **Stillman's Dram** mit 45 Vol.-% sowie eine Sonderabfüllung von 1973, den **Signatory** mit 49,6 Vol.-%, im Handel finden.

Vat 69

Hersteller
Wm Sanderson & Sons Ltd.

Herstellungsort
Leith

Kategorie
Highlands

Alter
mindestens 10 Jahre

Alkoholgehalt
40 Vol.-%

Sorte
Blended

Dieser Blend wurde 1882 von William Sanderson kreiert. Er war ein junger, zum Perfektionismus neigender Unternehmer, der in Leith, der ältesten Hafenstadt Schottlands, eine Firma gründete, die Spirituosen produzierte und vertrieb.

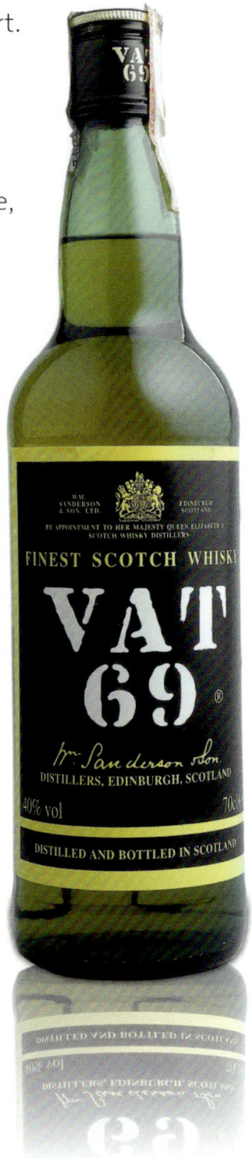

Geschichte: 1882 entwickelte Sanderson eine Methode, um herauszufinden, welche der ungefähr 100 Whiskymischungen seiner Firma am besten schmeckte. Die einzelnen Whiskys wurden in kleine Fässer, den sogenannten Vats, gefüllt und mit einer Nummer gekennzeichnet. Nun wurden sie von einem Expertenteam verkostet und man stellte fest, dass sich die beste Mischung im Fass Nummer 69 befand. So kam der Whisky zu seinem Namen.

Herstellung: In welchem Verhältnis die einzelnen Whiskys der Mischung zugesetzt werden, ist Erfahrungssache der *Blendmaster*. Unter anderem kommt auch der Teaninich in die Mischung.

Eigenschaften: Ein exzellenter Blend mit tiefgoldener **Farbe** und grünen Reflexen. Er hat ein weiches, anhaltendes **Malzaroma** mit leicht rauchigen Noten. Der **Geschmack** ist abgerundet, süß und torfig (Angaben beziehen sich auf den **Vat 69 Reserve De Luxe**).

Weitere Sorte: Die Firma vertreibt auch einen Vat 69 Finest Scotch Whisky, der sich durch ein feines Aroma und einen weichen, lang anhaltenden Geschmack hervorhebt. Neben der klassischen 3/4-Liter-Flasche wird im Handel auch eine Flasche mit 2 Litern Inhalt angeboten.

White Heather

Die Eigentümerin dieser Marke, die Firma House of Campbell, wurde 1879 ins Leben gerufen. Neben dieser Brennerei besitzt sie auch die Aberlour Glenlivet Distillery Co. Ltd.

Hersteller White Heather Distillers Ltd.	
Herstellungsort Glasgow	
Kategorie Highlands	
Alter 5, 8 und 15 Jahre	
Alkoholgehalt 43,4 Vol.-%	
Sorte Blended	

Herstellung: Die Fabrik produziert einen ausgezeichneten Blended Whisky. Man hält sich dabei an die ältesten schottischen Traditionen, d. h. man vermischt einen großen Anteil hochwertiger Single Malts, darunter einige, die exklusiv für die Brennerei hergestellt werden.

Eigenschaften: Dieser wohlschmeckende Blend zeichnet sich durch eine tiefgoldene, zum Bernstein tendierende **Farbe** aus. Sein **Aroma** ist trocken, fein, mit Noten von geröstetem Malz. Der Gaumen wird von einem vollmundigen, weichen **Geschmack** mit angenehm würzigen Nuancen verwöhnt (Angaben beziehen sich auf den 5-Jährigen).

Weitere Sorten: Das Unternehmen verkauft vor allem den 5 Jahre gereiften, äußerst erlesenen Blend. Man mischt ihm einen kleinen Anteil ausgewählter Malts von den Inseln bei. Er kommt in einer Flasche, deren Form sehr gefragt ist, in den Handel.

Die White Heather hat auch andere Versionen zu bieten. Besonders hervorzuheben wäre ein köstlicher 8-Jähriger. Dieses Alter ist sehr selten, da die Brennereien normalerweise Blends auf den Markt bringen, die entweder zwischen drei und fünf Jahre gereift sind, oder zwischen 10 und 12 Jahre. Dieser Blend vermag, obwohl er nur acht Jahre alt ist, ein feines und intensives Aroma zu schenken, zu dem sich ein fruchtiger, gut strukturierter Geschmack gesellt, der rauchige Nuancen präsentiert und an gelagertes Fassholz erinnert.

Weiterhin gibt es einen sehr seltenen 15-Jährigen, der anlässlich des 100-jährigen Bestehens der Firma kreiert wurde und in einer eleganten Dekantierflasche aus englischem Kristallglas angeboten wird. Dieser Whisky, der 1979 in den Handel kam, ist limitiert und deshalb ein wahrhaftes Sammlerstück.

White Horse

Hersteller
White Horse Distillers Ltd.

Herstellungsort
Glasgow

Kategorie
Highlands

Alter
12 Jahre

Alkoholgehalt
40 Vol.-%

Sorte
Blended

Dieser hochwertige Blended Whisky hat einen ausgezeichneten Ruf. Heute besitzt und leitet die White Horse Distillers Ltd. als Tochtergesellschaft der DCL auch die Glen-Elgin-Brennerei.

Geschichte: Viele glauben, dass dort, wo heute die Brennerei steht, bereits 1742 ein Destillierapparat betrieben wurde. Hier gründete 1883 Sir Peter Mackie die Mackie & Co. Distillers Ltd. Sie ging aus der Logan Mackie & Co. Distillers hervor, einer Fabrik aus Glasgow, die seit 1861 in Betrieb war. Bei der Namensfindung dieses Whiskys, der 1891 als Marke eingetragen wurde, ließ man sich von dem berühmten gleichnamigen Lokal in Edinburgh inspirieren. Der Name des Whiskys wurde schließlich derart bekannt, dass man auch die Brennerei nach ihm benannte. Allerdings wurde erst nach dem Tod des Eigentümers und Firmengründers im Jahr 1924 dieser Name offiziell von der Brennerei angenommen. Der White Horse wird in alle Welt exportiert und ist vor allem in Japan sehr beliebt, auch deshalb, weil man für diesen speziellen Markt durchdachte Marketingstrategien entworfen hat.

Herstellung: In die Mischung dieses Blended kommen hervorragende Single Malts, wie z .B. der Talisker, der Linkwood, der Lagavulin, der Glen Elgin und der Craigellachie.

Eigenschaften: Der White Horse hat eine intensiv leuchtende antikgoldene **Farbe** und ein duftiges **Blumenaroma** mit torfigen Noten. Der reichhaltige, gut strukturierte, eher süße **Geschmack** offenbart auch deutlich grasige und malzige Nuancen.

White Label

Hersteller
John Dewar & Sons Ltd.

Herstellungsort
Perth

Kategorie
Highlands

Alter
mindestens 3 Jahre

Alkoholgehalt
43 Vol.-%

Sorte
Blended

Der White Label war der erste Blend, der per Leuchtreklame vermarktet wurde, und er ist, dank des Einfallsreichtums der Firmeneigentümer, ein absoluter Bahnbrecher, was die Kinowerbung betrifft.

Geschichte: Die Brennerei wurde 1846 von John Dewar in Perth gegründet. Dewar war ein Spirituosenhändler, der eines Tages beschloss, selbst Malzdestillate zu produzieren. Schon ab 1870 hatten seine Whiskys einen derart großen Bekanntheitsgrad erreicht, dass man in ganz Schottland ein engmaschiges Vertriebsnetz aufbaute.

1885 übernahmen die beiden Söhne die Leitung des Unternehmens, denen es dank umsichtiger Firmenpolitik gelang, ihren Whisky auch jenseits des Ärmelkanals bekannt zu machen. Um der riesigen Nachfrage aus dem In- und Ausland gewachsen zu sein, wurde die Produktion auf sieben Brennereien aufgeteilt (darunter die Aberfeldy und die Glen Ord).

Eigenschaften: Die **Farbe** dieses Blend ist ein helles Gold. Das feine **Aroma** erinnert an Leder und Wachs und offenbart Noten von Kiefernholz und Eiche. Der **Geschmack** ist ziemlich würzig, verwöhnt mit blumigen Noten, Malz und Vanille.

Whyte & Mackay

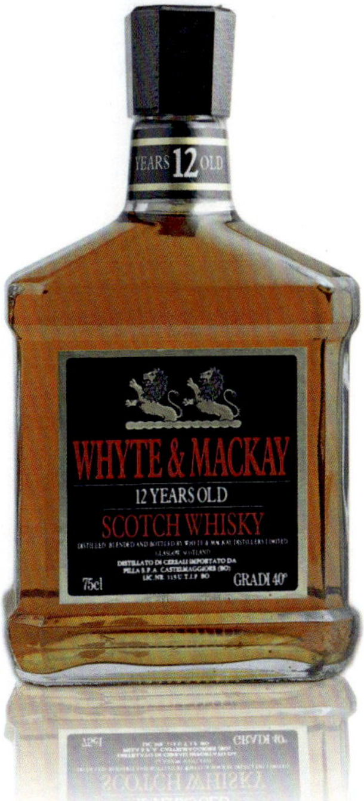

Die Whyte & Mackay ist bekannt für die hervorragende Qualität ihrer Whiskys. Aber auch eindrucksvolle Marketingstrategien und Werbekampagnen haben zum Erfolg dieses Unternehmens beigetragen.

Hersteller	Whyte & Mackay Ltd.
Herstellungsort	Glasgow
Kategorie	Highlands
Alter	5, 12, 15 und 25 Jahre
Alkoholgehalt	43 Vol.-%
Sorte	Blended

Geschichte: Die Whyte & Mackay ist eine der bedeutendsten Brennereien der Lowlands. Ihre Entstehungsgeschichte ist eng mit Charles Mackay und James Whyte verbunden. Mackay sammelte als leitender Angestellter der Allan & Poynter – einem Unternehmen, das 1844 gegründet wurde und für das auch Whyte arbeitete – erste Erfahrungen in dieser Branche. 1882 schlossen sich die beiden zusammen, um ein neues Spirituosenunternehmen zu gründen. Als Erstes brachte man einen Blended in den Handel, der wegen seiner ausgezeichneten Qualität auf Anhieb die Whiskyliebhaber für sich einnahm. Durch diesen Erfolg angespornt, erhöhte man die Produktion. Mittlerweile wechselten sich verschiedene Familienmitglieder der Firmengründer an der Führungsspitze ab. Damals war der Export ein wichtiger Faktor für die Firma und zumindest bis zum Ausbruch des Zweiten Weltkriegs stieg der Verkauf vor allem in den Ländern USA, Kanada, Südafrika und Neuseeland stetig an.

In den ersten Jahren der Nachkriegszeit konzentrierte sich das Unternehmen darauf, die eigenen Rücklagen zu erhöhen. 1960 kam es zum Zusammenschluss mit der Mackenzie Bros. Dalmore, woraus die Dalmore, Whyte & Mackay Ltd. hervorging. Um den Absatz in England und Wales zu erhöhen, wurde wenige Jahre später die Jarvis Halliday & Co. Ltd. gekauft, eine Wein- und Spirituosenhandelsgesellschaft in Aylesbury. Damals wurde auch ein neuer Flaschentyp, der Whyte & Mackay Special mit 1,2 Litern, eingeführt, der an Kneipen und Bars geliefert wurde (eine Idee, die sofort auch die Konkurrenz übernahm). Produziert wurde in jener Zeit hauptsächlich in der Dalmore, einer am Ufer des Cormarty Firth gelegenen Brennerei, die technisch bestens ausgestattet war. Um der Nachfrage der Kundschaft gerecht zu werden, wurde bald eine weitere Vergrößerung notwendig. Man kaufte also 1965 noch die W. & S. Strong & Co. und die Hay & Macleod & Co.

1971 kamen noch die Fettercairn Distillery Co. und die Tomintoul hinzu. 1975 wurden alle Brennereien zusammengelegt und von einem einzigen Geschäftsführer verwaltet. Durch diese prosperierenden Aktivitäten wurden die großen Konzerne auf das Glasgower Unternehmen aufmerksam, darunter die Scottish and Universal Investments Ltd., die die Whyte & Mackay 1972 überredete, ihrem

Konzern beizutreten (heute im Lonrho Konsortium). Ab 1985 wurden weitere 10 Brennereien zusammengelegt und 1990 kam das Unternehmen zur Gallagher Ltd., das seinerseits zur America Brands Ltd. gehört.

Heute ist der Whyte & Mackay Special in Schottland äußerst populär, er ist in seiner Stadt der Verkaufsschlager. Die Gesellschaft wirbt für ihre Marke, indem sie zahlreiche sportliche Aktivitäten sponsert. Dies erhöht natürlich die Popularität und wertet ihr Image weiterhin auf.

Eigenschaften: Dieser ausgezeichnete Blended Whisky ist intensiv **bernsteinfarben.** Das volle und ausgeglichene **Aroma** verströmt torfige und holzige Noten. Der **Geschmack** ist reichhaltig, erinnert an Malz und bietet leicht torfige Nuancen (Angaben beziehen sich auf den 12-Jährigen).

Weitere Sorten: Das Unternehmen hat viele unterschiedliche Versionen dieses ausgezeichneten Whiskys im Programm. Zuallererst der „denkwürdige" **Whyte & Mackay Special** mit weichem Aroma und deutlichem Malzgeschmack. Dann der 15-Jährige, der sich mit dem Namen **Select Reserve** schmückt. Er ist das Ergebnis einer perfekten Harmonie von Aroma und Geschmack und wurde von den Blendexperten des Hauses geschaffen (insbesondere von Richard Paterson, einem *Blendmaster* mit großem Fingerspitzengefühl, der es schafft, täglich 1700 unterschiedliche Destillate zu probieren).

Hervorzuheben auch ein exzellenter 21-Jähriger, der aus 40 Weizen- und Malzwhiskys gemischt wird und der danach zuerst dem sogenannten doppelten Reifungsprozess (*double marriage*) unterzogen wird und schließlich in Fässern aus Traubeneiche gelagert wird, in denen vorher Bourbon Whiskey abgefüllt war. Dann gibt es noch einen 25-Jährigen, der aus reinen Malt Whiskys kreiert wird, die in Fässern aus amerikanischer Eiche herangereift sind. Die Whyte & Mackay richtet sich mit dem Pot Still Decanter, einer vergoldeten Keramikminiatur, die die klassische Brennblase darstellt, auch an Liebhaber von Miniaturen.

William Lawson's

Dieser Brennerei ist es gelungen, Whiskys zu kreieren, die beim internationalen Publikum großen Anklang finden und wegen ihrer ausgezeichneten geschmacklichen Eigenschaften sehr geschätzt werden.

Hersteller
William Lawson Distillers Ltd.

Herstellungsort
Coatbridge und Macduff

Kategorie
Highlands

Alter
mindestens 3 Jahre

Alkoholgehalt
40 Vol.-%

Sorte
Blended

Geschichte: Die William Lawson Distillers Ltd. steht am Ufer des Flusses Deveron in Macduff im Nordosten Schottlands. Ihre Ursprünge gehen auf 1849 zurück. Damals begann der Gründer der Brennerei mit einem Whiskyhändler in geschäftliche Beziehungen zu treten. Lawson war fasziniert von den Herstellungsmethoden der Blended Whiskys. Eigentlich wurde er von der geheimnisvollen Alchimie in Bann gezogen, die es ermöglicht, verschiedene Malts zu einer ausgeglichenen und einzigartigen Mischung zu vereinen und daraus exquisite Whiskys entstehen zu lassen. Der Anfang war dennoch nicht leicht, da es einige Probleme finanzieller Art gab, die einen entsprechenden Vertrieb der gerade erst kreierten Blends unmöglich machten. Außerdem ließ die harte Konkurrenz jener Zeit sehr wenig Spielraum für William Lawsons Unternehmungsgeist. So blieb die Fabrik für mehrere Jahre geschlossen.

Kurz nach dem Zweiten Weltkrieg wurde die Brennerei vollständig in Liverpool rekonstruiert und 1967 siedelte man sie nach Coatbrigde um. Hier wurde auch eine Abteilung für die Flaschenabfüllung angebaut. Der Whisky wurde vor allem auf den europäischen Märkten vertrieben, anfangs nur mit dem Namen Lawson's. Später gab man ihm den neuen Namen, um die Whiskys besser von den Konkurrenzprodukten der Dawson's unterscheiden zu können, und um so Verwirrung bei den Käufern zu verhindern.

1972 erwarb die William Lawson die Macduff Distillery (erbaut 1960), um sich so eine direkte und stetige Malt-Whisky-Lieferung zu sichern. Heute wird in dieser Brennerei der Whisky produziert, der für die William Lawson's Blended Whiskys benötigt wird.

Herstellung: Die sorgfältigen Herstellungsprozesse sind für die außerordentlich gute Qualität der Blends dieses Unternehmens verantwortlich. Die erste Lagerung erfolgt in ehemaligen Sherryfässern. Nachdem der Whisky dann die strenge Prüfung des *Blendmasters* bestanden hat, wird er für eine weitere Zeitspanne in Eichenfässern verfeinert. In die Mischung gelangen sowohl Single Malts als auch Whiskys aus Weizen, alle natürlich von bester Qualität. Vor allem der Glen Deveron bestimmt überwiegend den Geschmack und die aromatischen Nuancen dieses Blended Whiskys.

Eigenschaften: Ein Whisky, der sich durch eine strohgelbe, zu Gold tendierende **Farbe** auszeichnet. Bei der Verkostung schenkt er ein feines **Malzaroma** mit weichen, fruchtigen Noten, während der abgerundete, feine und zarte **Geschmack** angenehme Malznuancen präsentiert.

Weitere Sorten: Die Firma hat unterschiedliche Sorten dieses ausgezeichneten Blends im Angebot. Die 12 Jahre alte Version hat eine tiefgoldene Farbe mit orangegelben Reflexen. Zu einem weichen und anhaltenden Aroma mit feinen torfigen Noten gesellt sich ein harmonischer, abgerundeter Geschmack mit fruchtigen Noten und angenehm rauchigen Nuancen.

Irland

Weizenfelder in der Gegend um Bushmills

Die Tatsache, dass Irland (die zweitgrößte britische Insel) als Landessymbol ein Musikinstrument – die keltische Harfe – gewählt hat, steht sinnbildlich für das irische Gemüt und zeigt den Hang der Iren zu Lyrik und Romantik. Diese Eigentümlichkeit hält Schritt mit Stolz und Selbstbewusstsein, die jedem Angelsachsen zu eigen sind. Aber es gibt noch ein anderes Element, das die Einzigartigkeit dieses Landes unterstreicht: Irland gilt als die Heimat des Whiskeys. Hier im Norden steht die Old Bushmills Distillery, die erste große Whiskeybrennerei der Welt, die 1608 offiziell die Erlaubnis erhielt, Malzdestillate zu produzieren. Noch heute ist diese Destillerie in Betrieb und das Geschäft floriert.

Ursprung des irischen Whiskeys

Den irischen Chroniken zufolge, begann die Geschichte des Irish Whiskey um 600 n. Chr. Eine Gruppe von Mönchen, die während einer langen Missionsreise im Mittelmeer umhersegelten, lernten dort die Techniken kennen, mit denen man Aromen und Parfüms destillieren konnte. Als sie in ihre Heimat zurückgekehrt waren, beschlossen die Mönche, ihr erworbenes Wissen zur Herstellung von alkoholischen Getränken einzusetzen, und so schufen sie das *Uisge Beatha*. Dieser gälische Ausdruck bedeutet „Wasser des Lebens" und dieses „Wasser" gilt als Vorläufer unseres heutigen Whiskeys.

Um 1200 gelangte das „Wasser des Lebens" nach England, wo es einige Jahrhunderte später auch Königin Elisabeth I. und ihren Höfling Walter Raleigh für sich einnahm. Dank des Grafen von Cork, der den Kellern des Hofstaats gut 32 Gallonen Whiskey (etwa 144 Liter) spendete, wurden die beiden zu enthusiastischen Liebhabern dieses Lebenswassers. Binnen kurzem eilte der Ruf dieses köstlichen Getränks über den Ärmelkanal und gelangte bis nach Russland, wo die irischen Destillate dem heimischen Wodka Konkurrenz machten. Zar Peter der Große war es, der den Erfolg des Whiskeys in den Adelskreisen des russischen Reiches besiegelte, indem er sofort dessen Vollkommenheit würdigte.

Wasser, Gerste und Brennereien im Überfluss

Die größten Whiskeyproduzenten des Landes waren immer schon in der Gegend um Dublin, Bushmills und Cork angesiedelt, wo reinstes Wasser und beste Gerste im Überfluss vorhanden sind.

Ende des 18. Jh. standen in Irland gut 200 Destillerien, die vielen Schwarzbrennereien nicht mitgerechnet. Sie alle arbeiteten auf Hochtouren. Da sich aber die kleineren Fabriken den Steuerzahlungen entzogen, entschied die englische Verwaltung, die entsprechenden Lizenzen nur Unternehmen mit einer gewissen Größe zu bewilligen.

1966 schlossen sich die größten Firmen der Branche zu einem Konsortium, dem Irish Distillers Konzern, zusammen, um so der internationalen Konkurrenz entgegentreten zu können. Die Gesellschaft, die derzeit in Nordirland von der Old Bushmills Distillery und in der Republik Irland von der Midleton Distillery geleitet wird, wahrt und gewährleistet die hohe Qualität jedes einzelnen, vom Konzern produzierten Whiskeys, wobei jede Marke weiterhin ihre persönlichen Charaktereigenschaften beibehalten hat.

Pure pot still und Irish Whiskey

Der klassische irische Whiskey ist der *pure pot still*, den man bereits seit Anfang des 18. Jh. kennt. Man verwendet für seine Herstellung eine Getreidemischung mit überwiegend ungemälzter Gerste. Diese Mischung wird in nicht kontinuierlichen kupfernen Brennblasen (den sog. *pot stills*) dreifach destilliert. Trotz des besonderen Herstellungsverfahrens ist der *pure pot still* weniger verbreitet als der in den Säulenbrennblasen erzeugte Irish Whiskey.

Man teilt die Destillate in zwei Kategorien ein: „Premium" steht für gehobene Qualität, „Single Cereal" bezieht sich auf das bei der Herstellung verwendete Getreide.

Die verbreitetsten Whiskeysorten sind der Malt Whiskey und der Blended. Nur wenige Brennereien (unter anderem die Old Bushmills) produzieren Single Malts.

Ein Rezept für unbestreitbaren Erfolg

Was macht den irischen Whiskey zu etwas Besonderem? Mit Sicherheit das Darren der gemälzten Gerste, das in einem geschlossenen Ofen und nicht über direktem Feuer vorgenommen wird. Dann natürlich die zahlreichen Destillationsdurchgänge, die mit großer Sorgfalt in nicht kontinuierlichen oder kontinuierlichen Brennblasen durchgeführt werden (es war ein Ire, der das kontinuierliche Verfahren perfektionierte), oder nacheinander in beiden Brennblasentypen, wie es in Midleton üblich ist. Schließlich destilliert man einzelne kleine Portionen, die danach wieder untergemischt werden, um so dem Whiskey einen besonderen Geschmack zu verleihen, durch den sich jede einzelne Marke unterscheidet. Danach wird das Destillat in Fässer umgefüllt, in denen zuvor Sherry, ein anderer irischer Whiskey, Bourbon oder Rum gelagert worden war. Nun ruht das Destillat für mindestens drei Jahre. Nach der Reifezeit füllt man den Whiskey in große Wannen, mischt ihm leichtere Weizendestillate zu und lässt das Ganze zwischen einer und drei Wochen dekantieren. Nun reduziert man durch Zugabe von entionisiertem Wasser den Alkoholgehalt (üblicherweise auf 40 Vol.-%). Letztendlich wird das Destillat in Flaschen abgefüllt. Durch die genaue Einhaltung der überlieferten Rezepte – Erbgut eines jeden einzelnen Herstellers – wird garantiert, dass Qualität und Eigenschaften des Endprodukts immer konstant erhalten bleiben. So wird aus jedem Irish Whiskey ein wahres Qualitätserzeugnis.

Fässer mit irischem Whiskey

Bushmills

Hersteller
Old Bushmills Distillery

Herstellungsort
Bushmills

Kategorie
Premium

Alter
5 und 10 Jahre

Alkoholgehalt
40 Vol.-%

Sorte
Single Malt/ Pure Malt

Wenn man von Irish Whiskey spricht, denkt man sofort an die Old Bushmills, die älteste und berühmteste Brennerei Nordirlands. Neben Blends produziert dieses Unternehmen auch erlesene Single Malts.

Geschichte: Wahrscheinlich gab es in der Grafschaft Antrim bereits 1276 eine Destillerie. Einige Chroniken berichten, dass der ungestüme Sir Robert Savage, Herr über Bushmills, seinen Truppen vor der Schlacht Mut einflößte, indem er ihnen Whiskey aus der örtlichen Brennerei zu trinken gab.

1608 gründete Sir Thomas Phillips, er war Abgeordneter von Ulster im englischen Parlament, die Old Bushmills an dem Ort, an dem sich die alte Destillerie befand und erhielt von Jakob I. von England eine offizielle Brennlizenz.

Die Firma durchlebte mehrere Höhen und Tiefen. 1885 wurde sie durch ein Feuer zerstört und danach in englischem Stil wiederaufgebaut.

1923 übernahm Samuel Boyd, ein Großhändler für Weine und Spirituosen, die Brennerei, die dann 1972 vom Irish Distillers Konzern (gehört zu Pernod-Ricard) aufgekauft wurde. Seither ist sie auch international erfolgreich.

Eigenschaften: Dieser Whiskey hat eine goldene **Farbe** und zeichnet sich durch ein **Honig-** und **Fruchtaroma** aus. Sein **Geschmack** ist harmonisch und lässt an Malz und Sherry denken (Angaben beziehen sich auf den 10-Jährigen).

Weitere Sorten: Neben dem 5-Jährigen, der weltweit am bekanntesten ist, produziert die Bushmills weitere interessante Sorten. Darunter ein kostbarer 10-Jähriger, der in Fässern heranreift, in denen vormals Bourbon Whiskey gelagert wurde.

Seit 1996 destilliert das Unternehmen auch sehr seltene Whiskeys von beachtlicher Struktur, unter anderem einen 16-Jährigen, der in drei verschiedenen Fasstypen heranreift, in denen vorher Sherry oder Port gelagert war. Zum Schluss sei noch der Single Malt **Private Cask** erwähnt, der 25 Jahre im Spezialfass Nummer 227 verfeinert wird.

Bushmills Black Bush

Die Grafschaft Antrim, in der die Bushmills Distillery steht, ist berühmt für ihre spektakuläre, windgepeitschte Küstenlandschaft, die auch Ziel vieler Naturliebhaber und Ornithologen ist.

Geschichte: Die Old Bushmills Distillery, eine der bedeutendsten irischen Whiskeybrennereien, wurde 1608 erbaut. Ursprünglich produzierte das Unternehmen nur Single Malts. Während des Zweiten Weltkriegs beschloss man aber, auch Blends herzustellen, um so der schottischen Whiskeykonkurrenz entgegenzutreten.

Herstellung: Für diesen Whiskey werden reinste Malts (zu 80 %) zusammengemischt, die vom gleichen Unternehmen aus bestem Weizen gebrannt werden. Schließlich entsteht eine kostbare Mischung, die für den Reifeprozess in Fässer gefüllt wird, die zuvor Sherry oder 10- bis 12-jährigen Whiskey enthielten.

Eigenschaften: Dieser ausgezeichnete Blended Whiskey hat eine sehr leuchtende goldene Farbe und ein weiches, süßes Sherryaroma. Der Geschmack ist gut strukturiert, erinnert an Malz und zeigt fruchtige Noten.

Hersteller
Old Bushmills Distillery

Herstellungsort
Bushmills

Kategorie
Premium

Alter
10 Jahre

Alkoholgehalt
40 Vol.-%

Sorte
Blended

Bushmills White Bush

Die Grafschaft Antrim, in der die Stadt Bushmills und die gleichnamige Brennerei beheimatet ist, ist abgesehen von wunderschönen Landschaften berühmt für eine originelle und außergewöhnliche Naturformation, den Giant's Causeway („die gepflasterte Straße der Riesen"), der aus sechseckigen Basaltsäulen besteht. Einer Legende zufolge bildeten sie vor langer Zeit das Ende einer Brücke, die Irland mit der Hebrideninsel Staffa verbunden haben soll.

Herstellung: Zur Herstellung dieses ausgezeichneten Blends wird das Wasser des St. Columb verwendet, einem Nebenfluss des Bush River, der an der Brennerei vorbeifließt.

Dieser ausgezeichnete 5-Jährige kann sich durchaus mit den besten schottischen Whiskys gleichen Alters messen. Seine komplexen Charaktereigenschaften machen ihn wahrlich zu einem der beliebtesten Blended Whiskeys.

Jeder Neuling, der einen eigenen Whiskeyvorrat mit irischen Destillaten anlegen möchte, tut gut daran, als Erstes den White Bush zu erwerben.

Eigenschaften: Dieser Blend zeichnet sich durch eine blassgoldene **Farbe** aus. Bei der Verkostung schenkt er ein angenehm leichtes **Aroma**, in dem sich malzige Noten erkennen lassen. Der **Geschmack** ist weich, eher süß und verwöhnt mit fruchtigen Nuancen. Es wird empfohlen, ihn mit etwas Wasser verdünnt oder mit einem Eiswürfel zu trinken.

Hersteller
Old Bushmills Distillery

Herstellungsort
Bushmills

Kategorie
Single Cereal

Alter
5 Jahre

Alkoholgehalt
40 Vol.-%

Sorte
Blended

Coleraine

Hersteller
Old Bushmills Distillery

Herstellungsort
Bushmills

Kategorie
Single Cereal

Alter
mindestens 3 Jahre

Alkoholgehalt
40 Vol.-%

Sorte
Blended

Obwohl die Brennerei Coleraine 1978 offiziell geschlossen wurde, werden die von dieser Firma kreierten Destillate nun von der heutigen Eigentümerin, der Old Bushmills, weiterproduziert. Sie hat die Coleraine 1960 übernommen und verkauft ihre Whiskeys auch im Ausland mit großem Erfolg.

Geschichte: Die Coleraine, die heute nicht mehr in Betrieb ist, aber besichtigt werden kann, wurde gegen Ende des 17. Jh. gegründet. Sehr unüblich und eine Besonderheit dieser Brennerei war es, sowohl Weizen als auch Gerste für die Produktion zu verwenden.

Bereits Ende des 19. Jh. galt diese Destillerie als eine der besten in der Branche. Sie erhielt eindrucksvolle Auszeichnungen und Sonderrechte. So durfte sie beispielsweise das irische Unterhaus beliefern. Dennoch war sie gegen die diversen Krisen, die den Markt des Öfteren erschütterten, nicht gefeit. Die Destillate wurden auch mit dem Alternativetikett „Old Irish HC" verkauft.

Eigenschaften: Ein Whiskey mit blassgoldener **Farbe** und einem grasigen **Aroma**, das Noten von Getreide enthüllt. Der **Geschmack** ist weich, lang anhaltend, fruchtig, süß, mit deutlichen Nuancen von Weizen.

Connemara

Hersteller
Cooley Distillery

Herstellungsort
Riverstown-Dundalk

Kategorie
Premium

Alter
mindestens 5 Jahre

Alkoholgehalt
40 Vol.-%

Sorte
Single Malt/Pure Malt

Die Cooley Distillery gehört heute zum Großkonzern Moët-Hennessy, der weltweit für seinen edlen Champagner und Cognac bekannt ist.

Geschichte: Die Fabrik wurde 1987 unter dem Namen Ceimici Teo Distillery gegründet. Nach einer Zeit des Produktionsstillstands (1995) nahm die Brennerei, dank der Intervention des berühmten französischen Unternehmens, die Produktion wieder auf und erlangte auch außerhalb Irlands großes Ansehen.

Herstellung: Nach der Destillation reifen die Erzeugnisse für mindestens fünf Jahre in Eichenholzfässern heran. Danach werden sie in die Old Locke's Distillery nach Kilbeggan gebracht.

Eigenschaften: Dies ist ein Whiskey mit blassgoldener **Farbe** und grünen Reflexen. Sein **Aroma** ist angenehm und bietet torfige und rauchige Noten, zu denen sich ein Hauch von Vanille gesellt. Der weiche und süße **Geschmack** schenkt Noten von Malz.

Weitere Sorten: Im Katalog findet man auch den **Suir Peated Malt**, der sich durch einen besonders fruchtigen Geschmack auszeichnet, und den **Pure Pot Still**, der deutlich torfige und malzige Noten präsentiert.

Crested Ten

Dies ist einer der gefragtesten und seltensten Whiskeys, die von der John Jameson & Son erzeugt werden. Die Firma widmet diesen kostbaren Whiskey den wahren Kennern und Liebhabern.

Geschichte: Die John Jameson & Son, eine bedeutende Dubliner Firma, wurde 1780 gegründet. Sowohl die Büros als auch das Museum liegen in der Bow Street, wo der allererste Whiskey dieses renommierten Hauses gebrannt wurde.

Heutzutage produziert das Unternehmen in Midleton, im Süden Irlands, wenige Kilometer von York entfernt, und bringt eine Vielzahl unterschiedlicher Erzeugnisse in den Handel, die alle für die Marke John Jameson & Son werben.

Herstellung: Dieser exzellente Blended Whiskey verdankt seinen Geschmack vor allem dem klassischen *Irish pot still*-Verfahren. Dieser Name bezieht sich auf die charakteristische Brennblase, die bei der Dreifachdestillation eingesetzt wird.

Eigenschaften: Ein ausgezeichneter Blend mit tiefgoldener **Farbe**. Sein angenehm weiches, weites **Aroma** mit malziger Note verbindet sich mit einem ebenso weichen, runden **Geschmack** mit auffälligen Sherrynuancen. Im Auftakt pikant, verändert sich der Geschmack beim Anwärmen auf dem Gaumen und zeigt einen leicht süßen Abgang.

Hersteller
John Jameson & Son

Herstellungsort
Midleton

Kategorie
Premium

Alter
12 Jahre

Alkoholgehalt
40 Vol.-%

Sorte
Blended

Ein Whiskey-Tasting

Dunphy's

Hersteller
Irish Distillers Group

Herstellungsort
Midleton

Kategorie
Premium

Alter
mindestens 5 Jahre

Alkoholgehalt
40 Vol.-%

Sorte
Blended

Der Dunphy's ist einer der besten in Irland produzierten Blends, ein wahres Juwel der Whiskeyindustrie.

Geschichte: Die Fabrik wurde dem Großkonzern Irish Distillers Group angegliedert, gemäß der erfolgreichen Strategie, die großen Hersteller des Landes in einer einzigen Gesellschaft zu vereinen, um so die eigenen Whiskeys mit vereinten Kräften in der ganzen Welt bekannt zu machen. Aufgrund des Anschlusses an den Konzern und dank seiner guten Qualität ist der Dunphy's eine äußerst begehrte Marke geworden.

Herstellung: Durch die Reifung in Eichenfässern bekommt dieser Blend eine besondere Klarheit und Weichheit. Die verwendeten Single Malts werden mit feinster Gerste und reinstem Quellwasser aus Midleton gebrannt. Die Dreifachdestillation verleiht Feinheit und Sanftheit, eine Besonderheit, die allen irischen Whiskeys eigen ist.

Eigenschaften: Ein Whiskey mit einer tiefgoldenen **Farbe** und orangegelben Reflexen, der ein ausführliches, weiches und fruchtiges **Aroma** mit holzigen Noten besitzt. Der **Geschmack** ist abgerundet, weich, leicht rauchig.

Hewitt's

Hersteller
Irish Distillers Group

Herstellungsort
Midleton

Kategorie
Premium

Alter
mindestens 5 Jahre

Alkoholgehalt
40 Vol.-%

Sorte
Blended

Dies ist eines der typischen Produkte, von dem sich die Irish Distillers Group viel verspricht, denn neben den großen Marken der berühmtesten irischen Brennereien bringt man auch zahlreiche weltweit sehr geschätzte Blended Whiskeys an den Mann.

Der Hewitt's erfreut sich einer großen Beliebtheit in England und Nordeuropa.

Er eignet sich sehr gut zum Mischen mit anderen alkoholischen Getränken und wird deshalb gerne als Zutat für zahlreiche Cocktails verwendet. Dank seiner nicht aufdringlichen Struktur kann dieser Blend für Hot Drinks, wie den berühmten Irish Coffee, verwendet werden.

Geschichte: Die Brennerei Hewitt's wurde 1793 in Cork gegründet. 1867 kam sie zur Cork Distilleries Company. Ein Jahrhundert später, 1966, wurde sie schließlich vom Großkonzern Irish Distillers Group geschluckt.

Eigenschaften: Ein Blend mit einer goldgelben **Farbe** und grünen Reflexen, der ein weiches, zartes und blumiges **Aroma** verströmt. Dazu gesellt sich ein abgerundeter, weicher und fruchtiger **Geschmack**.

Jameson

Bloß weil es in Irland nur noch ein paar wenige Brennereien gibt, sollte man nicht denken, dass der Irish Whiskey dem Untergang geweiht ist. In der Vergangenheit wurde der irische vielleicht sogar mehr geliebt als der schottische Whisky.

Heute ist die Qualität der irischen Destillate ziemlich hoch. Viele Fabriken kreieren absolut konkurrenzfähige Erzeugnisse, die in aller Welt geschätzt werden.

Auch die John Jameson & Son, eine der berühmtesten und erfolgreichsten Marken, gehört dazu.

Geschichte: Der Schotte John Jameson gründete 1718 seine Fabrik in Dublin. Das alte Gebäude wurde 1975 geschlossen und man hat die Produktion mittlerweile nach Midleton verlegt.

Herstellung: Für die Herstellung des Jameson wird noch heute das uralte Rezepte verwendet, das der Firmengründer vor über 220 Jahren entwickelt hat.

Dieser Blend entsteht durch sorgfältige Auswahl bester Gerste. Zuerst wird das Getreide in geschlossenen Öfen gedarrt. Danach folgt die Dreifachdestillation, die diesem Whiskey eine besondere Weichheit verleiht.

Eigenschaften: Es ist ein Whiskey mit blassgoldener **Farbe**, der sich durch ein umfassendes, weiches **Malzaroma** auszeichnet. Auch der **Geschmack** ist weich, abgerundet, sehr harmonisch, mit sahnigen Nuancen.

Hersteller
John Jameson & Son

Herstellungsort
Midleton

Kategorie
Premium

Alter
mindestens 5 Jahre

Alkoholgehalt
40 Vol.-%

Sorte
Blended

Weitere Sorte: Es gibt auch den **Jameson 1780**, der anlässlich des 200-jährigen Bestehens der Firma geschaffen wurde. Er wurde nach Jahren sorgfältiger Forschung kreiert und ist heute nicht mehr im Handel erhältlich. Es ist ein Blend, der mindestens 12 Jahre in Fässern aus Traubeneiche herangereift ist. Jeder Sammler träumt davon, eine Flasche dieses ausgezeichneten Whiskeys zu besitzen. Er wird gerne nach dem Essen getrunken, und zwar pur, um sein umfassendes und weiches Aroma sowie seinen abgerundeten Geschmack mit den typischen Noten gerösteter Erdnüsse ganz und gar genießen zu können.

John Power Gold Label

Hersteller
John Power & Son

Herstellungsort
Midleton

Kategorie
Premium

Alter
mindestens 5 Jahre

Alkoholgehalt
40 Vol.-%

Sorte
Blended

Dies ist mit Sicherheit einer der Whiskeys, die von den Iren am meisten geschätzt werden. Er wurde berühmt, weil er von Joe Sheridan als Zutat für das Originalrezept des von ihm erfundenen Irish Coffee verwendet wurde.

Geschichte: Dieser Blend wird in der Fabrik produziert, die von James Power 1791 in Midleton in der John's Lane gegründet wurde.

Zum Erfolg dieses Unternehmens, das schon immer eines der bedeutendsten in Irland gewesen ist, trug größtenteils auch John Power, ein weiteres Mitglied dieser geschätzten Brennereifamilie, bei. Die Familie Power war eine der ersten, die ihre Flaschen selbst in ihrer Fabrik abfüllte und diese Arbeit nicht an externe Firmen in Auftrag gab. Außerdem haben die Powers die ersten Flaschen in Kleinformat produziert, die auch als „Baby Power" bekannt geworden sind. Damit sie dieses Flaschenformat auf den Markt bringen konnten, musste vom Parlament eine Sonderverfügung erlassen werden.

Eigenschaften: Ein Whiskey mit blassgoldener **Farbe**, der ein zartes, weiches, umhüllendes **Pfirsicharoma** verströmt, zu dem sich ein weicher, abgerundeter, angenehm fruchtiger **Geschmack** gesellt.

Kilbeggan

Hersteller
Cooley Distillery

Herstellungsort
Dundalk

Kategorie
Premium

Alter
mindestens 3 Jahre

Alkoholgehalt
40 Vol.-%

Sorte
Blended

Dies ist einer der Blends, der häufig für die Zubereitung des Irish Coffee verwendet wird, einem mittlerweile in der ganzen Welt geschätzten Getränk.

Geschichte: Kilbeggan ist gälisch und bedeutet „kleine Kirche". Es ist kein Zufall, dass dieser Whiskey in Dundalk produziert wird, einem netten kleinen Dörfchen in der Grafschaft Westmeath (westlich von Dublin). Hier stand in vergangenen Zeiten ein winziges Kloster.

Es scheint so, als ob im 12. Jh. in dieser Region die ersten Schwarzbrenner Unterschlupf gefunden haben. Sie brannten *Aqua vitae* aus Malz und verwendeten dafür das Wasser des nahe gelegenen Flusses Brosna, die Gerste der umliegenden Felder, den reichlich im Boden vorhandenen Torf und einige rudimentäre Brennblasen.

Herstellung: Heute werden die Kilbeggan-Whiskeys erst einmal jahrelang in Eichenholzfässern gelagert, bevor sie gemischt werden. Durch dieses Verfahren bekommen sie, neben einem gut ausgeglichenen Aroma und Geschmack, auch eine besondere Weichheit.

Eigenschaften: Es ist ein Whiskey mit einer blassgoldenen **Farbe** und orangegelben Schattierungen. Das **Aroma** zeigt sich weich, angenehm und erinnert an Malz. Der **Geschmack** ist samtig, sahnig, mit Nuancen von Vanille und Gewürzen.

Locke's

Der acht Jahre alte Locke's ist die neueste Kreation der noch immer privat geführten Firma in Dundalk. Nach Meinung der Experten ist er der beste Single Malt Irlands.

Geschichte: Die Brennerei, die 1757 unter dem Namen Locke's Distillery gegründet wurde, gilt als Irlands älteste Destillerie, die eine offizielle Lizenz zum Brennen von Whiskey erhielt. 1970 kam die Fabrik zur Cooley Distillery.

Geschichte und ruhmreiche Tradition dieser Brennerei finden sich in einem exzellenten Katalog wieder, in dem Whiskeys von beachtlicher Weichheit und Fülle angeboten werden.

Herstellung: Die köstlichen, von der Firma erzeugten Destillate besitzen die typische Weichheit der irischen Whiskeys. Diese wunderbare Eigenschaft haben sie der Dreifachdestillation zu verdanken. Auch die sorgfältige Auswahl von Malz und Weizen sowie die Reifung in ausgesuchten Eichenfässern tragen dazu bei, diesen Whiskeys einen einzigartigen Charakter zu verleihen.

Eigenschaften: Ein Single Malt mit tiefgoldener, zu Orange tendierender **Farbe** und einem weichen, vollmundigen, fruchtigen **Aroma**, das holzige Noten verströmt. Der **Geschmack** ist weich, gut strukturiert, malzig, mit Gewürznuancen.

Hersteller
Cooley Distillery

Herstellungsort
Dundalk

Kategorie
Premium

Alter
8 Jahre

Alkoholgehalt
40 Vol.-%

Sorte
Single Malt/
Pure Malt

Das Museum der Locke's Distillery

Millars Special Reserve

Hersteller
Cooley Distillery

Herstellungsort
Dundalk

Kategorie
Premium

Alter
mindestens 3 Jahre

Alkoholgehalt
40 Vol.-%

Sorte
Blended

Dieser mit viel Geschick kreierte Special Reserve ist in der Lage, die edelsten Eigenschaften der irischen Blends in bester Weise wiederzugeben. Dieser Blend ist eine der „Juwelen" der Cooley Distillery.

Geschichte: Die Brennerei Millars wurde 1843 gegründet. Später wurde sie von der Firma Cooley übernommen, einem Unternehmen, das sich dafür einsetzt, dass traditionelle Methoden und handwerkliche Sorgfalt, mit denen die kleinen irischen Brennereien ihre Whiskeys produzieren, erhalten bleiben.

Eigenschaften: Es ist ein Blended Whiskey mit einer blassgoldenen **Farbe** und leicht kupfernen Schattierungen. Sein **Aroma** offenbart sich weich, blumig, mit leicht grasigen Noten. Im **Geschmack** ist er leicht und malzig.

Der geübte Gaumen nimmt auch einen Schuss Süße wahr, die von den Fässern stammt, in denen dieser Whiskey gelagert wurde, Fässer, in denen vorher Sherry abgefüllt war. Außerdem spürt man angenehme Nuancen von Waldfrüchten, besonders schwarze Johannisbeere und Heidelbeere, die sich mit der erlesenen Süße von Malz und Weizen vereinen.

Murphy's

Hersteller
Midleton Distillery

Herstellungsort
Midleton

Kategorie
Premium

Alter
mindestens 5 Jahre

Alkoholgehalt
40 Vol.-%

Sorte
Blended

Das unternehmerische Geschick und die Fachkenntnisse der Familie Murphy sind der Schlüssel zum Erfolg ihrer ausgezeichneten Whiskeys.

Geschichte: Ursprünglich war das in Südirland in der Nähe von Cork gelegene Unternehmen eine Wollweberei, die 1796 erbaut worden war. Später wurden die Gebäude zu einer Kaserne umfunktioniert. 1825 übernahm James Murphy – er gab einen riesigen Betrag dafür aus – die Gebäude vom Vizegrafen von Midleton und verwandelte die Anlage in eine Brennerei, die eine der bedeutendsten der ganzen Insel werden sollte. Heute gehört die Midleton Distillery zum Irish-Distillers-Konzern und produziert verschiedene qualitativ hochwertige Versionen ihres Irish Blended Whiskey.

Herstellung: Seine einzigartigen geschmacklichen Eigenschaften verdankt dieser Blend der sachkundigen Mischung verschiedener erlesener Malts, die in lange gelagerten Fässern herangereift sind.

Eigenschaften: Ein Blend mit einer blassgoldenen, zu Gelb tendierenden **Farbe**, der ein zartes, harmonisches **Aroma** mit malzigen Noten enthüllt. Der **Geschmack** ist vollmundig und cremig, erinnert an Karamell, Fassholz und Obst.

Paddy

Hersteller
Cork Distillers Company

Herstellungsort
Midleton

Kategorie
Premium

Alter
10 Jahre

Alkoholgehalt
40 Vol.-%

Sorte
Blended

Dieser Blend verdankt seinen Erfolg und seinen Namen Paddy O'Flaherty, dem unermüdlichen Befürworter der Qualitäten „seines" Whiskeys. Die Kundschaft, die stark von der Werbekampagne dieses Menschen beeinflusst wurde, begann, diesen Whiskey zu bestellen und verlangte ausdrücklich den „Paddy Flaherty Whiskey". Daher kam es, dass die Direktoren des Unternehmens, für das Paddy arbeitete, sich entschlossen, ihren Whiskey nach ihm zu benennen.

Eine weitere Besonderheit betrifft die Aufschrift auf dem Etikett. Ursprünglich hieß dieser Blend „Old Irish Whisky". Er wurde ohne das „e" geschrieben, das die irischen von den schottischen und kanadischen Whiskys unterscheidet. Erst später wurde der Name an die restliche Produktion angeglichen.

Geschichte: Der Paddy wird von der Cork Distillers Company produziert, einem Großkonzern, der 1867 gegründet worden war. In jenem Jahr schloss sich die Firma Midleton, die in der Nähe der gleichnamigen alten, von den Brüdern Murphy gegründeten Brennerei erbaut wurde, mit vier weiteren Brennereien der Region zusammen, nämlich der North Mall, der Green, der Watercourse und der John Street, alle mit Firmensitz in Cork. Heute sind die North Mall und die Midleton die einzigen beiden Destillerien, die noch in Betrieb sind. Als 1996 der Irish Distillers Konzern gegründet wurde, wurden auch die John Power & Son, die John Jameson & Son und die Cork Distillers Company an der Produktion beteiligt.

Eigenschaften: Ein Blended Whiskey mit tiefgoldener Farbe und orangegelben Schattierungen, der ein intensives Aroma verströmt, das an Leinsamenöl erinnert und blumige und fruchtige Noten erkennen lässt. Der Geschmack ist fein, malzig und bietet Vanillenuancen.

Redbreast

Hersteller
Fitzgerald & Co.

Herstellungsort
Midleton

Kategorie
Premium

Alter
12 und 15 Jahre

Alkoholgehalt
40 Vol.-%

Sorte
Single Malt/
Pure Malt

Der Readbreast ist ein Malt, der wegen seines außergewöhnlichen Charakters als einer der Sterne am irischen Whiskeyhimmel angesehen wird. Was seine Qualität betrifft, kann er es selbst mit den besten Destillaten dieser Welt aufnehmen.

Herstellung: Nachdem er dreimal in ein und derselben Brennblase destilliert worden ist, lässt man den Readbreast 12 Jahre in Eichenfässern ruhen, in denen zuvor Sherry abgefüllt war. Während dieser Zeit reift der Whiskey zu einem gut strukturierten, qualitativ hochwertigen Destillat heran, das sich durch unvergleichliche homogene und harmonische Charaktereigenschaften auszeichnet.

Eigenschaften: Dieser Whiskey hat eine altgoldene **Farbe** mit mahagonifarbenen Reflexen. Er enthüllt ein reines, frisches **Aroma**, das an Leinsamenöl und Trockenfrüchte erinnert. Der komplexe **Geschmack** offenbart Noten von Gewürzen, Sherry und gerösteten Nüssen. Es lassen sich auch Spuren von Vanille und Zitrusfrüchten sowie leicht fruchtige Noten darin finden. Es ist ein Malzdestillat, das man in einer beschaulichen Stunde in aller Ruhe Tropfen für Tropfen genießen sollte.

Weitere Sorte: Es gibt auch einen 15-Jährigen, der nicht kaltgefiltert wurde und unverkennbar nach roten Früchten duftet.

Mitchell & Son, eine renommierte Weinhandlung in Dublin

Tullamore Dew

Dies ist einer der bekanntesten Irish Blended Whiskeys der Welt. Er wird besonders wegen seiner Feinheit und Weichheit sehr geschätzt. Er war kaum auf dem Markt, als man ihn umbenannte. In Anlehnung an den Namen der Brennerei, die ihn produzierte, nannte man ihn „Morgentau".

Geschichte: Bevor sie zum Irish-Distillers-Konzern kam, befand sich die Fabrik im Besitz der Familie Williams. Der Name Dew ist das Akronym des Namens Desmond E. Williams, dem Stammvater der Familie.

Die Whiskeys der Tullamore repräsentieren seit 1963 die Marke „Export" der John Power & Son. In jenem Jahr wurde die Brennerei von der D. E. Williams & Co. erworben. Man tauschte sie gegen eine Lieferung Whiskey ein, die für den Irish Mist benötigt wurde, einen aus Whiskey und Honig hergestellten Likör. Heute ist der Tullamore Dew der in Nordamerika am häufigsten getrunkene Irish Whiskey. Dies verdankt er den geschickten Verkaufsstrategien des Stammhauses. Zur Destillerie gehören ein Besucherzentrum und ein Laden.

Eigenschaften: Ein Blend mit einer hellen **Bernsteinfarbe** und dunkelorangen Schattierungen. Das zarte **Aroma** offenbart pikante Noten, die an Zitrone und geröstetes Malz denken lassen. Der intensive, würzige **Geschmack** schenkt Nuancen von Vanille und verbranntem Holz.

Hersteller
Tullamore Dew Company Ltd.

Herstellungsort
Tullamore

Kategorie
Premium

Alter
mindestens 3 Jahre

Alkoholgehalt
40 Vol.-%

Sorte
Blended

Weitere Sorte: Zu den vielen, im Handel erhältlichen Versionen gehört auch der **Tullamore Dew 12 Years Old**, dessen Alter auf dem Etikett angegeben ist. Nach der Dreifachdestillation reift dieses Destillat in Fässern, in denen zuerst Bourbon Whiskey und danach Sherry abgefüllt war. Durch diese Vorgehensweise nimmt er Charaktereigenschaften an, die diesen 12-Jährigen zu einem der besten Whiskeys machen, die auf dem Markt zu finden sind. Das Aroma ist intensiv, er duftet nach Trockenfrüchten, Holzkohle und Zitronenschale. Der pure, vollmundige Geschmack bietet ganz feine würzige und süße Nuancen.

Vereinigte Staaten

Die Vereinigten Staaten von Amerika haben es geschafft, in weniger als zwei Jahrhunderten eine Vormachtstellung unter den Weltmächten einzunehmen. Zweifellos haben die geografische Lage, die riesige, beinahe kontinentweite Landesfläche und natürlich die Einwohner zu diesem Erfolg beigetragen. Als die Pilgerväter 1620 an der Küste von Massachusetts an Land gingen, war dies der Beginn einer der geschichtlich bedeutendsten Einwanderungswellen überhaupt. Die Farmer, die größtenteils aus Schottland und Irland stammten, zögerten nicht, die immensen Ressourcen der Neuen Welt für sich zu nutzen. Sehr bald schon flossen die Überschüsse der reichen Getreideernten in die Whiskeyproduktion. Die Besteuerung der Spirituosen führte allerdings dazu, dass die Whiskeybrenner sich aufmachten, um die noch unerforschten Regionen Kentucky und Tennessee für sich zu entdecken. Dort brannten sie mit Feuereifer Destillate aller Art und so wurden diese Staaten zur Heimat des amerikanischen Bourbon.

Die Entdeckung des Reverends Craig

Die Geschichtsbücher sind sich darüber einig, dass es Reverend Elijah Craig war, der 1789 die Methode zur Herstellung des amerikanischen Whiskeys für sich entdeckte. Einige Details bleiben dennoch im Dunkeln. Man erzählt sich aber, dass eines schönen Tages im Städtchen Georgetown im Bourbon County Reverend Craig dabei war, einige Fassdauben (aus Eichenholz) über einem Feuer zu erwärmen, um daraus ein kleines Fass herzustellen. Weil er kurz abgelenkt wurde, brannten einige Dauben leicht an, aber Craig verwendete sie trotzdem für das Fass. Nachdem es fertig war, befüllte er es mit Maisdestillat, um dieses darin zu lagern. Als er den Whiskey später probierte, bemerkte er, zu seiner großen Überraschung, einen ungewöhnlichen, aber dennoch sehr angenehmen Geschmack. Das verkohlte Eichenholz hatte dem Inhalt des Fasses ein ganz besonderes Aroma verliehen. Da sein spezieller Whiskey nun immer größeren Zuspruch fand, verkaufte der Reverend schließlich sein Produkt. Die Fässer wurden mit der Aufschrift „Bourbon", dem Namen der Herstellerregion, versehen, und so war der amerikanische Whiskey geboren.

Der „Spirit" Kentuckys

Craig wird jedoch nicht von allen Historikern als „Entdecker" des Bourbon anerkannt. Es werden auch andere Namen genannt, wie Jacob Spears, John Hamilton und David Stewart sowie unterschiedliche Jahreszahlen, die zwischen 1783 und 1789 variieren. Fest steht, dass es nicht lange dauerte, bis der Whiskey bei den Farmern als Tauschmittel eingesetzt wurde. Später tauschte man auch mit den amerikanischen Ureinwohnern. Doch die Verbreitung des Alkohols brachte schlimme Konsequenzen für die Indianer mit sich.

Ausgedehnte Maisfelder in Kentucky. Aus diesem Getreide wird der Bourbon gebrannt.

Das Auskohlen der Fässer ist für den Reifeprozess des amerikanischen Whiskeys unabdingbar.

Der heute produzierte Bourbon hat eine ausgezeichnete Qualität. Er wird industriell mit Hilfe von konsolidierten Techniken erzeugt, wobei nur ausgesuchte Getreidesorten Verwendung finden. Das Erzeugnis muss bestimmten Anforderungen entsprechen: Bourbon wird aus mindestens 51 % Mais gebrannt und reift für wenigstens zwei Jahre in neuen, aus Weißeiche gefertigten und innen ausgekohlten Fässern heran. Die meisten Bourbons kommen allerdings erst nach vier bis acht Jahren Reifezeit in den Handel. Während dieser langen Zeitspanne wirken sich auch die klimatischen Schwankungen auf die Qualität der Destillate aus. Diese nehmen dadurch raffinierte Aromen und einen feinen Geschmack an. Heutzutage kann Bourbon überall in den Vereinigten Staaten hergestellt werden, aber ausschließlich der in Kentucky gebrannte darf auf seinem Flaschenetikett das Abbild des Brandzeichens tragen, mit dem die Fässer des Reverends Craig gekennzeichnet wurden.

Der Tennessee Whiskey

Das Herstellungsverfahren des Tennessee Whiskey ähnelt im Wesentlichen dem des Bourbon. Es gibt nur einen grundsätzlichen Unterschied, den man Jack Daniel und seiner genialen Intuition zu verdanken hat. Vor mehr als 150 Jahren hatte er die Idee, das Destillat vor dem Abfüllen in die Fässer durch eine Rinne zu filtern, die mit feinstem Holzkohlepulver (aus Süßahornholz) gefüllt war. Auf diese Weise entstand ein Destillat mit einzigartigen Charaktereigenschaften. Seit jener Zeit wird eine entsprechende Menge Ahornholz rund um die Stadt Lynchburg gefällt, gelagert und zu Holzkohle verarbeitet, um daraus Pulver für die Filterung des Whiskeys zu gewinnen. Das Destillat wird nach der Filterung in Weißeichenfässern gelagert und bekommt nun im Laufe der Jahre einen süßen Geschmack und die typische Bernsteinfarbe. Nach der Reifung füllt man das Destillat in große Bottiche und reduziert durch Zugabe von reinem Quellwasser den Alkoholgehalt. Schließlich wird es in Flaschen abgefüllt. Diese heute überall gängige Methode gab es ursprünglich nicht. Der Whiskey wurde in schwimmenden Fässern auf den Flüssen zu den Händlern transportiert. Während der Reise begünstigte die Bewegung des Wassers den molekularen Austausch zwischen Alkohol und Holz und verlieh den so transportierten Destillaten einen noch süßeren Geschmack.

Der Whiskey war nicht nur ein stärkendes Getränk, er wurde auch als Medizin verwendet. Es waren die zahlreichen für den menschlichen Organismus recht gefährlichen Nachahmungen und Fälschungen, die den Apotheker George Garvin Brown aus Louisville dazu veranlassten, selbst Whiskey aus Tennessee abzufüllen und ihn in versiegelten Flaschen zu verkaufen. Diese Idee (die sehr bald auf industrieller Ebene nachgeahmt wurde) brachte dem Apotheker Erfolg und er gründete die Brown-Forman, ein Unternehmen, das noch heute besteht und zu dem auch die Brennereien gehören, in denen der Jack Daniel's produziert wird. Dieser Name und der Name George Dickel (die zweite bedeutende Firma der Branche) stehen für die Whiskeyliebhaber als Synonym für absolute Vollkommenheit und garantieren überall in der Welt Produkte von extraerlesener Qualität.

Beam's Black Label

Hersteller
James B. Beam Distilling Co.

Herstellungsort
Clermont-Frankfort

Kategorie
Sour Mash

Alter
8 Jahre

Alkoholgehalt
40 Vol.-%

Sorte
Bourbon

Hier haben wir einen Whiskey, der von einem der bedeutendsten Bourbon-Hersteller und Bewahrer einer langen, alten Tradition auf den Markt gebracht wird.

Geschichte: Die Geschichte dieses Bourbon beginnt 1795, als sich der Landwirt und Müller Jacob Beam entschied, speziell diesen Whiskey mit industriellen Methoden zu produzieren. Bis zu jenem Zeitpunkt wurde er in Handarbeit destilliert.

Herstellung: Dieser Whiskey wird in Fässern aus Weißeiche gelagert, die im Inneren leicht ausgekohlt worden sind. Für das Rezept dieses hervorragenden Produkts werden nur beste Qualitätsrohstoffe verwendet, die aus dem überreichen Naturangebot Kentuckys ausgesucht werden: Mehl, das aus einer Getreidemischung gemahlen wurde (Weizen, Roggen, Gerste) und kalkhaltiges, aber eisenfreies Wasser. Die langsame Reifung in belüfteten Kellern und die sorgfältige Qualitätsprüfung des Endprodukts sorgen dafür, dass schließlich ein Bourbon entsteht, der beste geschmackliche Eigenschaften aufweist.

Eigenschaften: Ein Bourbon mit einer goldenen **Farbe** und bernsteinfarbenen Reflexen, der ein intensives **Getreidearoma** mit Noten von gelagertem Holz und Früchten verströmt. Der feine **Geschmack** erinnert an Malz und Eichenholz und ist leicht rauchig.

Weitere Sorten: Das Unternehmen bringt auch zwei Versionen auf den Markt, die für Whiskeykenner gedacht sind. Der **Beam's Choice Delft Blue** ist ein sechs Jahre gereifter Bourbon mit 45 Vol.-% Alkohol, der seit 1963 verkauft wird. Bei der Kreation seiner originellen Flasche ließ man sich von den Delfter Handwerkern des 17. Jh. inspirieren. Er offenbart ein weiches Aroma mit Noten von karamellisiertem Zucker und einen malzigen Geschmack mit Eichenfassnuancen.

Der 8-jährige **Beam's Pin-Bottle** kommt in einer Flasche mit der Form eines Bowlingkegels in die Geschäfte. Bowling ist ein in Nordamerika sehr beliebter Sport. Dieser Bourbon hat ein weiches Aroma, das an Karamell und Rauch erinnert und einen Geschmack, der Nuancen von gelagertem Holz zu schenken vermag.

Buffalo Trace

Hersteller
Buffalo Trace Distillery

Herstellungsort
Franklin County

Kategorie
Premium

Alter
mindestens 6 Jahre

Alkoholgehalt
40 Vol.-%

Sorte
Bourbon

Im 19. Jh. gab es in der Nähe der Brennerei noch riesige Büffelherden, die das Land durchquerten. Das Bild eines Büffels ist auf dem Etikett dieses Whiskeys abgebildet und von den Büffelherden stammt auch der Name der Firma.

Geschichte: Die Buffalo Trace gilt als die älteste, offiziell vom Staat Kentucky anerkannte Brennerei. Sie wurde 1857 von E. H. Taylor Jr., einem Aristokraten, der in der Stadt Bourbon seinen Wohnsitz hatte, gegründet.

Herstellung: Taylor führte ein innovatives Klimatisierungsverfahren ein, mit dem er die Räume, in denen die Destillate für den Reifeprozess gelagert wurden, ganzjährig auf konstanter Temperatur halten konnte. Der für die Destillation verwendete Weizen wird aus Kentucky und Indiana angeliefert, Gerste und Roggen aus Dakota und Minnesota. Gebrannt wird im Zweifachdestillationsverfahren, und die anschließende Reifung erfolgt in den klassischen ausgekohlten Weißeichenfässern.

Eigenschaften: Dies ist ein Bourbon mit einer sehr leuchtenden, hellen **Bronzefarbe**. Das komplexe **Aroma** verströmt Noten von Vanille, Minze und Karamell, während der feine, weiche süß-fruchtige **Geschmack** Noten von Rohrzucker, Gewürzen und gelagertem Holz enthüllt.

Eagle Rare

Hersteller
Buffalo Trace Distillery

Herstellungsort
Franklin County

Kategorie
Premium

Alter
10 Jahre

Alkoholgehalt
45 Vol.-%

Sorte
Bourbon

Dieser von der Buffalo Trace Distillery produzierte Whiskey ist eines der berühmtesten Getreidedestillate Kentuckys. Man kann ihn wunderbar mit anderen Likören und Getränken mischen und daher wird er gerne für berühmte Cocktails, wie z. B. den Manhattan, verwendet, oder auch für Cold Drinks, deren Grundlage der Saft von Zitronen oder tropischen Früchten ist.

Herstellung: Seine Bernsteinfarbe verdankt dieser Bourbon den Fässern, in denen er gelagert wird. Diese sondern mikroskopisch kleine rötliche Partikel ab, die dem Getränk diesen besonderen, dem Portwein ähnlichen Farbton verleihen.

Eigenschaften: Es ist ein Whiskey mit typisch altgoldener, zu Bernstein tendierender **Farbe**, der bei der Verkostung ein komplexes **Aroma** mit Noten von Gewürzen, geröstetem Getreide und Holz offenbart. Der **Geschmack** ist sehr gut strukturiert, zeigt Nuancen von Eichenholz und Karamell. Der erfahrene Gaumen kann auch zarte Nuancen von Vanille, Honig, Kakao, Waldfrüchten und gerösteter Kokosnuss wahrnehmen, die die bereits beachtlichen Charaktereigenschaften noch bereichern.

Early Times

Hersteller
The Early Times Distillery Co.

Herstellungsort
Louisville

Kategorie
Premium

Alter
mindestens 4 Jahre

Alkoholgehalt
40 Vol.-%

Sorte
Bourbon

Dieser ausgezeichnete Getreidewhiskey ist ein wesentlicher Bestandteil des Early Times Mint Julep, einem Cocktail, der 1987 zum offiziellen Drink des Kentucky Derby deklariert wurde. Dieses sehr populäre Pferderennen wird jedes Jahr in Louisville ausgetragen.

Geschichte: Die Brennerei Early Times wurde 1860 von George Carvin Brown in Betrieb genommen. Berühmt wurde sie allerdings erst in den 20er-Jahren mit Beginn der Prohibition. Denn damals erkannte die Regierung der Vereinigten Staaten offiziell die Qualität dieses Destillats an und man erlaubte dem Unternehmen, den Early Times als allgemeines Heilmittel in Apotheken verkaufen zu dürfen. 1923 kam die Firma zur Brown-Forman Company, die die Infrastruktur der Fabrik ausbaute, somit die Produktion erhöhte und die Whiskeys auch nach Europa und Asien verkaufte.

Eigenschaften: Ein Whiskey mit klarer **Bernsteinfarbe** und einem fruchtigen **Aroma**, das an reife Äpfel und Zitrusfrüchte denken lässt. Der **Geschmack** ist abgerundet, trocken und würzig mit einem Hauch von Getreide.

Elmer T. Lee

Hersteller
Buffalo Trace Distillery

Herstellungsort
Franklin County

Kategorie
Premium

Alter
mindestens 6 Jahre

Alkoholgehalt
45 Vol.-%

Sorte
Bourbon

Dies ist einer der besten Bourbons, der im „Sour-Mash-Verfahren" hergestellt wird. Dieses Verfahren unterscheidet sich von anderen Methoden durch einen sehr langen Gärungsprozess.

Geschichte: Dieses Qualitätserzeugnis ist Elmer T. Lee zu verdanken, der über 50 Jahre (bis Januar 1883) an der Spitze des Unternehmens in Franklin County saß. Er ist ohne Zweifel eine der repräsentativsten Personen in der Geschichte des Kentucky Whiskey. Er führte als Erster die wöchentliche Kontrolle der Fässer ein, um so den Reifegrad der darin gelagerten Destillate (mit Hilfe von professionellen Verkostern) besser überwachen zu können. Bei ihm gingen Männer in die Lehre, die hervorragende Brennmeister geworden sind. Seinen ausgezeichneten Fachkenntnissen ist es zu verdanken, dass die Buffalo Trace Distillery auf den großen internationalen Märkten führend ist.

Eigenschaften: Es ist ein Whiskey mit leuchtender, intensiv goldener **Farbe**. Sein reichhaltiges **Malzaroma** bietet auch fruchtige Noten und einen Hauch von Minze und Wacholder. Der **Geschmack** erinnert an Honig und süße Weintrauben und bietet Nuancen von Kokosnuss, Vanille und gelagertem Fassholz.

Evan Williams

Hier handelt es sich um einen ausgezeichneten Whiskey, der seinen Namen von Evan Williams bekommen hat, dem Gründer der Brennerei, die ihn seit 1783 produziert.

Hersteller	Old Evan Williams Distillery
Herstellungsort	Bardstown
Kategorie	Premium
Alter	8 Jahre
Alkoholgehalt	43 Vol.-%
Sorte	Bourbon

Geschichte: Es wird erzählt, dass Evan Williams als Sitz für seine Brennerei einen Landstrich auswählte, den er den Indianern streitig gemacht hatte und die er erst nach erbitterten Kämpfen vertreiben konnte. 1792 trat die Fabrik, dank der komplexen Qualitäten ihrer erzeugten Destillate, offiziell der Brennereivereinigung der Kentucky Counties bei.

Herstellung: Besonders hervorzuheben sind hier die kleinen Brennblasen, die seit Brennereigründung in Betrieb sind. Obwohl mit ihnen nur eine limitierte Menge produziert werden kann, lassen sie doch die einzigartigen Aromen und Geschmacksnuancen dieses Destillats entstehen.

Eigenschaften: Es ist ein hervorragender Whiskey mit antikgoldener, sehr leuchtender **Farbe**. Das volle, abgerundete **Aroma** erinnert an Früchte und Malz und bietet Noten von Getreide und rauchigem Holz. Der **Geschmack** zeigt sich gut strukturiert mit deutlichen Getreide- und Rauchnuancen.

Weitere Sorten: Die Firma in Bardstown produziert auch Versionen, die Sammlern gewidmet sind. Es gibt einen sehr seltenen Evan Williams mit 45 Vol.-% Alkohol, der 10 Jahre gereift und tiefbernsteinfarben ist. Er bietet ein Frucht- und Malzaroma und einen gut ausgeglichenen Geschmack mit Getreide- und Rauchnuancen. Außerdem wurde 1983, anlässlich des 200-jährigen Bestehens der Brennerei, ein Whiskey verkauft, der ein reichhaltiges Aroma mit Noten von Kräutern und Vanille und einen Geschmack mit starken Getreidenuancen präsentiert.

Eine Flasche für Sammler in Form einer Brennblase

Forester 1870

Hersteller
Brown-Forman Distillers Co.

Herstellungsort
Louisville

Kategorie
Premium

Alter
mindestens 6 Jahre

Alkoholgehalt
40 Vol.-%

Sorte
Bourbon

Wie bereits aus dem Namen ersichtlich, ist der Forester 1870 der älteste in Amerika produzierte Bourbon. Er wird heute nach noch strengeren Vorgaben gebrannt, als vom Firmengründer seinerzeit vorgesehen.

Geschichte: Owsley Brown, der Sohn des Gründers der gleichnamigen Destillerie, die 1870 in Louisville erbaut worden war, war einer der Hauptverfechter der sog. Selbstreglementierung. Mit diesem Dokument, das Anfang des 20. Jh. unterschrieben wurde, wurden verschiedene spezifische Normen hinsichtlich der Charaktereigenschaften der erzeugten Whiskeys festgelegt. Man wollte damit diesen Industriezweig organisieren und die US-amerikanischen Destillate auf ein qualitativ hochwertiges Niveau bringen. Und tatsächlich waren diese Whiskeys daraufhin enorm erfolgreich.

Eigenschaften: Ein **tiefbernsteinfarbener** Whiskey mit weichem, einhüllendem **Aroma**, das auch rauchige Noten verströmt. Der reichhaltige **Geschmack** lässt an Getreide denken.

Weitere Sorten: Der **Old Forester** kommt in nummerierten Flaschen in den Handel. Er hat eine antikgoldgelbe Farbe mit bernsteinfarbener Maserung. Das Aroma ist zart, fruchtig und erinnert an Getreide. Der reichhaltige, aber nicht zu starke Geschmack präsentiert sich fruchtig. Es gibt ihn mit unterschiedlichem Alkoholgehalt, 86 oder 100 Proof.

Jedes Jahr, anlässlich des Geburtstags von George Garvin Brown, dem Gründer der Firma, kommt eine Auslese des Old Forester auf den Markt, die man treffend **Birthday** genannt hat. Der 2005er ist ein 12-Jähriger, orangeroter Bourbon mit deutlichen Karamell-, Trockenfrucht- und Minzenoten.

Four Roses

Dies ist derzeit der berühmteste und weltweit meistverkaufte Bourbon Whiskey.

Hersteller	Four Roses Distilling Co.
Herstellungsort	Lawrenceburg
Kategorie	Premium
Alter	8 Jahre
Alkoholgehalt	40 Vol.-%
Sorte	Bourbon

Geschichte: Die Geschichte der Four Roses beginnt im 19. Jh., als Paul Jones, kurz nach dem Ende des Sezessionskriegs, in Louisville ins Spirituosengeschäft einstieg. 1888 erwarb er von der Familie Rose die Rechte an ihrer Whiskeymarke und übernahm in Lawrenceburg eine alte Brennerei (die Old Joe Distillery), die 1818 von Joe Peyton gegründet worden war. Dort begann er mit der Produktion. Es gibt viele Legenden über das Etikett mit den vier Rosen. Einige behaupten, dass Rufus Rose es entwickelt hat, der damit seine vier Töchter ehren wollte. Nach Meinung anderer hat es sich Paul Jones selbst ausgedacht, der in ein junges Mädchen verliebt war, das für gewöhnlich ein Kleid mit aufgestickten Rosen trug.

Die Brennerei hat ihren heutigen Namen erst erhalten, nachdem sie 1941 vom kanadischen Unternehmen Seagram aufgekauft wurde.

Herstellung: Die Brennmeister der Firma legen größten Wert auf die Qualität des verwendeten Maises. Er wird nie en gros gekauft, sondern bei qualifizierten Vertragsbauern erworben, die sich verpflichten, ihn nach genauen Anweisungen der Destillerie zu trocknen und zu lagern.

Eigenschaften: Es ist ein ausgezeichneter Whiskey mit intensiver, zu Bernstein tendierender **Farbe**. Zu einem **Aroma**, das an gelagertes Holz und Vanille erinnert und Noten von Honig und Waldfrüchten schenkt, gesellt sich ein süßer **Geschmack** mit zarten Getreidenuancen.

Weitere Sorten: Es wird auch noch der **Yellow Label**, der **Black Label** und der **Platinum Label** angeboten. Beachtenswert ist die acht Jahre alte **Single Barrel Reserve**.

I.W. Harper

Hersteller
I. W. Harper Distilling Co.

Herstellungsort
Louisville

Kategorie
Premium

Alter
mindestens 5 Jahre

Alkoholgehalt
40 Vol.-%

Sorte
Bourbon

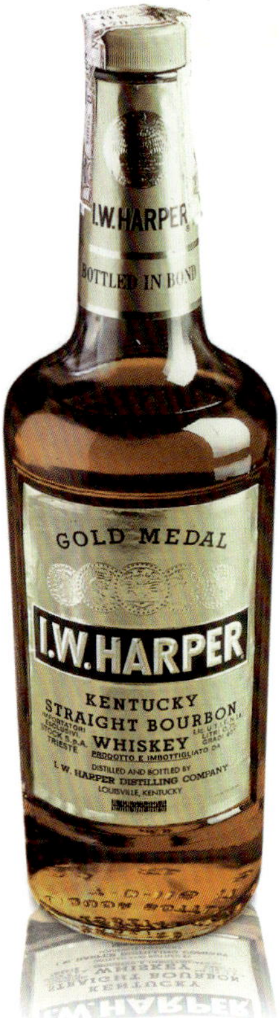

Man kann sich leicht vorstellen, weshalb man auf das Etikett dieses exzellenten Bourbon „Gold Medal" gedruckt hat. In der Tat hat dieses Destillat einen außerordentlichen Charakter und der Aufdruck auf der Flasche ist ein Beweis für die zahlreichen Auszeichnungen, die dieser Whiskey auf vielen internationalen Veranstaltungen erhalten hat, wo er sich einen Platz unter den meistgeschätzten Whiskeys dieser Welt erobern konnte.

Geschichte: Der Bourbon I. W. Harper, der seit 1879 verkauft wird, bescherte der Firma Bernheim Bros., einer Gesellschaft, die wenige Jahre zuvor von den Brüdern Isaac Wolfe und Bernard Bernheim gegründet worden war, sofortigen Erfolg. Das Unternehmen wechselte mehrfach den Eigentümer, bis es 1987 von der United Distillers übernommen wurde. Heute gehört es zum Diageo-Konzern.

Herstellung: Für Aroma und Geschmack dieses Bourbon sind viele Faktoren verantwortlich. Unter anderem wird er nur aus hochwertigem Mais gebrannt. Außerdem verwendet man für die einzelnen Herstellungsschritte ein kristallklares Wasser, das typisch ist für den kalkhaltigen Boden in Kentucky, durch den ein Großteil an Verunreinigungen herausgefiltert wird. Der I. W. Harper wird zweifach destilliert und lange in Fässern aus Weißeiche gelagert. Das Endprodukt, Ergebnis alter und bewährter Tradition, wird regelmäßig kontrolliert, wodurch die hohe Qualität dieses nach den strengsten Standards der Branche hergestellten Destillats gewährleistet wird.

Eigenschaften: Dieser Whiskey hat eine intensive **Bernsteinfarbe**. Bei der Verkostung enthüllt er ein weiches, zartes **Getreidearoma** mit feinen Malznoten. Der harmonische **Geschmack** lässt ebenfalls an Getreide denken und bietet Nuancen von gelagertem Fassholz und Karamell.

Nach amerikanischem Recht muss der Bourbon mit mindestens 51 % Maisanteil destilliert werden.

Jack Daniel's

Man kann zu Recht behaupten, dass der Jack Daniel's die Seele des Staates Tennessee und seiner Pioniere ist. Er hat ein eigenes, faszinierendes Kapitel in der amerikanischen Geschichte geschrieben. Heute ist er der weltweit meistverkaufte Whiskey der Vereinigten Staaten, der wegen seiner außerordentlichen Qualitäten sehr geschätzt wird.

Hersteller
Jack Daniel's Distillery

Herstellungsort
Lynchburg (Tennessee)

Kategorie
Sour Mash

Alter
8 Jahre

Alkoholgehalt
45 Vol.-%

Sorte
Tennessee

Geschichte: Anfang des 19. Jh. zog ein gewisser Joseph Daniel *(links im Bild)* mit seiner Familie in den Franklin County in Tennessee. Zu jener Zeit war dies noch eine halbwilde Gegend, auch wenn die Pioniere bereits begonnen hatten, Felder zu bebauen und erste Städte zu errichten. Joseph musste, nachdem er sehr früh Witwer geworden war, seine 10 Kinder allein versorgen. Einer der Söhne, Jasper Newton, genannt Jack, wurde zu einem Onkel geschickt. Dieser war Landprediger und brannte zu seinem Vergnügen auch Whiskey. Der Junge wurde sofort als Helfer bei der Alkoholherstellung eingesetzt. In kurzer Zeit lernte der intelligente Jack, der eine gute Auffassungsgabe besaß, jedes Detail der Destillierkunst, sodass der Onkel beschloss, ihm die gesamte Leitung des kleinen Unternehmens anzuvertrauen. Es vergingen nur wenige Jahre, bis der gute Ruf von Jack und seinen Whiskeys über die Grenzen des Countys gedrungen war. Der junge Firmeninhaber beschloss nun, den Firmensitz zu verlegen und kaufte ein Stück Land, auf dem es eine Höhle und eine Quelle mit reinstem Wasser gab (die heutige Cave Spring). Als die Regierung der Vereinigten Staaten 1866 ein Programm zur Regelung und Besteuerung verabschiedete, erwies sich die Jack Daniel's Distillery als das Unternehmen mit dem größten Geschäftsumsatz des Landes. Die florierende Firma wurde von Jack's Neffen Lem Motlow und Dick Daniel übernommen (Jack selbst blieb Zeit seines Lebens Junggeselle und hatte keine Erben). Auch in den Jahren der Prohibition gelang es dem Unternehmen dank Lems Geschäftssinn (er investierte in die Zucht von Maultieren) zu überleben. Die Destillerie nahm danach den Betrieb wieder auf und produzierte bis 1942 eifrig Whiskey. Dann begann sich die Firma für den Krieg zu engagieren und stellte reinen Alkohol her, der von der Luftwaffe benötigt wurde. Gleich zu Beginn der Nachkriegszeit versuchte die Regierung, das Unternehmen dazu zu bringen, Getreide von minderwertiger Qualität zu verarbeiten. Lem lehnte es ab, diesen Forderungen nachzukommen und wurde gezwungen, für ein Jahr den Betrieb stillzulegen.

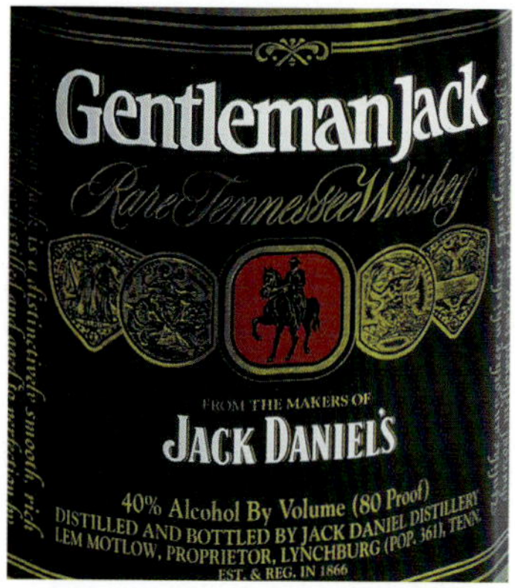

1947 ging die Firma an die Erben, denen es nun wieder freistand, die besten Zutaten auszuwählen. Produktion und Verkauf der ausgezeichneten Destillate wurden, natürlich unter Beibehaltung der traditionell guten Qualität, die Jack Daniel eingeführt hatte, wieder aufgenommen.

Herstellung: Von Beginn an wurde dieser ausgezeichnete Whiskey mit der sogenannten *yeasting back*-Methode hergestellt. Dabei wird ein Teil des Bodensatzes aus den Gärbottichen der vorherigen Gärflüssigkeit entnommen, um damit die Gärung der neuen Flüssigkeit anzuregen. Zusätzlich kommt der *old Lincoln country process* zur Anwendung, wobei Mais, Roggen und Gerste vergärt und danach zweimal destilliert werden. Jack Daniel erfand auch das *charcoal mellowing*, hierbei wird das Destillat durch aus Zuckerahorn gewonnene Holzkohle gefiltert. Dieses Verfahren verleiht den Whiskeys einen wärmeren, weniger herben Geschmack und eine unglaubliche Weichheit. Die Tennessee Whiskeys unterscheiden sich von den Bourbons in der Herstellung nur durch dieses Filterverfahren.

Eigenschaften: Dies ist ein außergewöhnlicher, **honigfarbener** Whiskey mit tiefbernsteinfarbener Tönung. Einem intensiven, sehr weichen **Aroma** stellt sich ein typisch zarter, aber vollmundiger **Geschmack** gegenüber, der rauchige Nuancen aufweist (Angaben beziehen sich auf den Black Label).

Weitere Sorten: Die Firma hat zahlreiche Versionen ihrer köstlichen Produkte im Programm. Besonders hervorzuheben wäre der **Jack Daniel's Green Label** mit markanten Getreidenoten sowie der ausgezeichnete **Gentleman Jack** mit einem eher süßen Aroma. Schließlich gibt es noch den **Single Barrel** mit 45 Vol.-% Alkohol. Er wurde von Jimmy Bedford kreiert, dem sechsten Brennmeister nach Jack Daniel. Er wird aus einem einzigen Fass ausgewählt (was auf dem Flaschenetikett mit Datum und Nummer vermerkt ist). Er ist tiefbernsteinfarben, klar, mit fruchtigem Aroma und warmem, den Gaumen umhüllendem Geschmack, der auch Nuancen von Getreide schenkt.

Jim Beam

Der Jim Beam ist (neben einigen anderen Bourbons) das Symbol der Whiskeyindustrie der Vereinigten Staaten. Mindestens eine Flasche dieses sehr guten Destillats steht hinter jedem Barmann in den Regalen, denn dieser Whiskey ist die bevorzugte Zutat für zahlreiche Hot Drinks und berühmte Cocktails.

Hersteller
James B. Beam Distilling Co.

Herstellungsort
Clermont

Kategorie
Premium

Alter
mindestens 4 Jahre

Alkoholgehalt
40 Vol.-%

Sorte
Bourbon

Geschichte: 1788 wurde die Verfassung der Vereinigten Staaten von Amerika anerkannt. Im gleichen Jahr zog der legendäre Jacob Beam, Schöpfer unvergleichlicher Whiskeys, Richtung Westen, um für sich und seine Familie ein besseres Leben zu finden. Er beschloss, sich in den Hügeln von Kentucky, im Bourbon County, niederzulassen, in einer Gegend, die sich für den Getreideanbau bestens eignete. Als er den Bauernhöfen der Gegend einen Besuch abstattete, erfuhr er, dass das Schnapsbrennen eine ausgezeichnete Methode war, das überschüssige Getreide, das schlecht konserviert und gelagert werden konnte, zu verarbeiten. Nur kurze Zeit später versuchte sich auch Jacob als Produzent von starken Malz- und Weizendestillaten. Das Wasser, das er dazu benötigte, gab es überall im Staat im Überfluss. Das Ergebnis war hervorragend: Das von ihm gebrannte Destillat unterschied sich stark von den anderen, schmeckte und duftete wahrhaft einzigartig. Da Freunde und Bekannte seinen Whiskey sehr lobten, entschied sich Jacob, sein Erzeugnis zu verkaufen. So kam 1795 das erste Fass in den Handel.

1820 übernahm Jacobs Sohn David, der die gleichen unternehmerischen Fähigkeiten besaß wie sein Vater, mit erst 18 Jahren die Firmenleitung. Er führte die besten technologischen Innovationen ein, die es zu jener Zeit gab. Die Dampfschiffe, die Erschließung der Schienenwege und der Flüsse ermöglichten es ihm, sein Handelsnetz auszubauen, und so wurden die Bourbons der Firma Beam fast überall in den USA bekannt.

1854 verlegte man die Brennerei in den Nelson County, weil man die erste in Kentucky gebaute Eisenbahnlinie nutzen wollte. Kurz danach brach der Sezessionskrieg aus und in jenen Kriegsjahren wurde der Whiskey zu einem beliebten Tauschmittel, das teurer gehandelt wurde als die nationale Währung. Nun folgten schwierige Jahre, gezeichnet durch enervierende Auseinandersetzungen. James Beam hatte in der Zwischenzeit die Firma übernommen und sollte sie 67 Jahre lang leiten. Er stärkte das Unternehmen wirtschaftlich gesehen und führte es ins moderne Industriezeitalter. In der Zwischenzeit wurde in Amerika die Prohibition verhängt und die Fabrik musste die Produktion einstellen. Dennoch nutzte James die aufgezwungene Pause, um eine neue Hefeart zu entwickeln, die später der Wasser-Mais-Malz-Mischung zugegeben wurde, um den Gärungsprozess auszulösen.

Mit 70 Jahren eröffnete James eine weitere Brennerei in Clermont, in der Nähe seines Hauses in Bardstown. Nun setzte er auf die Etiketten der Bourbons, die er verkaufte, seinen eigenen Namen. Sein Sohn Jeremiah, von Beruf Blendmaster, leitete ab 1947 die Firma und gründete 1954 ebenfalls eine zweite Brennerei in Boston. Erst damals bekam das Unternehmen den Namen James B. Beam Distilling Company. 1967 wurde die Firma von der American Brands Inc. übernommen. Trotz des Besitzwechsels blieb die Familie Beam weiterhin an der Führungsspitze. Brooker Beam, der derzeit die Zügel in der Hand hält (ein Enkel von James), setzt sich für beste Qualitätsstandards ein und trägt das Image dieses Bourbons in die Welt. Die Sorgfalt, mit der jedes einzelne Detail der verschiedenen Arbeitsschritte durchgeführt wird und die Ablehnung jeglicher Mittelmäßigkeit sorgen dafür, dass „jeder Tropfen Whiskey vollkommen ist!".

Herstellung: Ein wesentlicher Arbeitsschritt bei der Herstellung dieses Whiskeys ist das langsame Sieden des Mostes bei niedrigerer Temperatur über einen längeren Zeitraum hinweg, als normalerweise üblich. Man will so den natürlichen Duft des Getreides erhalten. Außerdem setzt man eine exklusive Hefeart ein, die von der Firma selbst entwickelt worden ist. Sie sorgt für ein klares Destillat und einen immer gleichbleibenden Geschmack.

Eigenschaften: Dies ist ein ausgezeichneter Whiskey mit intensiv goldener **Farbe**, die ins Bernstein übergeht. Er verwöhnt mit einem runden, vollen **Aroma** mit rauchigen Noten, zu dem sich ein trockener, abgerundeter, ziemlich rauchiger **Geschmack** gesellt mit Vanilletönen und leicht blumigen Nuancen (Angaben beziehen sich auf den 4-jährigen Jim Beam Straight Whiskey White Label).

Weitere Sorten: 1987 brachte der derzeitige Besitzer Brooker Beam den **Brooker's Bourbon** in den Handel, der nach einem von ihm selbst erfundenen Rezept gebrannt wird und ursprünglich als Weihnachtsgeschenk gedacht war. Dieses hervorragende Destillat wird direkt aus dem Fass in Flaschen abgefüllt, ohne es vorher zu verschneiden oder zu filtern *(full proof)*. Schließlich gibt es noch den seltenen **Jim Beam Rye**.

Maker's Mark

Obwohl dies ein relativ neuer Whiskey ist, wird der Maker's Mark von Kennern zu den Bourbons der Spitzenklasse gerechnet. Er wurde in den 50er-Jahren von einem großen Whiskeyliebhaber kreiert und bezaubert mit einem wahrhaft außerordentlichen Charakter.

Hersteller	Maker's Mark Distillery Inc.
Herstellungsort	Loretto
Kategorie	Premium
Alter	8 Jahre
Alkoholgehalt	45 Vol.-%
Sorte	Bourbon

Geschichte: Das Unternehmen, das auch als Star Hill Distillery bekannt ist, wurde 1953 von William Samuel Taylor gegründet. Taylor stammte aus einer Familie, die bereits seit dem 19. Jh. in der Whiskeybranche tätig war. Als Firmensitz wählte er einen Ort in der Nähe von Deatsville, einem einsamen, kleinen Dorf in den Hügeln von Kentucky, nicht weit von der Stelle entfernt, wo bereits die Brennerei seiner Vorfahren stand. Das erste Maker's-Mark-Fass wurde 1958 gefüllt. Der Inhalt war das Ergebnis sorgfältiger Vorarbeiten und gewissenhafter Auswahl der Rohstoffe sowie peinlichst genauer Herstellungsmethoden, die in Handarbeit erfolgten. So entstand ein Bourbon mit wirklich vorzüglichen Charaktereigenschaften. Sicher wäre Taylors Urgroßvater sehr stolz darauf gewesen, denn er war ein strenger Beurteiler der von der Firma produzierten Whiskeys. Er wurde von den Reportern seiner Zeit zitiert als „... der, der sich dem Whiskeygeschäft bereits viel länger verschrieben hat, als irgendein anderer Hersteller innerhalb der Grenzen des alten Nelson County".

Eigenschaften: Es handelt sich hier um einen ausgezeichneten Bourbon Whiskey mit einer intensiv goldenen, zu Bernstein tendierenden **Farbe**. Das **Aroma** ist reich und voll mit Vanille- und Gewürznoten. Im **Geschmack** ist er weich und es sind Spuren von Karamell und frischen Früchten zu erkennen.

Weitere Sorten: Das Unternehmen hat auch den **Maker's Mark Black Label** mit stark würzigen Noten im Programm. Es gibt noch den **Maker's Mark Gold**, ein köstlicher Bourbon mit fruchtigen und blumigen Noten und 50 Vol.-% Alkohol.

Old Charter

Hersteller
Old Charter Distillery

Herstellungsort
Louisville

Kategorie
Premium

Alter
7 Jahre

Alkoholgehalt
43 Vol.-%

Sorte
Bourbon

Dies ist ein Whiskey mit beachtlicher Struktur, der von den Liebhabern lange gereifter Whiskeys dank seiner ausgezeichneten Charaktereigenschaften besonders geschätzt wird.

Geschichte: Die Old Charter Distillery wurde 1874 auf Veranlassung von Isaak Wolfe Bernheim gegründet. Er hatte bereits den I. W. Harper, einen weiteren berühmten Whiskey, kreiert.

Herstellung: Bei der Herstellung sind folgende Vorgehensweisen besonders hervorzuheben: die langsame Erhitzung des ausgewählten Getreides, die Verwendung spezieller Hefen, die nicht kontinuierliche Destillation (diese Methode wird seit 1874 ohne Abänderung durchgeführt) und die Reifung in Fässern aus Weißeiche, die direkt in der Fabrik gefertigt werden. Schließlich sind noch die Kühlungs- und Filterungsprozesse zur Herabsetzung des Alkoholgehalts von großer Bedeutung.

Eigenschaften: Ein Whiskey mit intensiv goldener, zu Bernstein tendierender **Farbe** und einem **Aroma** mit Früchte- und Getreidenoten. Der **Geschmack** ist körperreich, strukturiert, mit auffälligen Getreidenuancen (vor allem Roggen) und einem Hauch von Herbheit.

Weitere Sorten: Im Handel ist auch eine 10 Jahre gereifte Version mit 50 Vol.-% Alkohol erhältlich, die den wahren Whiskeykennern gewidmet ist.

Old Fitzgerald

Hersteller
Stitzel-Weller Distillery

Herstellungsort
Louisville

Kategorie
Premium

Alter
mindestens 7 Jahre

Alkoholgehalt
40 Vol.-%

Sorte
Bourbon

Dieser Whiskey ist einer der gefragtesten und teuersten Bourbons überhaupt. Er ist das Ergebnis eines Herstellungsverfahrens, auf das die Brennerei Stitzel-Weller sehr stolz ist. Julian Van Winkle, die Seele des Unternehmens, gilt auch als der „weise Gelehrte" der Spirituosenindustrie.

Geschichte: Das Unternehmen wurde 1935 durch den Zusammenschluss der beiden Brennereien W. L. Weller und Stitzel Distilling Co. gegründet.

Herstellung: Auf einem der Markenzeichen der Brennerei sieht man fünf übereinander gelagerte Bronzeschlüssel, die die fünf Geheimnisse der Herstellung symbolisieren. Das Getreide wird in offenen Bottichen eingeweicht und die Destillation im Rückflussverfahren durchgeführt (jeder neu destillierte Brand wird mit dem zuletzt destillierten vermischt, um ein einheitliches Destillat zu erzeugen). Außerdem lässt man das Getreide sehr langsam gären.

Eigenschaften: Dieser Whiskey hat eine intensiv goldene, zu Bernstein tendierende **Farbe** und ein volles, umhüllendes **Früchtearoma** mit Noten von rauchigem Holz. Im **Geschmack** ist dieser Bourbon sehr körperreich, vollmundig, mit Nuancen von Fassholz.

Old Crow

Der Old Crow ist einer der berühmtesten Bourbon Whiskeys. Er gehört zu Recht wegen seiner hervorragenden Charaktereigenschaften zu den wahren Aristokraten unter den Whiskeys.

Hersteller
The Old Crow Distillery Co.

Herstellungsort
Frankfort

Kategorie
Premium

Alter
mindestens 4 Jahre

Alkoholgehalt
40 Vol.-%

Sorte
Bourbon

Geschichte: Die Brennerei, die 1835 gegründet wurde, ist auf alle Fälle einen Besuch wert, denn sie wurde nach schottischem Vorbild erbaut. Schottland war nämlich die Heimat des Firmengründers James Crow. Dieser hatte es in Kentucky zu solchem Ansehen gebracht, dass man ihm sogar ein Denkmal errichtete.

Das fünfstöckige Gebäude hat eine steinerne, mit kleinen Fenstern durchzogene Fassade und erinnert eindeutig an eine schottische Destillerie.

Herstellung: Jede einzelne Flasche ist das Ergebnis genau festgelegter Arbeitsschritte. Von der Gärung über die Destillation bis zur Reifung, die mindestens vier Jahre benötigt (es werden übrigens keine unterschiedlichen Jahrgänge vermischt), sind die Herstellungsmethoden mit denen der schottischen Single Malts identisch.

Eigenschaften: Es handelt sich hier um einen Bourbon Whiskey mit einer intensiv goldenen, sehr leuchtenden **Farbe**. Er offenbart ein volles **Aroma**, das an Getreide und Früchte erinnert. Der **Geschmack** ist körperreich, gut strukturiert und erfreut die Sinne mit fruchtigen Nuancen und deutlichen Spuren von Getreide, besonders den Roggen schmeckt man heraus.

Old Grand-Dad

Hersteller
The Old Grand-Dad Distillery Company

Herstellungsort
Frankfort

Kategorie
Premium

Alter
mindestens 6 Jahre

Alkoholgehalt
57 Vol.-%

Sorte
Bourbon

Der Old Grand-Dad ist zweifellos ein kräftiger Whiskey, dem aber auch interessante Geruchsreize und Harmonie nicht fehlen. Eigentlich wird er als ein etwas „versnobter" Whiskey angesehen, der, so sagen die Hersteller, „sich nicht darum kümmert, ob er gefällt".

Geschichte: Die Brennerei, die sich derzeit im Besitz der National Distillers Co. befindet, wurde wahrscheinlich um das Jahr 1796 von Basil Hayden gegründet. Sie liegt mitten im Grünen, im Schutze eines von dichten Wäldern bewachsenen Hügels in der Nähe des Elk Horn Creek. Der Old Grand-Dad wurde von Raymond Hayden kreiert, dem Enkel des Firmengründers, der ihn zu Ehren seines Großvaters Basil benannte.

Herstellung: Hervorzuheben wäre hier die strenge Auswahl der Rohstoffe (Mais und ein hoher Roggenanteil) sowie die Verwendung besonderer Hefestämme. Dieser Whiskey wird immer mit 114 Proof, also ungefähr 57 Vol.-% Alkohol, abgefüllt.

Eigenschaften: Ein Whiskey mit einer goldgelben **Farbe** und bernsteinfarbenen Schattierungen. Er weist ein volles, fruchtiges **Aroma** mit rauchigen Noten auf. Der **Geschmack** ist sehr charakteristisch, körperreich, fruchtig mit Nuancen von Roggen.

Old Overholt

Hersteller
A. Overholt & Co. Distillery

Herstellungsort
Frankfort

Kategorie
Premium

Alter
mindestens 4 Jahre

Alkoholgehalt
43 Vol.-%

Sorte
American Rye

Der Old Overholt besitzt typische Charaktereigenschaften, die ihm sein Schöpfer Abramo Overholt verliehen hat. Dieser wählte für die Herstellung seines Destillats, im Gegensatz zu den anderen Brennmeistern der Gegend, die Mais bevorzugten, einen hohen Roggenanteil (mehr als 51 %).

Geschichte: Dieser Whiskey wurde 1810 in West Overton, Pennsylvania, kreiert. In diesem Staat gab es anfänglich in der Grenzregion mehr Brennereien als Getreidemühlen. In Anbetracht der großen Entfernung zu den Märkten an der Küste bestand eine der besten Möglichkeiten, das überschüssige Getreide zu verarbeiten, darin, Whiskey daraus zu brennen.

Herstellung: Der Old Overholt wird heute mit einem Alkoholgehalt zwischen 60 und 80 Vol.-% destilliert. Dadurch bleiben die reichhaltigen Geschmacks- und Geruchseigenschaften erhalten.

Eigenschaften: Dieser Rye Whiskey hat eine altgoldene, zu Bernstein tendierende **Farbe**. Sein einhüllendes **Aroma** ist voll und ausgeprägt, während der leicht scharfe **Geschmack** sich vollmundig, trocken und sehr aromatisch präsentiert.

Old Rip Van Winkle

Hier haben wir einen vollkommenen Bourbon Whiskey aus den Vereinigten Staaten vor uns. Jede der zahlreichen Sorten, die das Unternehmen in Lawrenceburg produziert, besitzt eigene, wertvolle Charaktereigenschaften, die von den wahren Whiskeykennern sehr geschätzt werden.

Hersteller
Old Rip Van Winkle Distillery

Herstellungsort
Lawrenceburg

Kategorie
Premium

Alter
10, 12 und 15 Jahre

Alkoholgehalt
45 bis 53 Vol.-%

Sorte
Bourbon

Geschichte: Die Van Winkle, die ihren Verwaltungssitz in Louisville hat, ist eine der kleinsten Brennereien in Kentucky. Die Fabrik steht in Lawrenceburg, mitten in der Heimat des Bourbons. Julian Van Winkle III., der derzeitige Vorsitzende des Unternehmens, leitet mit großem Geschick den Familienbetrieb. Die Firma wurde Anfang des 20. Jh. von seinem Großvater, Julian „Pappy" Van Winkle, gegründet. „Pappy" besaß große unternehmerische Fähigkeiten, denn er begann seine Karriere 1893 als einfacher Verkäufer bei der Brennerei W. L. Weller. Nur einige Jahre später, 1909, war er bereits Leiter dieser Firma. In der Folgezeit verzeichnete das Unternehmen stetig steigenden wirtschaftlichen Erfolg, denn Van Winkle verstand es, aus der wachsenden Marktnachfrage nach Alkohol in der Nachkriegszeit Profit zu ziehen.

„Pappy" wurde schließlich in den 20er-Jahren zu einer Berühmtheit, denn er bekam die Erlaubnis, auch in den Jahren der Prohibition weiterhin Whiskey zu brennen. Erwähnenswert ist auch, dass die Firma immer von Mitgliedern der Familie Van Winkle geleitet wurde und nie den Besitzer wechselte. Julian Van Winkle III. leitet seit 20 Jahren die Firma, nachdem er sie von seinem Vater übernommen hatte, der wiederum seinerseits den berühmten Großvater abgelöst hatte. Er war kurz vorher aus der Armee der Vereinigten Staaten ausgeschieden, wobei er für seine heldenhaften Taten während des Zweiten Weltkriegs geehrt worden war und übernahm kurz nach seiner Rückkehr nach Lawrenceburg die Firma.

2002 schloss man ein Joint Venture mit der Buffalo Trace Distillery, die heute auch Whiskeys der Marke Van Winkle produziert.

Herstellung: Alle Destillate der Fabrik werden nach streng handwerklich durchgeführten Methoden gefertigt. Jede unterschiedliche Sorte wird mit speziellen Herstellungsmethoden produziert, die ausgezeichnete Charaktereigenschaften gewährleisten.

Der Old Rip Van Winkle 107 wird, nach einer entsprechenden Reifezeit, erst dann in Flaschen abgefüllt, wenn er im Fass 107 Proof (ca. 53 Vol.-% Alkohol) erreicht hat. Der Alkoholgehalt wird auch als Qualitätsmerkmal auf dem Etikett vermerkt. Schließlich wird, sozusagen als letzter Schliff, eine kleine Menge Wasser aus Kentucky zugegeben. Dieses kalkhaltige Wasser hat unverwechselbare Eigenschaften und verleiht dem Destillat besondere Raffinesse.

Der Old Rip Van Winkle reift 12 Jahre lang in ausgekohlten Eichenfässern heran und ist in dieser Zeit den klimatischen Bedingungen ausgesetzt, die für diese Region Kentuckys typisch sind. Am Ende der Reifezeit ist ein vollkommenes Destillat entstanden.

Der 15-jährige Old Rip Van Winkle reift, nach einer penibel durchgeführten Destillation, in den klassischen Fässern aus amerikanischer Weißeiche heran. Durch diese Vorgehensweise erhält dieser Whiskey einen sehr eigenen, perfekt ausgeglichenen und homogenen Geschmack.

Eigenschaften: Er hat eine antikgoldene, zu Bernstein tendierende **Farbe**. Bei der Verkostung verströmt er ein volles, intensives, fruchtiges **Aroma** mit Nuancen von Apfel und blumigen Noten. Der **Geschmack** ist außergewöhnlich, angenehm, elegant und erinnert an Getreide (Angaben beziehen sich auf den 10-jährigen Old Rip Van Winkle).

Weitere Sorten: Die Brennerei in Lawrenceburg produziert sehr viele unterschiedliche Versionen, z. B. den köstlichen **Old Rip Van Winkle 107**, der am besten mit etwas Wasser getrunken werden sollte. Denn so vermag er besonders gut seinen außerordentlichen Duft und Geschmack zu offenbaren. Weiterhin gibt es den äußerst guten Qualitätswhiskey **Old Rip Van Winkle 12 Years Old Time Rye**, der 12 Jahre gereift ist und 90 Proof aufweist (45 Vol.-% Alkohol). Er wird mit einem hohen Roggenanteil gebrannt und wird vertraulich auch „Old Time" genannt. Er wird nur in begrenzter Menge hergestellt und ist nicht in allen Staaten erhältlich. Es ist der erste Whiskey der Firma, der den Namen Van Winkle bekommen hat.

Schließlich sei noch der **Van Winkle Special Reserve** erwähnt, ein Whiskey mit 45 Vol.-% (90,4 Proof), der 12 Jahre gereift ist.

Old Taylor

Dieser Whiskey hat seinen Namen von Oberst Edmund H. Taylor jr., einem der berühmtesten Whiskeybrenner in der Geschichte Amerikas. Er ist der Begründer der modernen Bourbon-Industrie, der sich während des Sezessionskriegs hervortat, als er die Armee mit Alkohol belieferte. Später war er Senator von Kentucky und 1902 kandidierte er auch für das Amt des Gouverneurs.

Hersteller
Old Taylor Distillery Company

Herstellungsort
Frankfort

Kategorie
Premium

Alter
6 Jahre

Alkoholgehalt
43 Vol.-%

Sorte
Bourbon

Geschichte: Dieser Bourbon wurde 1867 zum ersten Mal destilliert und unter dem Markennamen „O.F.C. E.H. Taylor jr. Distillery, Frankfort Ky" verkauft, wobei die Abkürzung O.F.C. für „Old Fire (oder Fashioned) Cooper" stand. Bevor er sich auf dem Markt etablieren konnte, erlebte dieser Bourbon einige Höhen und Tiefen. Sein Schöpfer gründete 1878 gemeinsam mit George T. Stagg eine Gesellschaft. Man kam überein, dass Oberst Taylor weiterhin die Firma leiten sollte, Stagg allerdings selbstständig Destillate brennen durfte, die er mit dem Markennamen „E.H. Taylor jr." verkaufen konnte. Zur gleichen Zeit begann Taylor, verschiedene Investitionen zu tätigen und kaufte zahlreiche Brennereien auf (darunter die Oscar Pepper Distillery und die Glennis Spring Distillery). 1887 gründete er schließlich die Old Taylor Distillery. Leider kam es unmittelbar danach zu Streitigkeiten wegen der Namen der von den beiden Unternehmen produzierten Whiskeys, denn die Käufer verwechselten die von Stagg vertriebenen Bourbons mit denen, die in der Old Taylor Distillery gebrannt wurden. Man ging vor Gericht und es wurde entschieden, dass Stagg weiterhin Destillate mit dem Namen „E.H. Taylor jr." verkaufen durfte, wobei er auf seinen Flaschenetiketten allerdings auch Oberst Taylors Namenszug aufbringen sollte. Erst jetzt konnte sich der in der Firma in Frankfort produzierte Bourbon endgültig Old Taylor nennen und war somit gut von Staggs Whiskeys zu unterscheiden.

Herstellung: Der Old Taylor wird nach den strengen Herstellungsverfahren produziert, die für die Straight Bourbons vorgeschrieben sind. Man verwendet eine Getreidemischung, die sich aus 51 % Mais und, neben anderen Getreidearten, auch aus einem kleinen Anteil Gerste zusammensetzt. Er wird mit 60 bis 80 °C destilliert und ist sofort sehr reich an Aromen. Typisch ist sein markanter, trockener und sehr angenehmer Geschmack. Für den Reifeprozess verwendet man neue, innen ausgekohlte Fässer aus Weißeiche. Durch das Auskohlen bildet sich an der Fassinnenseite eine verkohlte Kruste, die den Geschmack des Destillats im Laufe der langen Lagerzeit klärt und verfeinert.

Eigenschaften: Dies ist ein Bourbon mit antikgoldener, intensiver **Farbe** und orangegelben Reflexen. Er verwöhnt mit einem vollen, unverkennbaren **Aroma** und einem trockenen, markanten, sehr angenehmen **Geschmack** mit typischen Getreidenoten.

Pappy Van Winkle's Family Reserve

Hersteller
Old Rip Van Winkle Distillery

Herstellungsort
Lawrenceburg

Kategorie
Premium

Alter
20 Jahre

Alkoholgehalt
45,2 Vol.-%

Sorte
Bourbon

Bei diesem Bourbon Whiskey handelt es sich um eine Special Reserve, die von den Experten ebenso bewertet wird wie die großen Cognacs, die man in einer beschaulichen Stunde genießen sollte. 1996 hat dieser Whiskey auf den *World Spirits Championships* in Chicago die Platinmedaille mit einer nie zuvor erreichten Punktzahl von 99/100 gewonnen.

Geschichte: Er wurde von der Firma kreiert, um den legendären Patriarchen des Hauses, Julian „Pappy" Van Winkle, zu ehren. Van Winkle ist auf dem Flaschenetikett mit seiner unvermeidlichen Zigarre abgebildet. Auch die Flasche unterscheidet sich deutlich von denen, die für die restlichen von dieser Firma produzierten Whiskeys verwendet werden.

Herstellung: Der Pappy Van Winkle's Family ist einer von vielen Whiskeys, die von der Old Rip Van Winkle erzeugt werden. Julian Van Winkle III. steht mit seinem Namen für die besonders sorgfältig durchgeführten Herstellungsprozesse ein. Erwähnenswert ist hier vor allem die sehr lange Reifezeit dieses Bourbons, während der er seine unverwechselbaren Charaktereigenschaften annimmt.

Eigenschaften: Ein Whiskey mit einer intensiven **Bernsteinfarbe** und einem vollen, intensiven, fruchtigen **Aroma**, das Getreidenoten verströmt. Der **Geschmack** ist reichhaltig und weich, gleichzeitig aber auch sehr fruchtig.

Van Winkle Family Reserve Rye

Hersteller
Old Rip Van Winkle Distillery

Herstellungsort
Lawrenceburg

Kategorie
Premium

Alter
20 Jahre

Alkoholgehalt
50 Vol.-%

Sorte
American Rye

Hier haben wir eine äußerst seltene Jahrgangsabfüllung vor uns. Dieser Bourbon sollte die außerordentlichen Qualitäten der von der Old Van Winkle Distillery produzierten Destillate unter Beweis stellen. Er stammt aus dem Jahr 1985 und kann durchaus mit seinen 100 Proof Alkohol (ca. 50 Vol.-%) unter die „Top Straight Bourbon" des vergangenen Jahrhunderts eingereiht werden, denn er bietet bei der Verkostung wahrhaft außergewöhnliche geschmackliche Eigenschaften. Schließlich sei noch gesagt, dass er in streng limitierter Auflage produziert wurde und jede Flasche nummeriert ist.

Herstellung: Diese Special Reserve ist wirklich einzigartig. Schon in der Herstellung unterscheidet sich dieser Bourbon von anderen, da er nicht kaltgefiltert wird. Denn so bleiben alle Eigenschaften des Destillats, die während der Lagerung entstanden sind (vor allem Aroma und Geschmack), erhalten. Es ist ein Rye Whiskey, d. h. ein Destillat, das hauptsächlich aus Roggen gebrannt wird.

Eigenschaften: Ein Bourbon mit einer leuchtenden, intensiven **Bernsteinfarbe**. Er bietet ein volles, intensives **Aroma** mit fruchtigen Noten, während der reichhaltige, weiche **Geschmack** Nuancen von Süßholz und Gewürzen schenkt.

Wild Turkey

Hersteller
Austin Nichols Distilling Co.

Herstellungsort
Lawrenceburg

Kategorie
Premium

Alter
6, 8, 10 und 12 Jahre

Alkoholgehalt
43,4 bis 54,8 Vol.-%

Sorte
Bourbon

Der Name dieses Whiskeys erinnert an eines der Symbole aus der amerikanischen Pionierzeit. Denn der wild lebende Truthahn, der auf dem Flaschenetikett abgebildet ist, ist in den Vereinigten Staaten weit verbreitet. Eine amüsante Anekdote erklärt, wie der Whiskey zu seinem Namen kam. Man erzählt sich, dass 1940 der Jäger Thomas McCarthy, der auch Betriebsleiter der Brennerei war, sich aufmachte, um den wilden Truthahn zu jagen. Er führte einen beachtlichen Whiskeyvorrat mit sich, was bei seinen Jagdfreunden, die ihn begleiteten, vollen Zuspruch fand. In Anbetracht des Jagdglücks, das den Freunden wohlgesonnen war, wurde dieser Bourbon von jenem Moment an Wild Turkey genannt.

Geschichte: 1855 eröffnete Austin Nichols einen Laden, in dem er Kaffee, Gewürze und Alkohol verkaufte. Später wechselte er in die Brennereibranche über und ging nach Lawrenceburg zur Ripy Distillery, der späteren Wild Turkey. Der produzierte Bourbon wurde 1870 nicht nur in Fässern, sondern auch in Flaschen verkauft und der Whiskeyabsatz nahm stetig zu. In den Jahren der Prohibition kam die Whiskeyproduktion allerdings völlig zum Erliegen. Die gesamte Fabrik wurde nach Aufhebung des Alkoholverbots renoviert und verzeichnete nun einen beachtlichen Produktionsanstieg.

Übrigens startete Jimmy Russell, einer der größten Whiskeyexperten der Welt, 1954 seine Karriere hier in der Wild-Turkey-Brennerei.

Herstellung: Für diesen Whiskey werden verschiedene Getreidesorten gemischt und insbesondere die qualitativ hochwertige Maissorte „Yellow Corn N° 2" zugegeben. Um ein ausgezeichnetes Ergebnis zu erzielen, werden noch ausgesuchte Hefen zugefügt. Von großer Bedeutung ist auch die Reifung der Destillate in Fässern aus amerikanischer Eiche. Schließlich werden sowohl das *Finishing* als auch die Stabilisierung mit äußerster Sorgfalt durchgeführt, um ein Produkt von gleichbleibender Qualität zu erhalten.

Eigenschaften: Ein Bourbon mit einer intensiv goldenen **Farbe**, der bei der Verkostung ein weiches **Aroma** mit rauchigen Noten offenbart. Auch der angenehm abgerundete **Geschmack** bietet rauchige und malzige Nuancen, aber auch Spuren von Vanille und Honig.

Weitere Sorten: Im Laufe der Jahre hat dieses Unternehmen viele verschiedene Sorten produziert. 1974 erschien der **Wild Turkey 80 proof** im Handel. Er hatte einen niedrigeren Alkoholgehalt als sonst üblich. Zwei Jahre später wurde der **Wild Turkey Liqueur**, ein süßer Honiglikör, verkauft. 1995 wurde eine Version kreiert, die in limitierter Auflage nur auf dem amerikanischen Markt verkauft wurde. Es war der **Wild Turkey Kentucky Spirit Single Barrel 101 proof**. Schließlich, 2000, produzierte die Brennerei den 10 Jahre gereiften **Russell's Reserve**.

Es gibt noch den **Rare Breed**, einen sogenannten Barrel-Proof Bourbon. Diese Bezeichnung gibt an, dass man für den Abfüllprozess Destillate mischt, die aus verschiedenen Fässern stammen und unterschiedliche Alkoholgehalte und Reifezeiten aufweisen. Man mischt ohne Zugabe von Wasser, um den Alkoholgehalt nicht herabzusetzen und das Aroma nicht zu verändern. Es handelt sich daher eigentlich um einen Blended Whiskey, der mit verschiedenen Wild-Turkey-Jahrgängen (die 6, 8 und 12 Jahre gereift sind) kreiert wurde. Diese Methode verleiht dem Destillat einen besonderen Körper, einen süßen Geschmack mit Nuancen von gelagertem Holz sowie ein intensives und gleichzeitig zartes Aroma, das an Malzzucker erinnert. Der geübte Gaumen kann auch Nuancen von Orangenschale, Minze und Pfeifentabak wahrnehmen. Er schenkt ein ziemlich langes, warmes und würziges, den Gaumen umhüllendes Finale. Jimmy Russell bewahrt den Rare Breed normalerweise im Eisfach auf, um so bei der Verkostung kein Eis verwenden zu müssen. Dieser Whiskey hat 2000 auf der San Francisco World Spirits Competition die Goldmedaille gewonnen.

Woodford Reserve

Der Woodford Reserve ist ein Whiskey der Extraklasse. Er kommt in begrenzter Menge in einer eleganten Flasche in den Handel, auf der nur die wesentlichsten Daten und die Flaschennummer vermerkt sind.

Hersteller
The Woodford Reserve Distillery

Herstellungsort
Woodford County

Kategorie
Premium

Alter
mindestens 3 Jahre

Alkoholgehalt
45,2 Vol.-%

Sorte
Bourbon

Geschichte: Die Labrot & Graham, die älteste Brennerei Kentuckys, die 1812 gegründet wurde und ursprünglich unter dem Namen Oscar Pepper bekannt war, nahm 2005 den Namen Woodford Reserve Distillery an. Von Anfang an entwickelte dieses Unternehmen sehr fortschrittliche Methoden, was den Reifeprozess der Destillate anbelangt. Die Brennerei kam bald zum Glen's Creek Distilleries-Konzern, dessen Eigentümer Oberst E. H. Taylor war. 1878 wurde sie von James Graham und Léopold Labrot aufgekauft. Nach langer Krisenzeit – die Firma wurde zeitweise geschlossen – wurde sie schließlich Mitte der 90er-Jahre von der Brown-Forman übernommen, und konnte nun dank der ausgezeichneten Fähigkeiten von Lincoln Henderson einen beachtlichen wirtschaftlichen Aufschwung verzeichnen.

Herstellung: Der Woodford Reserve wird noch heute unter Berücksichtigung der alten Traditionen hergestellt. Man verwendet reinstes Wasser aus dem Glenn's Creek, der in der Nähe der Brennerei vorbeifließt. Um die hohen Qualitätsstandards zu erreichen, die diesen Bourbon auszeichnen, lässt man das Malz sieben Tage in großen Kupferbehältern keimen. Danach wird die entstandene Flüssigkeit dreimal destilliert. Schließlich darf das Destillat in Fässern aus Weißeiche heranreifen. Auch die Flasche, in der dieser Bourbon verkauft wird, gewährleistet, dass der Duft dieses kostbaren Destillats über die Zeit erhalten bleibt. Sie hat eine anspruchsvolle Form und wird mit einem Verschluss aus Holz und Kork verschlossen.

Eigenschaften: Ein Bourbon von intensiv goldener **Farbe**, die ins Bernstein übergeht. Er offenbart ein abgerundetes, würziges und fruchtiges **Aroma** mit Nuancen von Tabak und einem weichen **Geschmack**, der an Getreide denken lässt. Der geübte Gaumen nimmt auch feine Minze-, Vanille- und Karamellspuren wahr.

Kanada

Kanada ist nicht nur wegen seiner Seen, seiner riesigen Entfernungen und seiner ausgedehnten Waldflächen bekannt, sondern auch wegen seines ausgezeichneten Whiskys, der mit seinem unverkennbaren Geschmack ohne Vorbehalte auch von den allerfeinsten Gaumen geschätzt wird. Im Übrigen ist der Canadian Whisky mindestens zu „dreiviertel adelig", denn die Herstellung der ersten Whiskys geht auf schottische Einwanderer zurück, die nach Kanada kamen, um hier ihr Glück zu versuchen. Im 16. Jh. begannen hauptsächlich Franzosen und Engländer, das riesige Gebiet um den Ontariosee zu erforschen. Die beiden Nationen waren zunächst verbündet. Da die Regierungen beider Länder jedoch Gebietsansprüche geltend machten, kam es in der Folge zu einem offenen Krieg.

Die Ursprünge

Kanadas „junge" Geschichte ist geprägt von den Auseinandersetzungen der Ureinwohner mit den Europäern. Die Kultur des Landes wurde stark von England und Frankreich beeinflusst, denn die europäischen Einwanderer brachten Sitten und Gebräuche ihres Mutterlandes in die neue Heimat. Natürlich behielten sie auch ihre Essgewohnheiten und dementsprechend die landwirtschaftlichen Anbaumethoden bei. Das kanadische Ackerland ist äußert fruchtbar und war für den Anbau von großen Mengen Weizen, Roggen und Hafer wie geschafften, auch Mais wurde in kleineren Mengen kultiviert. Überall gab es Getreidemühlen für die Mehlherstellung. Aber es war nicht immer leicht, die riesigen Ernteerträge in kurzer Zeit zu verarbeiten. Deshalb begannen viele Müller (schottischen Ursprungs) damit, die Getreideüberschüsse zu vergären und zu destillieren, um daraus Whiskys herzustellen, die wegen ihrer ausgezeichneten Qualitäten sehr gefragt und geschätzt waren. Bald überstieg die Nachfrage das Angebot und viele Müller gaben ihre Mühlen auf, um Whiskybrennereien zu gründen. So entstand in der ersten Hälfte des 19. Jh. die kanadische Whiskyindustrie. Erwähnt sei noch diese nette Kuriosität: In den Jahren der Prohibition floss ein Großteil der in den USA produzierten Whiskeys in den kanadischen Markt. Die illegal importierten Flaschen wurden ohne Etikett über die Grenzen geschmuggelt. Man erfand Fantasienamen und klebte die Etiketten auf die Flaschen, bevor man sie an Großhändler verkaufte.

Eine relativ isolierte Lage

Die kanadische Whiskyindustrie, die sich anfangs in der Region Ontario, in den von vielen Flüssen durchzogenen Ebenen nördlich des

Im Seegebiet. Im 16. Jh. kamen die ersten europäischen Einwanderer nach Ontario, die unter anderem auch das Destillationsverfahren mit in die neue Heimat brachten.

Eine Windmühle aus dem 18. Jh. Das überschüssige Getreide brachte die Müller auf die Idee, einen Teil davon für die Destillation von Whisky zu verwenden.

Sankt-Lorenz-Stroms, ansiedelte, hat sich in einer relativ isolierten Lage entwickelt, weitab von den amerikanischen und schottischen Schwesterfirmen. Und tatsächlich, auch wenn der kanadische, aus Roggen gebrannte Whisky eine deutliche Verwandtschaft zum amerikanischen Bourbon zeigt, so werden doch die von den Schotten erlernten Herstellungsverfahren angewendet (deshalb sprechen die Kanadier, anders als die Amerikaner und Iren, von „Whisky" und nicht von „Whiskey"). Dennoch konnten weder die traditionellen Gebote der schottischen Whiskybrenner noch die gesetzlichen Anordnungen der angrenzenden Vereinigten Staaten die Kanadier dazu veranlassen, ihre eigenen Herstellungsmethoden abzuändern. In Kanada existieren keine rechtlich festgelegten Vorschriften zum Destillationsverfahren, sodass jeder Hersteller die Rohstoffe verwenden kann, die ihm gut erscheinen und die Herstellungs- und Lagerungsmethoden, die am besten die Qualitäten der erzeugten Whiskys zur Geltung bringen.

Die Herstellung

Der kanadische Whisky wird mit Mais, Roggen, Gerste (zum Teil gemälzte Gerste) und Weizen hergestellt. Normalerweise werden vor Ort angebaute Getreide verwendet, die andere Eigenschaften als die amerikanischen Getreidesorten aufweisen. Die unterschiedlichen klimatischen Verhältnisse, die in den beiden Ländern vorherrschen, beeinflussen auf unterschiedliche Weise die Reifung des Getreides. Auch wenn die Mälz-, Gärungs- und Destillationsprozesse die gleichen sind, so bemerkt man doch beim Verkosten der Destillate einen deutlichen Unterschied, was Aroma und Geschmack betrifft. Dieser Unterschied rührt auch daher, dass die kanadischen Blends (für die man gut 20 verschiedene Destillate vermischt) vor dem Reifeprozess vereint werden. Gesetzlich sind drei Jahre Lagerzeit vorgeschrieben, manche Hersteller verlängern die Reifezeit auf sechs bis acht Jahre. Allerdings können sich nur wenige Flaschen mit dem Titel „Reserve" schmücken. Diese Destillate haben dann ein Alter von 12 Jahren erreicht.

Ein samtiger Geschmack

Heute haben, neben etwa zehn mittelständischen Unternehmen, einige wenige multinationale Konzerne das Monopol auf die Herstellung des Canadian Whisky, darunter die Hiram Walker, die Seagram, die Barton und die Alberta Distilleries. Alle kanadischen Whiskys haben normalerweise eine hellere Farbe, verglichen mit den Whiskys anderer Länder, während der Geschmack besonders samtig und zart ist.

Die momentan steigende Nachfrage nach diesen Whiskys zeigt, dass die Verbraucher die Geschmackseigenschaften der kanadischen Whiskys (charakteristisch für nicht lange gereifte Destillate) immer mehr schätzen.

Canadian Club

Hersteller
Hiram Walker & Sons

Herstellungsort
Walkerville (Ontario)

Kategorie
Premium

Alter
mindestens 6 Jahre

Alkoholgehalt
40 Vol.-%

Sorte
Canadian Rye

Die Heimat des Canadian Club, des meistverkauften kanadischen Whiskys weltweit, ist die kleine Stadt Walkerville, die so genannt wurde, weil sie tatsächlich um die gleichnamige Brennerei herum entstanden ist.

Geschichte: Die Geschichte dieses Whiskys beginnt 1856, als das Schicksal Hiram Walker, einen jungen Getreidehändler aus Detroit, in die angrenzenden Ebenen Kanadas führte. Hier kaufte er in der Nähe des Städtchens Windsor 400 Acre Land und baute seine eigene Whiskybrennerei. Es war der perfekte Ort für dieses Vorhaben, denn Weizen und Roggen gab es hier im Überfluss und auch bequeme Transportmöglichkeiten, vor allem mit dem Schiff. So kam es, dass um die Fabrik des jungen Walker eine Stadt heranwuchs, die natürlich den Namen Walkerville bekam.

Eigenschaften: Dies ist ein Whisky von nicht gekannter Leichtigkeit. Seine **Farbe** ist ein klares, tiefes Bernstein. Das **Aroma** ist zart, blumig, mit Noten von Jasmin und Geranie. Der warme, samtige **Geschmack** schenkt angenehme Nuancen von Roggen.

Canadian Club Classic

Hersteller
Hiram Walker & Sons

Herstellungsort
Walkerville (Ontario)

Kategorie
De Luxe

Alter
12 Jahre

Alkoholgehalt
40 Vol.-%

Sorte
Canadian Rye

Der Canadian Club Classic hält den Verkaufsrekord in seiner Kategorie. Er ist das Spitzenerzeugnis eines bereits über 150 Jahre alten Unternehmens, das mittlerweile ein florierendes Wirtschaftsimperium auf internationalem Niveau geworden ist.

Nicht zufällig gab es im Laufe der Zeit zahlreiche Nachahmungsversuche. Im Handel finden sich immer wieder nachgemachte Flaschenetiketten. Ein Raum der Brennerei ist zu einer Art „Museum" geworden, wo alle Fälschungen des Canadian Club Classic ausgestellt worden sind, mittlerweile Hunderte von Flaschen.

Herstellung: Dieser 12-jährige Whisky wird in einem langen, ziemlich komplizierten Verfahren hergestellt. Aber es entsteht ein kostbares Destillat mit erlesenem Charakter.

Eigenschaften: Ein Whisky mit einer klaren **Bernsteinfarbe** und einem süßen und fruchtigen **Aroma** mit Noten, die an Pflaumenkuchen und Vanille erinnern. Der honigsüße **Geschmack** verwöhnt den Gaumen mit Nuancen von Sahne und Karamell.

Canadian Mist

Der Canadian Mist wird von der Brown-Forman produziert. Dieses Unternehmen gehört zu den Riesen unter den multinationalen Spirituosenkonzernen. Jung und modern spiegelt er den Geist und die Kultur des Landes wider, aus dem er stammt.

Geschichte: Obwohl er sehr jung ist (er kam 1967 zum ersten Mal in den Handel), ist er der in den USA am häufigsten verkaufte kanadische Whisky. Grund für diesen Erfolg ist sein Geschmack, der im Vergleich zum Bourbon Whiskey entschieden weniger Körper aufweist. Schöpfer des Canadian Mist ist der Blendmaster Harold Ferguson. Er sah voraus, dass der feine Geschmack seines Blended das Publikum, das sich diesem Whisky zum ersten Mal annäherte, durchaus verführen könnte.

Herstellung: Dies ist ein Special Blended, der aus Whiskys unterschiedlicher Herkunft und unterschiedlichen Alters gemischt wird. Die Weizendestillate verleihen ihm Klarheit, während die Gerstenmalzdestillate ihm die Feinheit schenken, für die er bekannt ist.

Eigenschaften: Ein Whisky von intensiv goldener Farbe, der ein fruchtiges angenehmes Aroma mit Noten von Orangen und Zitronen und Spuren von Tabak verströmt. Im Geschmack ist er fein, bietet sahnige Nuancen und erinnert an Karamell und Kekse.

Hersteller
Brown-Forman Beverages Worldwide

Herstellungsort
Collingwood (Ontario)

Kategorie
Premium

Alter
10 Jahre

Alkoholgehalt
40 Vol.-%

Sorte
Blended Canadian

Crown Royal

Dieser Blend wurde 1939 anlässlich des ersten offiziellen Besuchs von Königin Elizabeth und König George VI. von England kreiert. Um dieses Ereignis zu feiern, erschufen die berühmtesten Blender der Seagram einen besonderen Aquavit, für den sie Getreidedestillate, die zwischen 10 und 30 Jahre alt waren, miteinander vermischten. So entstand der „kanadische Whisky der Königin".

Geschichte: 1857 benannte ein Vorfahr von Joseph Seagram ein Destillat, das aus Weizen gebrannt wurde, den er selbst in seiner Mühle gemahlen hatte, erstmals nach seinem Namen. Seit jener Zeit nahm der Erfolg dieser kleinen Fabrik stetig zu, sodass die Seagram & Sons ein Jahrhundert später eine der weltweit bedeutendsten Unternehmen in der Spirituosenbranche geworden ist.

Eigenschaften: Die Farbe dieses Whiskys ist ein leuchtendes Bernstein mit orangegelben Reflexen. Er enthüllt ein deutliches Vanille- und Holzaroma, in dem sich auch Noten von Enzian wahrnehmen lassen. Der süße und zarte Geschmack bietet Nuancen von Zimt und Lakritze.

Hersteller
Seagram & Sons

Herstellungsort
Waterloo (Ontario)

Kategorie
De Luxe

Alter
10 Jahre

Alkoholgehalt
40 Vol.-%

Sorte
Blended Canadian

Sonderabfüllungen

An Cnoc

Hersteller: Inver House
Typ: Single Malt
Herstellungsort: Knock by Huntly (Banffshire, Schottland)

Beschreibung: Der An Cnoc ist ein Erzeugnis des Highlander-Selection-Konzerns aus Knock by Huntly. Dieser 18-jährige Malt hat 46 Vol.-% Alkohol und eine intensiv goldene **Farbe**. Er verströmt ein deutliches **Birnenaroma** mit zart grasigen Noten und Spuren von frisch geschnittenem Heu. Der **Geschmack** weist charakteristische Nuancen von rauchigem Eichenholz auf.

Es gibt noch eine Version, die von der Knockdhu Distillery Company Ltd. produziert wird. Es ist ein 13 Jahre gereifter Single Malt mit 46 Vol.-%, der zu einer Special Selection **(Highlander Selection)** der Firma gehört. Er ist **bernsteinfarben**, zeigt goldene Reflexe und offenbart ein frisches **Malzaroma** mit einem Hauch von Gras. Im **Geschmack** präsentiert sich dieser Whisky süß und körperreich.

The Antiquary

Hersteller: J & W Hardie Ltd. (Hedges & Butler Ltd.)
Typ: Blended Whisky
Herstellungsort: Edinburgh (Schottland)

Beschreibung: Hier handelt es sich um einen 40%igen, 12 Jahre gereiften Blended De Luxe, der aus einer Mischung der besten Malts der Gegend kreiert wird. Er hat eine intensiv gelbe **Farbe** mit tiefgoldenen Reflexen. Das **Aroma** bietet rauchige Noten, während der reiche und lang anhaltende **Geschmack** blumige Nuancen beschert.

Arran

Hersteller: Isle of Arran Distillers
Typ: Single Malt
Herstellungsort: Mulben (Banffshire, Schottland)

Beschreibung: 10 Jahre gereift, bringt es dieser Whisky auf 43 Vol.- % Alkohol. Die **Farbe** tendiert zu Bernstein und zeigt goldene Reflexe. Das volle **Aroma** von mittlerer Süße präsentiert Noten von Torf, Haselnuss und Obst. Der leicht süße **Geschmack** bietet dagegen Nuancen von frischem Gras und einen zarten Nachgeschmack, der an Karamell erinnert.

Auchroisk

Hersteller: Justerini & Brooks
Typ: Single Malt
Herstellungsort: Lochranza (Isle of Arran, Schottland)

Beschreibung: Dieser hochwertige 43 %ige Whisky wird nach mindestens 3-jähriger Reifezeit in Flaschen abgefüllt. Er hat eine satte, goldgelbe Farbe und schenkt bei der Verkostung ein cremiges, frisches, salziges **Aroma** mit Noten von rauchigem Torf und Zitrusfrüchten. Der **Geschmack** ist angenehm trocken und bietet im Abgang Nuancen von Karamell.

Banff

Hersteller: Banff Distillery (seit 1983 geschlossen)
Typ: Single Malt
Herstellungsort: Inverboyndle-Banff (Speyside, Schottland)

Beschreibung: Dies ist eine erlesene Special Reserve **(Signatory Vintage 1980)**. Sie hat eine zu Hellgrün tendierende **Farbe** und bietet ein angenehmes Aroma, das an frisch geschnittenes Gras und reife Birnen erinnert. Der **Geschmack** schenkt dem Gaumen unerwartete Nuancen von Rahm und Melone, zu denen sich Noten von gelagertem Fassholz gesellen.

Es gibt auch einen **bernsteinfarbenen Connoisseurs Choice 1975** (40 Vol.-%) mit leuchtend gelben Schattierungen, der ein frisches, klares **Aroma** mit einem Hauch von sauren Früchten enthüllt. Der halbtrockene **Geschmack** bietet rauchige Noten.

Coleburn

Hersteller: Coleburn Distillery Ltd. (seit 1985 geschlossen)
Typ: Single Malt
Herstellungsort: Longmorn-Elgin (Schottland)

Beschreibung: Hier wieder eine Special Reserve **(Connoisseurs Choice 1972)**, die nur für wenige ausgesuchte Abfüller bestimmt ist. Es ist ein Whisky mit erdbeerroter **Farbe**, die ins Bernstein übergeht und goldgelbe Reflexe zeigt. Er bietet ein **Aroma**, in dem man leichte Noten von Torf und Walnuss und Nuancen von frischem Gras erkennen kann. Der sofort trockene Geschmack schenkt deutlich rauchige Nuancen.

Convalmore

Hersteller: DCL (Distillers Company Limited)
Typ: Single Malt
Herstellungsort: Dufftown (Banffshire, Schottland)

Beschreibung: Dieser 43 %ige Single Malt, der im Banffshire gebrannt wird, gehört zu einer Special Reserve für Sammler **(Vintage 1981)**. Er hat eine sattgelbe **Farbe** und verströmt ein angenehmes **Sherryaroma** mit rauchigen Noten, während der **Geschmack** deutliche Spuren von Malz und Kakaobutter offenbart.

Craigellachie

Hersteller: Dewar's Distillers Ltd.
Typ: Single Malt
Herstellungsort: Craigellachie (Banffshire, Schottland)

Beschreibung: Ein Whisky mit erdbeerroter **Farbe** und zitronengelben Reflexen. Sein **Aroma** ist frisch, erinnert an Getreide und Gras. Dazu gesellt sich ein angenehm rauchiger und leicht süßer **Geschmack**, der den Gaumen mit Nuancen von Gerste und Weizen verwöhnt.

Dailuaine

Hersteller: Dailuaine Distillery
Typ: Single Malt
Herstellungsort: Carron (Banffshire, Schottland)

Beschreibung: Dies ist ein 16-jähriger Whisky aus den Highlands mit 43 Vol.-% Alkohol. Er gehört zu einer Special Selection dieses Unternehmens. Er hat eine sattgoldene **Farbe** mit Bernsteinschattierungen und ein reiches, anziehendes **Aroma** mit Noten von Karamell, Heidekraut und Gewürzen. Der **Geschmack** ist weich und fruchtig mit angenehmen Sherrynuancen.

Außerdem gibt es eine Special Reserve, den **Connoisseurs Choice 1974**, mit tiefgoldener **Farbe** und einem reichen **Aroma**, das an im Ofen kandierte Äpfel erinnert und würzige Nuancen enthüllt. Dazu gesellt sich ein weicher **Geschmack** mit Sherrynuancen.

Dallas Dhu

Hersteller: DCL (Distillers Company Limited)
Typ: Single Malt
Herstellungsort: Forres (Morayshire, Schottland)

Beschreibung: Auch dieser Whisky mit 58,1 Vol.-% von 1978 gehört zu einer Special Reserve für Sammler (Signatory). Er hat eine goldene Farbe und verströmt ein torfiges Aroma, während der Geschmack den Gaumen mit sahnigen Nuancen verwöhnt.

Weiterhin gibt es eine Dallas-Dhu-Version, die von der Distilers Company Limited für Gordon & MacPhail produziert wird. Sie gehört zu einer 40 %igen Special Reserve von 1980 und richtet sich hauptsächlich an Whiskykenner. Sie bietet eine blasse strohgelbe **Farbe**, ein zartes **Aroma**, das an Torf und Wiesenblumen erinnert, und einen **Geschmack** mit frischen Nuancen von Apfel, weißer Schokolade und Malz.

Glen Albyn

Hersteller: DCL (Distillers Company Limited)
Typ: Single Malt
Herstellungsort: Inverness (Schottland)

Beschreibung: Der **Connoisseurs Choice 1974** hat 43 Vol.-% Alkohol und gehört zu einer den Kennern gewidmeten Special Reserve. Seine **Farbe** ist ein leuchtendes Zitronengelb und das angenehme **Aroma** erinnert an Sherry und Walnüsse. Der **Geschmack** bietet zarte Apfelnuancen.

Glen Gordon

Hersteller: The Glen Gordon Whisky & Co.
Typ: Single Malt
Herstellungsort: Elgin (Schottland)

Beschreibung: Ein Whisky mit 40 Vol.-% Alkohol, der 15 Jahre im Fass gereift ist. Er hat eine sattgoldene **Farbe** und ein angenehm süßes **Aroma**, aus dem Noten von Sherry und Vanille hervortreten. Der auffällig weinartige **Geschmack** zeigt Nuancen von frischem Obst und Spuren von Rauch.

Glen Mhor 1979

Hersteller: Glen Mhor Distillery Co. Ltd. (seit 1983 geschlossen)
Typ: Single Malt
Herstellungsort: Inverness (Schottland)

Beschreibung: Der 1979er Glen Mhor ist mittlerweile zu einem wahren Sammlerstück geworden und ist nur wenigen Auserwählten vorbehalten. Er wurde von Gordon & MacPhail in limitierter Auflage abgefüllt. Seine **Farbe** ist ein intensives, ins Granatrot übergehendes Gold. Er offenbart ein rauchiges **Aroma** mit Noten von Gewürzkräutern, zu dem sich ein eher süßer, harmonischer und ausgeglichener **Geschmack** gesellt.

Glen Moray Glenlivet Vintage 1962

Hersteller: Glen Moray-Glenlivet Distillery Co.
Typ: Single Malt
Herstellungsort: Elgin (Morayshire, Schottland)

Beschreibung: Dieser 27-jährige Whisky aus den Highlands ist eine sehr seltene Special Reserve mit 43 Vol.-%. Er zeigt eine intensive **Bernsteinfarbe** und ein reifes **Aroma**, dem man die lange Lagerung in Fässern aus amerikanischer Traubeneiche anmerkt. Der malzige, sehr gut strukturierte **Geschmack** bietet torfige Nuancen.

Glendullan

Hersteller: Glendullan Distillery Ltd.
Typ: Single Malt
Herstellungsort: Dufftown (Schottland)

Beschreibung: Hier handelt es sich um einen Whisky mit 43 Vol.-% Alkohol, der zu einer 12-jährigen Special Reserve gehört. Er ist heute ein begehrtes Sammlerstück, da er nicht mehr im Handel erhältlich ist. Seine **Farbe** ist ein blasses Gold, sein zartes **Aroma** erinnert an Kekse und Gras und sein leicht süßer **Vanillegeschmack** bietet Nuancen von Eichenholz. Es gibt außerdem eine exklusive Reserve **(Rare Malts Version)**, die 22 Jahre gereift ist und 62,6 Vol.-% Alkohol aufweist. Sie hat eine hellgoldene **Farbe** mit bernsteinfarbenen Reflexen und ein intensives **Sherryaroma** mit torfigen Noten. Der gut strukturierte **Geschmack** schenkt zarte Karamellnuancen.

Glenglassaugh

Hersteller: Glenglassaugh Distillery
Typ: Single Malt
Herstellungsort: Elgin (Morayshire, Schottland)

Beschreibung: Ein 1973er-Whisky mit 40 Vol.-% Alkohol, der zu einer Special Reserve des Hauses gehört **(Family Silver Reserve)**. Er hat eine helle, besonders leuchtende **Bernsteinfarbe** und bietet ein intensives **Aroma**, das an Leder und Gewürze denken lässt. Der **Geschmack** erscheint trocken mit leicht salzigen Nuancen.

Glenlochy

Hersteller: Glenlochy Distillers
Typ: Single Malt
Herstellungsort: Fort William (Invernesshire, Schottland)

Beschreibung: Der **Connoisseurs Choice 1977** gehört zu einer Special Reserve. Es ist ein **hellgoldfarbener** Whisky mit orangegelben Reflexen, der ein zartes **Grasaroma** mit Noten von Kiefernholz und Karamell enthüllt, während der anfangs süße **Geschmack** Nuancen von Honig und Zitrusfrüchten mit einem Hauch von Schokolade präsentiert. Im Abgang trocken.

Glentauchers

Hersteller: Allied Distilleries
Typ: Single Malt
Herstellungsort: Mulben-Keith (Banffshire, Schottland)

Beschreibung: Dieser geschätzte Single Malt aus der Speyside mit 55,6 Vol.-% Alkohol gehört zur Reserve **Signatory Vintage 1975**. Er hat eine sehr intensive **Goldfarbe** und verströmt ein beachtliches **Torfaroma**, dem sich ein deutlicher **Malzgeschmack** mit Nuancen von Birnen und getrockneten Weinbeeren gegenüberstellt.

Glenury Royal

Hersteller: DCL (Distillers Company Limited)
Typ: Single Malt
Herstellungsort: Stonechaven (Kincardineshire, Schottland)

Beschreibung: Dieser bemerkenswerte Whisky aus den Highlands mit 58,4 Vol.-% Alkohol gehört zu einer Special Reserve **(Rare Malt)**, die 29 Jahre gereift ist. Er hat eine leuchtend goldene **Farbe** und offenbart ein wohlriechendes **Nuss-** und **Mandelaroma**. Der **Geschmack** bietet angenehme Nuancen von Zitrone, Pistazie und Minze.

Inchmurrin

Hersteller: Loch Lomond Distillery
Typ: Single Malt
Herstellungsort: Alexandria (Dumbartonshire, Schottland)

Beschreibung: Dies ist ein 10 Jahre gereifter Whisky in limitierter Auflage. Seine **Farbe** variiert zwischen einem zum Bernstein tendierenden dunklen Gold bis hin zu Zitronengelb. Er schenkt ein angenehmes **Eukalyptus**- und **Bananenaroma** und einen **Geschmack** mit rauchigen Nuancen und Noten von Gewürzen.

Inverleven

Hersteller: Allied Distilleries
Typ: Single Malt
Herstellungsort: Dumbarton (Dumbartonshire, Schottland)

Beschreibung: Dieser Whisky von 1986 gehört zu einer Special-Reserve-Jahrgangsabfüllung für Whiskykenner. Er hat eine gelbliche, in Hellgrün übergehende **Farbe** und ein angenehmes **Aroma**, das an frisch geschnittenes Gras und reife Birnen erinnert, während der **Geschmack** unerwartete Nuancen von Rahm und Melone sowie Noten von gelagertem Fassholz offenbart.

Knockdhu

Hersteller: Knockdhu Distillery Company Ltd. (Inver House)
Typ: Single Malt
Herstellungsort: Knock (Banffshire, Schottland)

Beschreibung: Hierbei handelt es sich um einen 21 Jahre alten Whisky mit 57,5 Vol.-% Alkohol, der zu einer sehr seltenen Special Reserve gehört. Er ist ausschließlich für private Abfüller bestimmt. Er hat eine intensiv goldene **Farbe**, die zum Bernstein tendiert, und ein elegantes **Malz**- und **Fruchtaroma** mit rauchigen Noten. Der weiche, torfige **Geschmack** verschmilzt mit Nuancen von Fassholz und Gewürzen.

Ledaig

Hersteller: Burn Stewart
Typ: Single Malt
Herstellungsort: Tobermory (Isle of Mull, Schottland)

Beschreibung: Ein 15-jähriger Whisky mit 43 Vol.-% Alkohol in limitierter Auflage. Er hat eine tiefgoldene, zu Bronze tendierende **Farbe** und verströmt ein zartes **Torfaroma**. Während der sehr feine **Geschmack** an Toffee erinnert und würzige Nuancen aufweist.

The Loch Fyne

Hersteller: Richard Joynson und Lindsay Shearer
Typ: Blended Whisky
Herstellungsort: Inveraray (Argyll, Schottland)

Beschreibung: Ein Blended mit 40 Vol.-% Alkohol, der von den Inhabern eines der größten britischen Versandunternehmen produziert wird. Er ist **bernsteinfarben**, hat ein gut strukturiertes **Aroma** mit torfigen und würzigen Noten, während der **Geschmack**, der an Getreide denken lässt, rauchige Nuancen präsentiert.

Millburn

Hersteller: Millburn Distillery Ltd.
Typ: Single Malt
Herstellungsort: Inverness (Schottland)

Beschreibung: Der **Connoisseurs Choice 1974** gehört zu einer Special Reserve dieses Hauses. Er ist 22 Jahre gereift und wird von Gordon & MacPhail in Elgin abgefüllt. Dieser Whisky hat eine intensiv goldene **Farbe** und bietet ein würziges **Aroma** mit Sherrynoten. Der volle, den Gaumen umhüllende **Geschmack** wird von angenehmen Nuancen von Fassholz begleitet.

Port Ellen

Hersteller: Low Robertson (DCL, Distillers Company Limited)
Typ: Single Malt
Herstellungsort: Port Ellen (Islay, Schottland)

Beschreibung: Dieser ausgezeichnete Single Malt von 1983 gehört zu einer Special Reserve und wird nur an wenige ausgesuchte Händler abgegeben. Er hat eine goldene **Farbe**, ein zartes, blumiges **Aroma** und einen klaren **Geschmack**, der an Gras erinnert.

Weiterhin gibt es einen Port Ellen mit 46 Vol.-%, der von der Wm Cadenhead in Aberdeen für die Wilson & Morgan abgefüllt wird. Es handelt sich um eine Special Reserve **(Barrel Selection)**, die ungewöhnlicherweise 11 Jahre gereift ist. Dieser Whisky hat eine intensiv goldene **Farbe** mit bernsteinfarbenen Schattierungen. Das leichte **Aroma** lässt an Torf und Rauch denken und bietet Noten von Gewürzen und Petroleum. Dazu gesellt sich ein trockener, vollmundiger **Geschmack**, aus dem Nuancen von Eichenholz und Früchten sowie Spuren von Salz und Heidekraut hervorstechen.

St. Magdalene

Hersteller: St. Magdalene Distillery
Typ: Single Malt
Herstellungsort: Linlithgow (West Lothian, Lowlands, Schottland)

Beschreibung: Dies ist ein Whisky mit erstaunlichen 63,8 Vol.-% Alkohol, der zu einer 19 Jahre alten Special Reserve gehört. Er hat eine dunkle, zu Mahagoni tendierende **Bernsteinfarbe** und ein intensives, blumiges **Aroma**, das an Rosen, Gewürze und orientalisches Parfüm erinnert, während der **Geschmack** originelle Nuancen von gebratenen Artischocken offenbart.

Strathconon

Hersteller: James Buchanan & Co. Ltd.
Typ: Blended Whisky
Herstellungsort: Glasgow (Schottland)

Beschreibung: Der 12 Jahre gereifte Strathconon gehört zu einer Special Reserve und ist nur schwer in Geschäften zu finden. Er hat eine intensiv goldene, ins Orangegelb übergehende **Farbe**. Er verströmt ein zartes, umhüllendes **Aroma** mit würzigen und rauchigen Noten, zu dem sich ein torfiger, trockener und körperreicher **Geschmack** gesellt, der leichte Heidekrautnuancen offenbart.

Suntory Imperial

Hersteller: Suntory Ltd.
Typ: Blended Whisky
Herstellungsort: Yamazaki (Kyoto, Japan)

Beschreibung: Dies ist ein Blended Premium De Luxe mit 43 Vol.-% Alkohol , der mindestens 10 Jahre in Eichenholzfässern gereift ist. Er ist das Egebnis einer Mischung aus unterschiedlich lange gelagerten Destillaten und ist den wahren Whiskyliebhabern gewidmet. Er hat eine antikgoldene, zu Bernstein tendierende **Farbe** und ein süßes, wohlriechendes **Aroma** mit malzigen und torfigen Noten. Der **Geschmack** erinnert an exotische Gewürze und bietet rauchige Nuancen.

Suntory Kingsland

Hersteller: Kotobukiya Ltd. (Suntory Ltd.)
Typ: Blended Whisky
Herstellungsort: Yamazaki (Kyoto, Japan)

Beschreibung: Dieser mindestens 10 Jahre gereifte Blended mit 43 Vol.-% Alkohol kommt in einer raffinierten Aufmachung in den Handel und ist vor allem den amerikanischen Kunden gewidmet, die gerne schöne Flaschen sammeln. Besonders begehrt sind die dekorativen Motive mit typischen Blumen aus japanischen Gärten. Dieser Whisky hat eine intensiv goldene **Farbe** mit orangegelben Reflexen und ein **Malzaroma** mit fruchtigen und blumigen Noten. Der angenehm weiche und gut strukturierte **Geschmack** erinnert deutlich an Torf.

Suntory Royal

Hersteller: Suntory Ltd.
Typ: Blended Whisky
Herstellungsort: Yamazaki (Kyoto, Japan)

Beschreibung: Dies ist ein 12 Jahre gereifter Whisky mit 43 Vol.-% Alkohol, der zu einer Reserve gehört, die hauptsächlich für den US-amerikanischen Markt bestimmt ist. Er hat eine antikgoldene, zu Bernstein tendierende **Farbe**. Das **Aroma** erinnert an Getreide, gelagertes Holz und Gewürze, enthüllt aber auch süße Vanillenoten. Dem markanten **Getreidegeschmack** stellen sich angenehme Nuancen von rauchigem Eichenholz, Trockenfrüchten und Gewürzen entgegen.

Glossar

Aqua vitae
Der lateinische Begriff für „Lebenswasser" bezeichnete vor allem im Mittelalter alkoholische Getränke, die aus vergärten pflanzlichen Produkten destilliert wurden.

Blended (oder Blend)
Alkoholisches Erzeugnis, das aus einer Mischung unterschiedlicher Destillate besteht: Z. B. werden Malt Whiskys und Whiskys aus anderen Getreidesorten (Grain Whiskys) miteinander vermischt (in Schottland) oder reiner Whiskey wird mit neutralem Alkohol verschnitten (in den USA). Manchmal mischt man Whisky auch mit Wein oder mit Obstbränden (in Kanada) oder Kräuterbränden.

Blending
Der Vorgang des Zusammenmischens unterschiedlicher Destillate (*siehe* Blended).

Blendmaster
Ein Fachmann, der verschiedene Destillate miteinander mischt und so einen Blended Whisky (siehe dort) kreiert, der immer konstante Eigenschaften aufweist.

Bouquet
Blume. Der Duft eines Brands, eines Likörs oder eines Weins.

Bourbon Whiskey
Amerikanischer Whiskey, der zuerst im Bourbon County in Kentucky gebrannt wurde und daher seinen Namen hat. Er wird aus einer Getreidemischung destilliert, die mindestens 51 % Mais enthalten muss.

Brandmaster
Der Brennmeister. Er ist für den Destillationsprozess verantwortlich.

Brandy
Weinbrand. Bezeichnung für alle aus Wein destillierten Spirituosen, die nicht aus den französischen Regionen Cognac und Armagnac stammen.

Brennblase
Wird für die Destillation verwendet und ist seit der Antike bekannt. Sie besteht im Wesentlichen aus einem Kessel, in dem die zu destillierende Flüssigkeit erhitzt wird, aus einem Schwanenhalsrohr und aus einer Kühlschlange. Die Dämpfe, die durch das Erhitzen der Destillierflüssigkeit entstehen, steigen durch den Schwanenhals auf und kondensieren in der Kühlvorrichtung. Es gibt unterschiedliche Brennblasentypen: zwiebelförmig, laternenförmig, mit Dephlegmator. Für gewöhnlich werden Brennbasen aus Kupfer hergestellt (*siehe auch* Pot Still *und* Patient Still).

Canadian Whisky
In Kanada produzierter Whisky, der aus Roggen (mindestens 51 %), Mais und Hafer destilliert wird.

Cask strenght
Fassstärke. Dieser Whisky wird nach der Lagerung direkt in Flaschen abgefüllt, ohne vorher mit Wasser verdünnt zu werden.

Cognac
Eine Spirituose, die in der gleichnamigen französischen Region (im Departement Charente) aus Wein destilliert wird. Während der Reifezeit in Fässern aus Traubeneiche nimmt der Cognac seine charakteristische braune Bernsteinfarbe an.

Destillat
Ein Destillat entsteht durch Verdampfung und anschließende Kondensation (*siehe* Destillation) einer vergärten Flüssigkeit, wobei die verschiedenen Bestandteile aufgrund ihrer unterschiedlichen Siedepunkte voneinander getrennt werden.

Destillation
Ein Verfahren zur Gewinnung von Alkohol. Eine vergärte Flüssigkeit wird in einer Brennblase (*siehe dort*) erhitzt, wobei der entstehende Dampf anschließend kondensiert. Während des Destillationsvorgangs verdampfen zuerst die Substanzen mit dem niedrigsten Siedepunkt, die schädliche Bestandteile enthalten, wie z. B. Methylalkohol. Sie bilden den sogenannten „Vorlauf" (*foreshot*). Danach folgt die Destillation des Äthylalkohols („Mittellauf" oder *middle cut*) und schließlich, bei noch höherer Temperatur, werden weitere schädliche Alkohole („Nachlauf" oder *feint*) herausdestilliert.

Fass
Behälter aus Holz (normalerweise Eiche), in dem die Reifung und Verfeinerung verschiedener alkoholischer Getränke erfolgt. Für den Whisky werden zum Teil Fässer verwendet, in denen schon einmal kostbare Weine, wie Portwein, Sherry oder Madeira abgefüllt waren, die ihr Aroma dann an das Destillat weitergeben. Vor allem in den USA werden die Fässer innen ausgekohlt (*charring*). Man will so die Risse im Holz vergrößern, was einen besseren Austausch der Aromastoffe des Holzes mit dem Destillat ermöglicht.

Feint
Englischer Begriff für „Nachlauf". Die als Letztes bei der Destillation (*siehe dort*) herausdestillierten Bestandteile, die schädlich sind und daher entsorgt werden müssen.

Foreshot
Englischer Begriff für „Vorlauf". Es sind die während des Destillationsprozesses als Erstes herausdestillierten Bestandteile, die schädlich für die Gesundheit sind und somit entsorgt werden müssen.

Full Proof
Ein Destillat mit „vollem Alkoholgehalt", das also nicht verdünnt ist. Es kann zwischen 70 und 80 Vol.-% Alkohol erreichen.

Füllstoffe
Nebenprodukte der alkoholischen Gärung.

Gärbottiche
In diesen Behältern aus Holz oder Stahl wird die Maischeflüssigkeit vergärt. Es entsteht der sogenannte *wash* (*siehe dort*).

Grain
Englische Bezeichnung für verschiedene Getreidesorten.

Grain Whisky
In kontinuierlich arbeitenden Brennsäulen erzeugtes Produkt (*siehe* Patient Still), das aus unterschiedlichen Getreidesorten (wie ungemälzte Gerste, Weizen, Roggen, Hafer, Hirse und Mais) hergestellt werden kann.

Grist
Nach dem Mälz- und Keimungsprozess grob gemahlener Gerstenschrot.

Hefen
Mikroskopisch kleine Pilze, die die Gärung des Malzes einleiten.

Irish Whiskey
Irischer Whiskey, der aus gemälzter und ungemälzter Gerste und Hafer im Dreifachdestillationsverfahren erzeugt wird.

Keimung
Das Getreide beginnt zu treiben und bekommt eine weichere Konsistenz. Es heißt nun „grünes Malz".

Malt Whisky
Whisky, der aus Gerstenmalz destilliert wird.

Malz
Ein zucker- und enzymhaltiges Produkt, das durch Keimung und Trocknung des Getreides entsteht (dieser Vorgang wird auch Mälzen genannt).

Middle Cut
Damit wird das „Herz" (der Feinbrand) des Destillats bezeichnet (*siehe* Destillation).

Patient Still
Eine Brennsäule, die eine kontinuierliche Destillation ermöglicht. Sie wurde um 1830 von dem Iren Aeneas Coffey perfektioniert. Eine Reihe von mit Löchern versehenen Platten lässt die Substanzen bei bestimmten Temperaturen kondensieren.

Pot Still
Brennblase für die nicht kontinuierliche Destillation, in der die erste Destillation des vergärten *wash* (*siehe dort*) vorgenommen wird. Hierbei erhält man die *low wines*. Die Rückstände werden *pot ale* („verbranntes Bier") genannt.

Proof
Alkoholgehalt in englischsprachigen Ländern (100 *proof* sind etwa 50 Vol.-% Alkohol).

Rye Whiskey
Ein hauptsächlich aus Roggen (mindestens 51 %) gebrannter Whiskey.

Scotch Whisky
Schottischer Whisky. Entweder ein Blended (*siehe dort*) oder ein Single Malt (*siehe dort*).

Single Cask
Für diese Abfüllung (auch *Single Barrel* genannt) wird nur ein einzelnes Fass ausgewählt und auf Flaschen abgefüllt.

Single Grain
Aus unterschiedlichem Getreide gebrannter Whisky, der aus Destillaten einer einzigen Brennerei hergestellt wurde.

Single Malt
Schottischer Whisky, der aus Malzdestillaten einer einzigen Brennerei hergestellt wurde.

Spirit Safe
Mit dieser Vorrichtung kann der Brennmeister während der Destillation (*siehe dort*) den Vor- und Nachlauf vom Mittellauf (dem eigentlichen Feinbrand) trennen.

Spirit Still
Kleine kupferne Brennblase, in der der Rohbrand (engl. *low wines*) ein weiteres Mal destilliert wird (*siehe* Pot Still).

Stillman
Der Destillateur.

Straight Bourbon Whiskey
Amerikanischer, mit mindestens 51 % Mais hergestellter Whiskey.

Tennessee Whiskey
Amerikanischer, in Tennessee erzeugter Whiskey, der durch Holzkohle (aus Zuckerahorn) gefiltert wird.

Torf
Fossile Ablagerung, die sich aus tierischen, pflanzlichen und mineralischen Bestandteilen zusammensetzt. In Schottland wird der Torf als Brennmaterial zum Darren des Malzes verwendet.

Vatted Malt
Schottischer Whisky, für den Malzdestillate verschiedener Brennereien miteinander vermischt wurden.

Wash
Vergärte Flüssigkeit, die nun destilliert werden kann. Entsteht mittels Zugabe von Hefen in die sogenannte Würze (engl. *wort, siehe dort*).

Worm
Auf deutsch „Wurm". Englische Bezeichnung für die Kondensationsspirale in der Brennblase.

Wort
Süße Flüssigkeit, die beim Maischeprozess entsteht. Das grobe Malzmehl (engl. *grist, siehe dort*) wird dabei mit heißem Wasser vermischt.

Register

Die **fett** gedruckten Seitenangaben zeigen an, wo die genauen Beschreibungen der einzelnen Whiskymarken zu finden sind. Die *kursiv* gedruckten Seitenangaben zeigen die Whiskys, die im Kapitel „Sonderabfüllungen“ beschrieben sind.

Erstveröffentlichung 2006 unter dem Titel „Whisky"

Genehmigte Lizenzausgabe
Neuer Kaiser Verlag GmbH
Fränkisch-Crumbach 2012
www.neuer-kaiser-verlag.de

ISBN (13) 978-3-8468-0001-0
ISBN (10) 3-8468-0001-5

Übersetzung: Karin Spath
Layout, Satz und Umschlaggestaltung:
design cat GmbH

Bildnachweis:
Alle Fotos dieses Bandes stammen von DeA Picture Library, mit Ausnahme der Fotos auf folgenden Seiten:
193 u. (mit freundlicher Unterstützung von Jim Beam)
65 u., 122 l., 133 o., 197 o. r., 197 u. r. (mit freundlicher Unterstützung von A. Ramella)
12 o., 13, 15 o., 182, 183 (mit freundlicher Unterstützung von Wild Turkey)
191 o., 191 u., 192 o. (mit freundlicher Genehmigung von JACK DANIEL'S [a registered trademark of Jack Daniel's Properties, Inc.])
Shutterstock: Alexey Lysenko Cover/
RDTMOR Cover